大幻象

自由主義之夢與國際政治現實

The GREAT DELUSION

Liberal Dreams and International Realities

John Mearsheimer

約翰・米爾斯海默　盧靜——譯

目錄

推薦序（一）

國際關係進步自由主義及其批評

張登及（臺灣大學政治學系教授兼系主任）

《大幻象：自由主義之夢與國際政治現實》（以下簡稱《大幻象》）是一本國際關係學最新的殿堂級教科書。作者芝加哥大學教授米爾斯海默以古今史證為本，直白、簡明、尖銳地回顧了推動了近代國際關係前進的三大主要思潮——現實主義、民族主義與自由主義間錯綜複雜的關係，最終又強而有力地回歸他寫於二〇〇一年定鼎學科大家的經典之作——《大國政治的悲劇》（*The Tragedy of Great Power Politics*）的攻勢現實主義（**offensive realism**）核心主張。不遭人議非英才，筆者用國關的術語說，這兩本書已確立米氏在學科系譜上成為「一極」的宗師地位。

論理和舉證：說得自由派「不願面對」？

《大幻象》這次以全面批判自由主義國際關係理論為宗旨，或許因而給予現實主義守勢派（defensive realism）前輩與知名戰友如華爾滋（Kenneth Waltz）、史耐德（Jack Snyder）與葛拉瑟（Charles Glaser，曾以提出「棄台論」在台灣被抨擊而知名）等人的慷慨肯定。這樣妥協性的「理論統一戰線」是否必要，攻勢現實主義原本的粉絲可能訝異。而令普世論自由派尤其不快者，不僅因為米氏聯兵古今現實主義各大門派，從一貫的理論否定美國「自由霸權」（liberal hegemon）以燈塔之姿推翻威權、統一世界的合理性和可行性，還條陳縷析、刨根究底地向洛克、康德、威爾遜等自由主義哲學家和政治家的基本論點發起攻擊，接著不留情面地一一駁斥當代自由派理論諸將帥如羅爾斯（John Rawls）、基歐漢（Robert Keohane）、杜伊爾（Michael Doyle）、伊肯伯里（John Ikenberry）的各路論證。

殺傷力更大的是米氏旁徵博引無數令人「不願面對的真相」，使目睹「歷史終結論」竟然自我終結、「後全球化」強權政治竟可能回歸而挫折的「國際社會」人士難以忍受。這種附有大量註腳佐證，批判自由主義的砲彈幾乎遍佈各章。例如他直言美英和平權力移轉非因民主和平之制度相近，而是英國太遜。假如戰後英國國力復興多個幾倍，美國絕不會與其甘休。戰後自由霸權以人道主義干預他國搞「政權改變」與「社會工程」（social engineering），動機純粹的只有柯林頓總統出兵索馬利亞慘敗一例。美國主導建設民主成功的案例只有日本與德國，且還要歸因於德、日早具備強國家（strong state）的現代制度基礎。至於其他「壯舉」，從一九五〇年代伊朗到越戰再到「大中東」（改造阿富汗、埃及、伊拉克、利比亞、敘利亞五國），不分民主、共和兩黨，成績都慘不忍睹。僅討伐又重建阿富汗的開支，就已超過戰後援助全部西歐的馬歇爾計畫。「大中東」大業唯一的戰略好處，恐怕只是造出難民，使歐盟被拖垮。

是可忍孰不可忍，烏克蘭危機過在西方？

如果讀者舉東歐民主化反駁米氏，他的論據也早有準備：東歐在戰前本來就是西方集團，美國沒什麼功勞。而且現今它們是否已經變成「非自由民主」（illiberal democracy），恐未可知。最令「正義之士」難以忍受的，是米氏竟沒有因為芝大學生譴責其反對援烏、疑似同情普京總統而悔改，竟繼續在《大幻象》痛責「北約東擴」是違反歷史上俄國生存所需的勢力範圍。他又說二〇一四年推翻烏國親俄民選總統亞努科維奇（V. Yanukovych）不是什麼橙色革命，更像是美國國家民主基金會（National Endowment for Democracy）四處推翻敵對小國的社會工程與政變，成立的基輔新政府內不乏新法西斯主義者（neofascists），這才是俄烏之戰遠因與元兇。為了加固論證的權威，米氏還請出了冷戰圍堵總工程師喬治・肯楠（George Kennen），為批判北約東擴提供戰略證言。

推薦序走筆至此，如果讀者因「正義感」而拒讀《大幻象》，那絕對是知識上的一大損失。坊間為滿足正義爽感客製化的煽情讖緯之書車載斗量。如果讀者志在國防外交事業，閱讀經典卻生「義憤」，只能說是其器小哉、不足與議。《大幻象》不止是一本媲美基歐漢一九八六年圍攻現實主義之鉅作《新現實主義及其批評》的經典，更是米氏《大國政治的悲劇》傳承結構現實主義（structural realism）的前傳。它不止是一本國關的書，還是外交史與思想史的導讀。無論身份認同如何、政治立場為何，要磨練思辯能力與戰略智謀，《大幻象》都是上乘的試金石。

有節制的批判：針對的是「進步自由主義」

《大幻象》挑戰整個自由主義理論家族，乃從其哲學人類學根基——人性論（human nature）精準切入。之所以謂之精準，是因為米氏刀法先豁免了國內政治的自由民主，認同在契約締結的主權之內，實行自由民主比其他制度確實相對較好。他要挑戰的是因為近代崛起的民族主義威力強大，使主權之外處於始終別無權威的無政府狀態，但自由主義仍夢想要到主權之外擴張管轄、改造他國，最後不僅得不償失，還會因為好鬥與危機動員，使國家回頭集權，危及國內的自由價值。

接著米氏又把自由主義一分為四：進步自由主義（Progressive Liberalism）、權宜自由主義（Modus Vivendi Liberalism）、功利主義（Utilitarianism）與自由理想主義（Liberal Idealism）。危險最大、單極霸權的建制菁英與享有全球化優勢的青年學子最難抵抗誘惑的，只是進步自由主義。這樣一來，《大幻象》要用國際現實戳破的「自由主義之夢」，就是對準進步自由主義。最容易使霸權發狂「作夢」的，也是進步自由主義。米氏筆下當代西方進步派對國際現實之盲目傲慢，幾乎也可以叫做「攻勢自由主義」了。

進步自由主義雖特別出彩，《大幻象》指出兩個它違反人性論的核心信念：原子論式的個人主義（atomic individualism）；與這種「個人」非黑即白、善惡二元的「天賦權利」——有之即善，無之即惡。米氏上溯到希臘羅馬的柏拉圖、亞里斯多德、下探到柏克（Edmund Burke）、黑格爾（Georg Hegel）與施特勞斯（Leo Strauss）哲學，發現原子化個人主義絕非思想史與世界史之普世代表，甚至也非自由民主制度唯一適用的思想體系，而僅是思想史上的一種特殊主義（particularism）。反而看似特殊主義、因地理與歷史因素造就的頑強的民族主義，至少從近代起是普世的現象。筆者借用國際關係英國學派先驅懷特（Martin Wight）的看法可說，進步派只是多堅持了財產權一項，其他在米氏看來簡直與馬克思共產主義差異無幾——謳歌自由絕不等於支持寬容，都是自我中心地想在無政府世界改造他國的「革命主義」。

進步自由主義的屏障：民族國家與地緣政治

原子論的個人主義在近代的興起，若採用米氏也頗為推崇的德國社會學者韋伯（Max Weber）的學說，自有其宗教的獨特因素。米氏頗節制地稱「不打算評價天主教或新教孰為正道」，就好像他不打算參加哲學界「至善」（good life）為何的辯論，因為那就像是韋伯詛咒過的「諸神對抗」，功利派與權宜派都不會想參戰。但擁抱原子論個人主義的進步主義在國際關係碰壁，米氏認為是因為人是具有部落性的社會存在，部落性會形成杭廷頓（Samuel Huntington）所說的區分「我者」與「他者」的文化。人雖確實具有「工具理性」的共性，但在「價值理性」上難以跨越的最大「文化我者」即是「民族」。有共同想像的民族因為資源獨占與心理歸屬感需要等因素，極為抗拒他者干涉；在近代歐洲君主制沒落後，順勢與君主旁落的主權結合，形成了民族國家（nation state）。

《大幻象》與《大國政治的悲劇》最大的差異，就是以「民族」為國家畫龍點睛，同時也為國家的擴張設下天塹。民族國家是人的價值理性能運作的最大極限，國家之上只能用工具理性，也就是追求生存與權力的現實主義原則，在國際體系結構中運籌權力平衡（balance of power），很難用價值理性去教化。而且就算是工具理性，也不是掌握槍砲就可「用實力說話」。米氏搬出《大國政治的悲劇》的地緣政治論，認為太平洋夠大，限制了任何國家擴張的極限。想逾越理性推銷進步自由主義，很容易變質為損人不利己的「自由軍國主義」（liberal militarism）。

大國政治解局：克制並引誘對手流血？

熟悉米氏早前論點的讀者想必知道，強調國際體系之無政府特徵的結構現實主義，是攻勢現實主義的理論地基，而結構的另一特徵是功能不分化的相似單元（like unit）。這事實上是一種國家原子論。難怪米氏一方面支持亞里斯多德「人是社會的動物」，卻傾向霍布斯（Thomas Hobbes）的假說，認為國家「意圖」不可知下會恐懼（fear）盛行，武裝的國家隨時會使用非和平手段擴大權力，所以自由霸權並不比威權強國更吝於運用政變顛覆與滲透分化的手段，以至於「民主和平」與「國際社會」都是無意義的概念。一戰時的德國普選權比英國普遍，十九世紀南北戰爭時「兩個美國」都非不民主，戰後民主國家間的和平完全可以改用「霸權穩定」或「資本和平」來解釋。當然，任何論證都非天衣無縫；就如米氏引述美國政治思想家施特勞斯所言，「不要對掌握真理樂觀」。他還認同英國經驗主義者休謨（David Hume）說的，「理性經常只是合理化情感得到的答案」。那米氏自己又何能例外？

不過，關心米氏二十年前早已預言的美中激烈競爭下台海危局怎麼辦的讀者，不妨還是要用理性從《大幻象》中摸索。筆者從本書中至少看到兩種場景：自由霸權在脆弱感與優越感的矛盾下造成美中台三輸，以及大國最佳策略是非常克制（restraint）並「引誘對手大國流血」（baiting and bleeding）。不管誰輸最多，對最弱一方重要嗎？有沒有第三條路？從《大幻象》不太好說清。但至少從本書我們知道，進步自由主義只是自由主義的一種，它有自身的邏輯和限制。同時，我們也要冷靜自覺地面對民族主義的脈動。這些應該是在體系無政府與地緣戰略斷層線上，所有行為者確保生存的最後底線。

推薦序（二）

臺灣該如何看待美國的自由主義霸權外交政策？

張國城（臺北醫學大學通識中心教授）

米爾斯海默教授是筆者的恩師，以「攻勢現實主義」聞名世界，這本《大幻象》是他近年來的力作。書中作者跨出了國際關係理論現實主義的領域，以對「國族主義」探討在國際關係領域中同等重要的另一學派——建構主義，以學者來說，堪稱曠世奇才。各位讀者可以不同意他的看法，但是不能不了解他的思考脈絡。

米爾斯海默教授認為，美國歷屆政府所推動的「自由主義霸權」政策是不可取的，因為今天的世界各國仍受自身的「國族主義」深刻影響，擁有自己獨特的認同、價值和典範。國族主義是徹頭徹尾的排他性意識形態，也就是說它認為權利是有分你我的。實際上，世界各地絕大多數的人，都沒那麼在乎其他國度裡的個人權利。人們都會更關心自己同胞的權利，而且就算是同胞愛也有個極限。自由主義太誇大個人權利的重要性了。

因此，美國對在各國普施美式民主的盼望，天生就會遭遇莫大的阻力，因為對其他國家而言那是外來的，和各國自己的國族主義通常不相容。其次，因為絕大多數的人不會去關心其他國度裡的個人權利，所以美國若要去美國以外的國家推動民主，很少國家會願意支持，即使是美國的同盟也不例外，所以「自由主義霸權」的目標是不現實的。筆者認為，這不是民主好還是不好的問題，而是美國本身的能力問題。此外，如果因為推動民主，而賭上或破壞了區域內的權力平衡，更是沒有好處，也可能導致更多的戰爭。

米教授的這種說法，在美國國內當然遭到許多爭論，但筆者認為，如果不是專研國際關係理論的讀者，可以不用太在乎這些爭論。因為臺灣不可能實施自由主義霸權的外交政策，因此我們也不用擔心。另一方面，筆者比較建議讀者在閱讀本書時一邊思考以下三個問題：

一、若美國政府採取他的觀點，也就是放棄自由主義霸權的政策，是否還會支持臺灣對抗中國？

二、若美國仍然採取自由主義霸權的政策，對臺灣又有甚麼影響？

三、民族主義或國族主義在臺灣存在嗎？這種主義以作者來看，對國家行為居於主導地位，如果為真，對臺灣又會有怎樣的影響？

就一來說，對於中國的態度，作者在本書第八章寫道：「美國沒有別的選擇，只能採取現實主義的外交政策，才能防止中國成為亞洲的區域霸權。如果中國的經濟和軍事實力不斷增長，這就絕非輕易的任務。」如果保持臺灣的自由民主和實質獨立，有利於區域內權力平衡，那美國支援臺灣從現實主義的角度來看也是明智的；臺灣已經實施民主，因此支援臺灣不算是在自由主義霸權使命下推動民主之戰。這是民主價值可以保護臺灣最明顯的例證。

就二來說，若美國還是要在全世界以武力干預的方式推動自由民主和國際秩序，則中國對美國的重要性有可能上升，但也有可能下降。過去反恐戰爭時期，美國在阿富汗和伊拉克展開軍事行動，中國的重要性是上升的，因為美國需要中國在外交上的支持，至少是不掣肘美國。此外，美國在世界其他地方若建立或支持新的民主政權，則中國反而更有活動空間；阿富汗和伊拉克都是再好不過的例子，美國也不會阻止他們和中國發展關係。

對此，米氏的邏輯是：「國族主義重視自決。它讓民族想要掌握自己的命運，因此政治領導人在主權所及之處，就是不容外人侵犯的神明。它讓民族想追求心裡認定的國家利益，不受其他國家擺布，哪怕是有著同樣意識形態的國家……即便小國也會抵抗強權的影響力並採取獨立的外交政策，除非順從聽話正好符合國家利益，這種事偶爾會發生，但絕非常態。『傀儡政權』通常只是表面的服從，而非完全乖乖聽話。」的確，新興民主國家幾乎都不排斥和中國發展合作關係，因為國族主義的作用，他們不見得擔心會被中國干預，更遑論吞併，更別說已開發國家。

就三而言，臺灣究竟有沒有足以抗拒外來干預的國族主義，還是只是中國國族主義的一個分支，和中華人民共和國的不同只是在於「對發展路線的差異」？是非常值得我們思考的。證諸臺灣相當多的人士對美國有根深蒂固的反感，對臺灣的認同僅止於對現行自由民主和生活方式的支持，這種支持強度到底在面臨考驗時還能有多少，以及支持強度是否能化為實際的策略和力量，也非常有疑問，將來將是對這個領域非常有價值的研究場域。米教授在本書第四章探討自由主義與國族主義的關係時曾強調，沒有民族國家為背景、純粹的自由主義國家是不可能的，這點值得臺灣人深思。

對臺灣讀者來說，本書許多論點可以挑戰許多我們常見的觀念。譬如一個廣為傳誦的論點是美國應該「反共不反中」，若要解決中國對美國以至於對世界的威脅，必須推動中國民主化。但若照米教授的論點，此舉就萬萬不可，因為這就是道道地地的「自由主義霸權」。美國在比中國小很多的伊拉克、阿富汗實施這種政策，都遭到了失敗，焉能運用在中國？不能成功的政策是持續不下去的。對此，筆者是贊同的。除了書裡面所說的理由之外，也在於一個民主的中國，只要它仍是個大國，那些關於大國權力的競逐所可能產生的衝突和悲劇就一樣會發生。俄羅斯已經不是共產國家，但仍是個大國，對烏克蘭做的事大家都看到了。

此外，作者認為意識形態沒有那麼大的威力。本此邏輯，中國想「赤化世界」，將其他國家納入共產主義體系的野心是不太可能成功的。歷史上，除了中南半島的越南和寮國以外，中國並沒有讓任何亞洲國家轉變為共產國家。甚至可以說，這兩國會成為共產國家也是國族主義的結果，中國只是起了支援的作用；米教授反覆強調，國族主義會限制大國干預其他國家的能力，也會限制對手征服他國的能力。**依此邏輯推演下來，就是無論美國還是中國，要干預其他國家都沒那麼容易。**

如果此說繼續成立，臺灣人要希望其他亞洲國家同感中國的威脅，而形成反中的聯合陣線，事實上就相當困難。因為它們不會這麼容易被中國干預到喪失主權或政體的自主性，對臺灣的命運就沒有「唇亡齒寒」的同理心。

當然，米教授有一些看法也可以再商榷。他對「自由主義霸權」的批評，主要源於「採取此戰略的自由主義國家最後反容易投入永無止境的戰爭，不但無法緩解國際間的政治衝突，還會加重核武擴散及恐怖主義的問題。而且這種窮兵黷武的行徑遲早也會威脅到本國的自由價值，在國外搞自由主義反而會讓國內變得不自由」。但是衡諸實際，美國所打的戰爭真的曠日持久的，也只有越戰、阿富汗和伊拉克戰爭；越戰發生在冷戰時代，其實維護區域權力平衡的目的至少和推動民主（自由主義霸權）同等重要。而韓戰是自由主義霸權能夠成功的反例。

更重要的是，二戰之後，推動他國成為民主國家，長遠看來還是符合現實主義下美國的國家利益。真正民主國家可能不會事事和美國合拍，但以「挑戰美國的安全」為國策是尚未發生的。這不是米教授判斷錯誤，而是國際關係就是這麼一門迷人而又充滿挑戰的學問；基於歷史、事實和邏輯思辨，永遠是打開這個領域的鑰匙——本書就是這樣的一本著作。

前言

十年前我剛開始研究本書的主題時，對這個題目有兩個不同的想法。一是我想解釋為何美國在後冷戰時代的外交政策這麼容易失敗，有時甚至是災難性的大敗，其中又以美國在中東的各種慘劇，以及逐步惡化的美俄關係最讓我感興趣；前者現在仍不斷累積，而後者在二〇一四年的烏克蘭危機中徹底破裂。這個題目最有趣的地方，是在一九九〇年代初，人們對美國在世界上的角色明明十分樂觀。我想弄清楚到底是哪裡出了問題。

其次是我想寫一本書來探討自由主義（liberalism）、國族主義（nationalism）和現實主義（realism）如何互動，並影響各國之間的關係。我一直認為在國際政治上，國族主義是一股相當強大的力量，只是我一直沒仔細探究這個課題。不過，我寫過不少書來討論現實主義，也在一些早期研究中探究過它和自由主義的差異。我認為寫一本書來比較和對照這三種思想會很有趣，而且我也還沒寫過這方面的論文或書籍。

我在思索自由主義、國族主義和現實主義之間的關係時，了解到這個三分法最適合用來解釋美國外交政策從一九八九年以來，特別是二〇〇一年之後的失敗。這也讓我寫作本書的兩個理由，更緊密地契合在一起。

我基本的主張是在冷戰過後，美國的國勢就強大到足以採用一種徹頭徹尾的自由主義外交政策，這種政策通常被稱為「自由主義霸權」（liberal hegemony）。這種宏大戰略的目標，是盡可能讓更多國家轉向自由民主體制，並促進開放的國際經濟、建立強而有力的國際體制。基本上，美國的目標就是以自己的形象重塑這個世界。這種政策在美國外交界當權派中廣受支持，他們相信自由主義霸權能讓世界更和平、改善核武擴散與恐怖主義這對異體同心的問題，還能減少對人權的侵犯，幫助自由民主國家應對內部威脅。

然而，自由主義霸權打從一開始就註定失敗，而我們也見證了這點。這種戰略下的政策，不可避免會讓整個國家違背國族主義和現實主義，而這兩者對國際政治的影響力，都遠勝於自由主義。但多數美國人很難接受這種無奈。美國是個根柢深厚的自由國度，國內的外交菁英對國族主義和現實主義，都有著近乎膝反射的敵意。但這種想法只會對外交前線造成麻煩。美國的決策者如果夠有智慧，就該放棄自由主義霸權，依據現實主義採取比較自我克制的外交政策，並正確理解國族主義如何約束強權國家。

本書的緣起可以追溯到我在康乃爾大學當研究生的日子。那是一九七六年的秋天，我選修了艾薩克．克拉尼克（Isaac Kramnick）教授的政治理論之實地研討。那堂課會帶學生研讀柏拉圖、馬基維利、霍布斯、洛克、盧梭、馬克思等思想大家的著作，對我的影響遠勝過其他選修過的課程。老實說，我到現在還留著那堂課的筆記，這些年來也翻了至少有五十次。

這堂研討課會成為我學術生涯的核心，主要的理由共有三層。首先是我細讀了各式各樣的思想，其中也包括自由主義、國族主義和現實主義，並在課程中將這些思想拿來一一對照。其次是它讓我了解到，想了解世界如何運作，就不能欠缺理論。我之所以屢屢回去翻閱那份筆記，就是因為我記得，每個理論家所提出的主張，都對當代的政治議題有著重大影響。最後是我學到，這些重要的論題都可以用簡單、清晰的語言討論，不必是專家也能聽懂。儘管人們對書單上這些理論家的思想該如何解讀常常莫衷一是，但克拉尼克教授總能用簡明的口吻講述他們的理論，除了容易理解，這些理論為何重要也一目了然。

《大幻象》一書最主要的目標也是介紹理論。本書的寫作是建立在一個前提之上，亦即想要了解政策議題，理論絕對不可或缺。但我秉著克拉尼克精神，花了不少功夫盡力清楚表達我的主張，希望讓每個受過高等教育的人，只要有興趣就能理解我想說的。講白了，我的目標是盡量把話說清楚，為讀者釐清觀念、破除迷思，不用艱深的語彙讓讀者卻步。不過當然，只有讀者才知道我做得好不好。

沒有其他聰明人的協助，我就寫不出這本書。我最需要感謝的人有四位：Eliza Gheorghe、Mariya Grinberg、塞巴斯蒂安・羅薩托（Sebastian Rosato）和史蒂芬・華特（Stephen Walt）本書的每一字每一句都經過他們的協助。他們不只提出了非常重要的觀點，讓我調整某些論述，也指出了我遺漏的矛盾之處，並為如何安排章節和全書架構提供了智者之言。

在我把原稿交給耶魯大學出版社之前，本書草稿一共有五個主要版本。二〇一六年寫完第二版草稿後，我辦了一場書籍工作坊，邀了六名來自芝加哥大學以外的學者——丹尼爾・杜德尼（Daniel Deudney）、馬修・科赫（Matthew Kocher）、約翰・歐文（John Owen）、羅薩托、華特和亞歷山大・溫特（Alexander Wendt）——他們為了我都讀完整份書稿，花了八小時仔細評論。無論是在工作坊，還是在後續的信件和電話往來裡，他們的回饋都讓我做了許多修改，有些更動到了書的基本架構。

參加工作坊的人還有我的好朋友托馬斯・杜欽（Thomas Durkin），他提醒我採取自由主義霸權會威脅到國內的公民自由，也會助長警察國家（national security state）的趨勢。另外我也有幸邀請到芝加哥大學所有的國際關係學同僚——奧斯丁・卡森（Austin Carson）、羅伯特・古洛蒂（Robert Gulotty）、查爾斯・李普森（Charles Lipson）、羅伯特・佩普（Robert Pape）、保羅・波斯特（Paul Poast）、麥可・J・里斯（Michael J. Reese）和保羅・史塔尼蘭（Paul Staniland）來參與討論。他們給了我很棒的意見，幫我加強某些論點，也讓我不得不調整另外一些主張。

我也欠尚・林恩瓊斯（Sean Lynn-Jones）一大份人情，他讀完整份稿子後，也給了我詳細的意見，讓我最終版的書稿得以更精鍊。我要特別感謝我在耶魯大學出版社的編輯 William Frucht，幫我的最終版做了絕佳的編訂。他除了力勸我對某些論點再談得更深入，也幫我潤飾所有內容，使之更為順暢精簡，讓讀者更易於閱讀。感謝 John Donohue 協助 Liz Schueler 完成了傑出的審訂，也感謝 Karen Olson 熱情積極地搞定後勤工作。

這本書的問世，還得感謝許多人大大小小的幫忙，包括 Zeynep Bulutgil、Jon Caverley、Michael Desch、Alexander Downes、Charles Glaser、Burak Kadercan、Brian Leiter、Jennifer A. Lind、Gabriel Mares、Max Mearsheimer、Nicholas Mearsheimer、Rajan Menon、Nuno Monteiro、Francesca Morgan、Valerie Morkevicius、John Mueller、Sankar Muthu、David Nirenberg、Lindsey O'Rourke、Joseph Parent、Marie-Eve Reny、Michael Rosol、John Schuessler、James Scott、Yubing Sheng、Tom Switzer，以及耶魯出版社的兩位匿名書評。

我還想感謝耶魯大學麥克米蘭國際及區域研究中心（MacMillan Center for International and Area Studies）的路思義主任（Henry R. Luce Director）伊恩・夏皮羅（Ian Shapiro），在二〇一

七年邀請我到亨利・史汀生紀念講座（Henry L. Stimson Lecture）開講。在耶魯的這三場講座構成本書的核心素材。我也要感謝我的母校芝加哥大學，在超過三十五年來大方支助我的研究，最後寫出這本書，還有我從一九八二年擔任助理教授以來所寫的一切。另外，我也要感謝查爾斯・柯赫基金會（Charles Koch Foundation）資助我的研究及工作坊。他們的研究副主席威廉・魯格（William Ruger）尤其惠我良多。

這些年來，我很幸運能有一群最頂尖的行政助理，幫我處理身為教授和學者每一天的後勤需求，此外他們也幫忙我做了很多研究。Megan Belansky、Emma Chilton、Souvik De、Elizabeth Jenkins和Michael Rowley都給了我很大幫助，這本書的出版也有他們的功勞。感謝我家人給我的種種支持，特別是我的妻子Pamela從未抱怨我花費無數的時間寫書和改稿。

最後，我想將這本書獻給我從一九七四年在紐約州北部莫霍克谷社區大學（Mohawk Valley Community College）初次任教以來教過的所有學生。這裡的學生意義很廣泛，以免漏掉那些沒有正式選修我的課，卻告訴我說我的書對他們思考影響重大的人。我熱愛教書，向學生分享知識、幫助他們想出自己的理論來解釋這世界的運作，能給我莫大的成就感。

另外，這些年和學生的互動，也讓我學到很多東西。特別是研討課程，我常常因為一個學生在課堂上的話，想法就徹底翻盤。開大型講座課程也是很特別的學習經驗，因為我必須好好組織自己對宏大課題的想法，用清晰易懂的方式呈現這些內容。

我要說的是，這些年來教導學生、和學生一同激盪的經歷，都是我在本書中對國際政治每一段思索的來源。我永遠感謝各位。

第一章

無望的幻夢

自由主義霸權是種野心奇大的戰略，採取這種戰略的國家會竭盡所能讓更多國家走向自由民主（liberal democracy）、致力提倡開放的國際經濟，以及建立各種國際體制（international institution）。從根本上來說，這樣一個國家所尋求的，是讓自己的價值放諸四海皆準。而本書的目的就是闡述，當一個國家為了實現這種戰略而賭上國際間的權力平衡（balance-of-power）時，將會發生什麼事。

很多西方人，特別是外交政策界的菁英，都認為自由主義霸權是各國理應採取的明智政策。在他們眼中，將自由民主傳遍天下，無論從道德還是戰略角度來說都理所當然。威權國家有時會嚴重侵犯人權，而自由主義霸權戰略的提倡者則認為，自己的事業將有利於捍衛人權。他們也主張自由民主國家不會刀兵相向，因此自由主義霸權最終將能超越現實主義政策，讓世界更加和平。最後他們還宣稱，如果不消滅威權國家、捍衛國內的自由，威權政府就會不斷援助自由主義國家內的反自由勢力。

這套觀點看似尋常，但卻大錯特錯。強權很少有條件採取全面的自由主義外交政策。只要地球上還有其他強權，它們就必須留意自己在國際權力平衡中的地位，依循現實主義的原則行動。無論有怎麼樣的理想或文化，強權國家最在乎的還是自己的生存，而在雙極（bipolar）或是多極（multipolar）體系下，國家隨時都可能遭到其他強權的攻擊。這種時候，自由往往只是自由陣營用來粉飾現實行徑的修辭，強權嘴巴上雖然會高談自由的美好，實際行事依舊是依據現實主義。要是他們採取的自由主義政策違背了現實主義的邏輯，後果總是令人悔不當初。

不過有時候，權力的平衡也會有利於追求自由主義霸權。這種狀況通常只會出現在單極（unipolar）世界，也就是有一個強權的實力大到足以無懼其他強權攻擊的世界。這時支配世界的自由霸主往往會揚棄現實主義，擁抱自由主義的外交政策。因為每個自由主義國家的內心，都有著一種難以壓抑的聖戰情懷。

自由主義推崇不可剝奪的天賦人權，因此堅定的自由派往往也熱切關心著地球上每個人的權利。要是其他國家的公民權利遭受嚴重侵犯，這種普世關懷就會敦促自由主義國家對其內政大加干預。更進一步來想，要保障外國人的權利不被踐踏，最好的方法就是讓他們生活在自由民主體制裡頭。這種邏輯直接導致了積極推動政權更替，以推翻獨裁者、為他國建立自由民主體制的政策。自由派會這麼投入這份使命，最主要的原因是他們深信，無論在國內或是海外，國家都有能力改造社會。他們心中實現世界和平的公式，就是打造一個舉目皆為自由民主國家的世界，這樣不但能消弭戰爭，也能大幅遏制、甚至消滅核擴散（nuclear proliferation）與恐怖主義這對浩劫雙子。最後，自由主義霸權也是保衛國內自由的理想路徑。

儘管懷抱如此熱忱，自由主義霸權卻無法實現這些目標，而且失敗的同時不免要付出高額代價。採取此戰略的自由主義國家最後反容易投入永無止境的戰爭，不但無法緩解國際間的政治衝突，還會加重核擴散及恐怖主義的問題。而且這種窮兵黷武的行徑遲早也會威脅到本國的自由價值，在國外搞自由主義反而會讓國內變得不自由。況且，就算真的能夠實現目標，在世界各地升起民主的旗幟、強化經濟交流、建立起種種國際體制，和平也不會就此到來。

要了解自由主義的極限，關鍵在於分辨清楚它和國族主義與現實主義之間的關係。這本書最重要的目標，就是討論這三種思想，以及三者的互動如何影響著國際政治。

國族主義是一種強大無比的政治意識形態，其核心概念是將世界上的各種差異，區分成許許多多的民族，每個民族都各有不同文化，並形成最基本、牢固的社會單元。原則上，每個民族都會想要有自己的國家，但實際上成功建國的民族並沒有那麼多。不過，這個世界主要還是由民族國家（nation-state）組成的，這意味著自由主義必須要跟國族主義共存才行。自由主義國家也都是民族國家，兩者毫無疑問可以和平共處，只不過如果兩者有什麼牴觸的話，獲勝的幾乎都是國族主義。

國族主義的影響力常會妨礙自由主義的外交政策。舉例來說，國族主義非常重視自決（self-determination），這代表大部分國家都會抗拒自由主義強權干涉它們的內政——然而這卻是自由主義霸權戰略的重點。這兩種思想對個人權利（individual right）的態度也有所衝突。自由主義者相信，無論來自何方，每個人都有相同的權利。但國族主義卻是徹頭徹尾的排他性意識形態，也就是說它認為權利是有分你我的。實際上，世界各地絕大多數的人，都沒那麼在乎其他國家裡的個人權利。人們都會更關心同胞的權利，而且就算是同胞愛也有個極限。自由主義太誇大個人權利的重要性了。

自由主義也不是現實主義的對手。前者的核心主張是，社會上每個人對於怎樣算是理想、完美的美善人生（good life）*的看法有時候會天差地遠，這份差距可能會導致人們恨不得殺了彼此，所以才需要有國家政府來維持和平。但當國家之間出現嚴重的分歧，卻沒有一個世界政府能解決這種困境。國際體系中沒有統治者，也沒有上下層級，所以自由主義的那一套放在國際政治上，就不會管用。想要生存的話，權力平衡就是各國少數能夠依循的邏輯。當然也有一些特例是，某些長期享有和平的國度可以不用顧慮殘酷的現實政治，虔心採行自由主義政策。但這樣做多半沒什麼好結果，因為國族主義往往會妨礙自由主義者的聖戰。

簡單來說，我的主張是自由主義永遠比不上國族主義和現實主義。現今的世界絕大部分是由這兩大思想所建構，而非自由主義。回想一下，五百年前的政治界有多麼凌亂紛沓——到處都是

---

* 譯註：good亦有善良之意。在討論good life時，往往包含道德倫理的討論，故譯作「美善人生」。

城邦、公國、帝國、親王國，還有其他雜七雜八的政體。但最後，民族國家成了世界的主流。雖然造成這場大轉型的因素很多，但推動現代國家體系形成的兩大動力，就是國族主義和權力平衡的政治。

擁抱自由主義霸權的美國

我寫這本書最主要的動機，是想了解近年來美國的外交政策。自冷戰以來，美國就是一個根深柢固的自由主義國家，如今更是國際體系中最強大的國家。[1]蘇聯在一九九一年解體，為美國留下了追求自由主義霸權的空間。[2]外交政策界的當權派，對美國和世界的未來都樂觀過頭，幾乎不假思索採取了這種野心浩大的戰略。而且全體大眾至少在最一開始，也同樣懷抱這種熱忱。

法蘭西斯．福山（Francis Fukuyama）在冷戰告終前那篇有名的〈歷史的終結？〉（The End of History?）中，就勾勒出了這種時代精神。[3]他主張，自由主義在二十世紀前半戰勝了法西斯主義，又在後半擊敗了共產主義，如今已經沒有什麼東西能與之匹敵了。世界最終將會只剩下自由民主的國家。根據福山的說法，這些國家之間從根本上就不會發生重大紛爭，而強權之間的戰爭也將會停止。而在這個新世界裡，他認為人們會碰到的最大問題，可能只剩無聊了。

當時的人普遍相信，自由主義的傳播遲早會終結權力平衡的政治。強權之間特有的激烈軍備競賽將會消失，而一直以來在國際關係領域被奉為圭臬的現實主義，也會被掃入歷史的垃圾場。柯林頓（Bill Clinton）在一九九二年競選總統時說：「在暴政退去、自由高奏凱歌之後，單純算計權力的政治將無法應付這個世界。這一套不適合新時代了，未來在外交使節查閱電報以前，思想與資訊就會先傳遍世界。」[4]

而在近來的總統裡，大概沒有誰比小布希總統更熱衷宣揚自由主義的了，他在二〇〇三年三月，入侵伊拉克前兩週的一次演說中講到：「伊拉克當前的暴虐政權正在中東耀武揚威，四處散播暴力和混亂。一旦伊拉克獲得解放，就能藉著為上百萬人的生活帶來希望與進步，用自由的力量改變這個戰略樞紐。美國的國防利益，和美國的自由信念，都指著同一個方向，就是把自由與和平帶給伊拉克。」[5]不久後的九月六日，他又宣布：「推進自由是我們這個時代的使命，也是我們國家的使命。從威爾遜總統的《十四點和平原則》（Fourteen Points）到小羅斯福的《四大自由》（Four Freedoms），再到雷根的《西敏寺演說》（Speech at Westminster），美國一直以來都努力在履行這個使命。我們相信自由是上天的安排；我們相信自由是歷史的走向。我們相信人類卓越的成就，都是因為自由的弘揚。我們相信自由，我們所珍視的自由，並不只屬於我們——每個人類都有權利，也有能力享有自由。」[6]

但後來的發展糟透了。多數美國人都認為二〇一八年採取的外交政策不如二〇〇三年，更遠遠不及上個世紀的一九九〇年代初期。對於美國悖離現實主義這段期間的成果，多數看法都非常悲觀。死亡和毀滅的種子在大中東地區*四處飛散，小布希和歐巴馬任內的華府難辭其咎，且至今尚沒有證據指出，這些苦難可以在短期內終結。美國對烏克蘭的政策也是出於自由主義邏輯，而這些政策也是俄羅斯和西方之間發生危機的癥結。從一九八九年以來，美國打了七場戰爭，每三年就有兩年在打仗。老實說這也沒什麼好意外的——不同於西方世界的主流觀點，自由主義的外交政策無法帶來合作與和平，只會導致衝突與不穩定。

本書的重點會放在一九九三到二〇一七年之間。在這段期間裡，柯林頓、小布希和歐巴馬政府各自掌控了八年的美國外交政策，且三者都致力於追求自由主義霸權。雖然歐巴馬總統本人對這些政策稍有保留，但對於政府在海外的實際行為影響並不大。但出於兩個原因，我不會討論川普政府。首先是雖然從川普總統在二〇一六年競選期間的修辭，可以看出他認為自由主義霸權失敗得很慘，並且期望拋棄裡頭的一些重大戰略，但在本書完成的時間點，還很難判斷他的外交政策會是什麼模樣。其次，有鑑於中國的崛起和俄國捲土重來使得強權政治又再度回歸檯面，我們可以合理認為，就算現實主義在國內會受到相當程度的抗拒，川普終究得選擇以此為基礎規劃戰略。

人性才是重點

在討論自由主義對國際政治的影響時，學者的起手式通常是分析各種理論，說明外交界菁英普遍認為自由主義可以取代現實主義的原因。**民主和平論**（*Democratic peace theory*）主張，自由民主國家之間不會互相開戰，但原因並不是它們比非民主國家更愛好和平。根據**經濟相互依賴理論**（*economic interdependence theory*），經濟關係緊密的國家很少會彼此爭鬥，因為戰爭的代價對雙方都太高了。而**自由體制主義**（*liberal institutionalism*）則宣稱，融入國際體制的國家會受到組織規定的限制，而且遵守規定長期來說多半有益，因此更容易彼此合作。

我會仔細評估這些理論，但在開始之前，還得把國際關係放在一旁，先處理更基本的問題：自由主義是什麼？還有它的理論依據為何？換句話說，我要做的是從自由主義本身的假設和邏輯出發，檢查它是否合理。在檢視它對人性的基本假設時，這一步非常重要。約翰．洛克（John Locke）是自由主義的奠基者之一，他提出過一個很棒的觀點：「要正確了解政治權力……我們必須先討論當所有人完全處於自然狀態時社會是什麼樣子。」[7]

---

* 譯註：the Greater Middle East是布希時代發明的政治地理名詞。傳統上的中東包括阿拉伯半島、土耳其、埃及和伊朗。布希政府將這個範圍跨大到北非、索馬利亞、巴基斯坦和中亞等泛伊斯蘭世界。

「人最自然的狀態」是什麼？每個人之間有什麼共通的特質？不只是自由主義，這個問題對於了解國族主義和現實主義也很重要。愈是從人性來了解各種思想，就愈能了解它們和現實世界的關聯。所以我得先討論自己對於人性的看法，再解釋哪些共通特質會同時影響人們的政治生活。最後我們就可以由此推導出一套理論，用來評估和比較自由主義、國族主義以及現實主義。

我們要先回答兩個有關人性的關鍵問題。第一個問題是，就人類的本質來說，到底該把人類看作社會性的動物，還是該著重於人類的個體性？換句話說，人類到底是先生活在社會中，然後努力培養出自己的個體性，或者先是各自獨立的個體，然後才簽訂了社會契約？第二個問題則是，我們的判斷能力是否有發展到可以對什麼是美善人生，達成大致上的共識？我們有辦法對建構、規範人類社會的最基本原則（first principle）達成共識嗎？

在我看來，人類自始至終都是社會動物，個人的生活和性格雖然不是無足輕重，但都是次要的。再者，就算不同群體內部對於社會的基本原則可以形成廣泛共識，各個群體之間也不可能有共通的認知。但既然人們對於美善人生需要哪些條件，無法找出放諸四海皆準的真理，那麼人與人之間，還有群體與群體之間的差別，意義就非常深遠了。

自由主義強調一個很明智的觀點：美善人生的組成內容不可能有舉世通行的共識。但同時之間，自由派又幾乎不考量人類天生的社會性，而是把每個人當作互不相干的原子。所以對於人性，他們只能算說對一半。另一方面，國族主義和現實主義就很符合人性，這不只解釋了為何它們跟自由主義不合的時候，總是特別容易勝出，也揭露了是什麼力量在驅動國際政治。國族主義和現實主義都不太重視權利和人的獨特性，而是把整個世界看成一個又一個的民族國家，認為人們原則上都是社會動物，只是對美善人生的定義有不同看法。[8]

雖然有著這些差異，但三種思想都有一個重要的共通點：同樣在乎生存問題。我認為每個民族都那麼想擁有自己的國家，是因為國家最能確保民族生存，而民族生存從來不是理所當然的。在國際體系中，國家也受生存問題影響甚深，所以各國都會仔細關注權力的平衡，而且終極目標也都是建立霸權。最後，生存也是自由主義的一大重點。畢竟自由主義最根本的信念，也是人們對社會基本原則的歧見，有時會激烈到打算互相殘殺。國家的一大功能就是扮演警察的角色，盡可能維護每個人的生存機會。

政治自由主義

我目前都還沒有給**自由主義**任何詳細的定義。所以現在要先完成這個工作，不然每個人所認知的自由主義可能都不盡相同。國族主義和現實主義也是一樣。三者的明確定義至關緊要，因為有了明確的定義，才能有條理地論證它們彼此的關聯，以及它們的互動如何影響國際政治。準確的定義讓學者能從各種紛亂的事實中找出條理，也有利於讀者判斷作者的主張是否有說服力，如果沒有的話又是什麼原因。

定義的對錯不在於真假，我們可以自行決定怎樣的核心概念最適合。然而，這不代表定義之間沒有高下之別。要評判定義的好壞，最重要的準則就是這對於理解研究中討論的現象有多少幫助。我也希望我選擇的定義能夠達成這個目標。

我對「政治自由主義」（political liberalism）一詞所下的定義是：一種以個人主義為核心的意識形態，並且非常重視「不可剝奪的權利」（inalienable right）這個概念。[9]這種對權利的關注，來自它普世論（universalism）的一面，也就是認為世界上每個人都有相同的天賦權利，同時也把自由主義國家推往野心勃勃的外交路線。自從二戰以來，學界和大眾對自由主義的爭論，絕大多數都集中在所謂的「人權」上面。不只西方，全世界都是這樣。歷史學家山繆・莫恩（Samuel Moyn）說過：「人權這個概念，決定了人們對國內外社會運動與政治實體的最高期望，許多人被它喚起希望，也因它採取行動。」[10]

政治自由主義的基礎，還包括假設人類時常會對有關政治和社會根基的議題產生嚴重爭執，所以當這些爭議有可能升溫成暴力，就必須有國家來維持秩序。這使得自由主義非常強調「容忍」這個社會規範，要求人們即使存在強烈的分歧，也要尊重彼此。但儘管同樣重視這些價值，自由主義也因為某些根本差異而分成好幾派。

政治自由主義主要可分為兩大類，我在書中會分別用「權宜自由主義」（modus vivendi liberalism，與「古典自由主義」意思相同）*和「進步自由主義」（progressive liberalism）稱呼它們。[11]兩者最基本的差異處有二，首先是關注個人權利的方式。權宜自由主義在乎的權利，幾乎完全限於個人的行為自由，也就是可以為所欲為、不必擔心政府干涉的自由；言論自由、出版自由，以及持有財產的權利都是其中代表。政府存在的目的是保護這些自由不受來自社會內外的威脅影響。進步自由主義者也同樣重視這些個人自由，只不過他們把這些叫做「消極權利」（**negative right**）。除了消極權利以外，他們也熱衷於爭取各種需要政府積極推動的權利。比如說，他們相信每個人都有權得到平等的機會，而這種權利只能靠政府積極介入來達成。權宜自由主義的支持者通常強烈反對這種「積極權利」（**positive right**）的概念。

對於個人權利的這些討論，讓權宜派和進步派有了第二個嚴重的分歧，也就是除了維持國內秩序之外，國家還應該扮演怎樣的角色？權宜自由主義者的看法承襲他們對保護個人自由的重

＊　譯註：modus vivendi liberal中的modus vivendi意指「對現狀的權宜態度」。

視，還有對積極權利的質疑，認為國家應該盡可能減少介入社會。所以不意外地，他們傾向拒絕讓政府有能力執行社會工程（social engineering）。進步自由主義者的看法正好相反，他們偏好能促進個人權利的大有為政府，比較願意賦予政府執行社會工程的能力。

兩種政治自由主義在思想界無疑都得到了許多關注，不過實際上，進步自由主義還是遙遙領先。現代社會生活的需求太過複雜，國家必須大量投資在促進積極權利等社會工程上。當然還是有些國家特別投入這項事業，而且每個國家的投入程度也會隨著時間變動。不過既然當代的國家這麼積極介入社會，我們又沒有理由認為這點在短期內會有什麼改變。那麼本書所討論的政治自由主義無論在意圖還是在目標上，都是進步自由主義的同義詞。

關於我對自由主義的定義還有三點不能不提。首先是**效益主義**（utilitarianism）和**自由理想主義**（liberal idealism）這兩種思想偶爾也會被歸類成某種自由派的政治意識形態。你可以儘管把它們當成某種類型的政治自由主義，但我不會這樣做，因為它們背後的邏輯，和權宜或是進步自由主義都大不相同。最重要的一點是，效益主義和自由理想主義都不太重視個人權利，但個人權利是自由主義的核心價值。效益主義之父邊沁（Jeremy Bentham）認為天賦人權根本是「毫無道理的政治修辭、夸夸其談的廢話」。[12]

愛德華·卡爾（E. H. Carr）在一九三〇年代末所寫的名著《二十年危機：國際關係研究導

論》（*The Twenty Years' Crisis*）普遍被認為是國際關係領域上對自由主義最經典的批評。[13]不過他要批評的其實並不是本書中以權利為基礎的自由主義。卡爾不太在意權宜或進步自由主義的分別，況且當時這兩種思想也沒有那麼大的差距。他的目的主要是比較自由理想主義和效益主義，這兩者在一九三〇年代的英國比較有影響力。[14]所以在談到自由主義時，我和卡爾談論的東西完全不同，我們兩人的批評也沒有什麼交集之處。

但我並不是說自由理想主義和效益主義不重要，也不是說它們無助於理解當今國際體系裡的一切。只不過兩者都跟政治自由主義大不相同，要評估它們對國家行為的影響，又需要另外一篇研究。

再者，**自由主義**（liberalism）和**民主制度**（democracy）兩個詞常常被互換使用，或是連在一起變成「自由民主體制」（liberal democracy）。但兩個概念其實不盡相同，區別兩者和解釋兩者的關聯十分重要。我把民主制度定義成一種政府形態，生活在其中的公民普遍有權利用定期選舉決定政府該由哪些人領導。當選的政治領袖會制定和執行治理這個政治體（polity）的規則。另一方面，自由主義所關注的完全是個人權利。公民權利是自由主義國家最優先的關注重點，它們會立法保障這些權利。

在「不自由的民主國家」（illiberal democracy）裡，贏得投票選舉的多數派可能會踐踏少數派的權利。這種情況在現實中屢見不鮮，有時也被叫做「多數暴政」（tyranny of the majority）。不過，自由主義國家幾乎同時也是民主國家，因為不可剝奪的權利這個概念，顯然包括了有權藉著選舉對國家的治理表達意見。馬庫斯．費舍（Markus Fischer）說得很精準：「自由主義和民主制度的關係並不對等：自由主義很大程度上需要依賴民主制度，但自由權利對民主制度只有最低程度的重要性。」[15]

不過有些人會說，如果少數派基於權利提出的主張，妨礙了多數派的決定，自由主義國家就會違背民主。雖然這種事確實偶爾會發生，但我並不認為這些行為違背了民主，因為這種結果仍然是藉著全體公民經民主程序所採行的法律或規則而產生的。因此本書裡說的**自由主義國家**（liberal state），指的就是**自由民主國家**（liberal democracy）。[16]

第三點則是，有些讀者可能會認為本書是在大肆抨擊自由主義，認定我對這種政治意識形態懷抱敵意。但我並沒有這麼想。自由主義在國家內部和國際體系中的運作方式是兩回事。這個差別非常重要，我對這兩個領域中的自由主義看法也不一樣。

在國家內部，我認為自由主義是股由衷追求良善的力量，每個人都會想要住在重視並保護個人權利的國家裡。能夠在自由的美國出生成長，我感到十分幸運。然而把自由主義推廣到國際政治上就是另一回事了。只要有國家像近年的美國一樣採取立意良善但野心過大的外交政策，最後都只會讓世界更不和平。這麼做甚至會危及國內的自由，而這應該是每位自由派內心最深的恐懼。

各章主旨

第二章將細談我對人性和政策的看法，以及概述我的政治理論。在後續章節中，我會用這套理論來分析自由主義、國族主義還有現實主義。在第三章，我會先談談政治自由主義。重點將著重在權宜與進步自由主義的異同之處，並解釋為何當今的政治自由主義是以進步自由主義為主軸。我還會簡短討論效益主義和自由理想主義，解釋為什麼我認為它們不屬於自由主義理論。

接著在第四章，我會處理政治自由主義的關鍵問題，檢視自由主義和國族主義的關聯，以及自由派對於普世權利的主張有哪些限制。到這裡為止，我都不太會關注自由主義和國際政治之間的關聯。本書前半段的目標，都在於了解自由主義的內容為何。

到了第五章，我才會開始探討自由主義如何影響國際體系，同時也會仔細討論自由主義和現實主義的關係。我最核心的主張是，即便有些罕見的情況讓國家能追求自由主義霸權，多半也會在外交和戰場上走向失敗。我也會解釋現代這個幾乎完全由民族國家組成的國際體系，是如何在國族主義和現實主義的手中成形，自由主義絲毫沒有參與。最後，我會談談世界政府的可能性。如果它實現的話，自由主義對國際政治的意義將會大大改變。

第六章的核心論述，則是追求自由主義霸權不只會失敗，過程也會讓國家付出極大的代價。做這種事的國家總會陷入無止境的戰爭，而戰爭只會增加，不會減少國際衝突。本章也會談到這種自由軍國主義（**liberal militarism**）在危害本國自由的同時，還會如何讓目標國家蒙受龐大損失。

在第七章，我會說明為什麼就算實現了自由主義外交政策的核心目標，諸如廣泛傳揚自由民主、打造開放的世界經濟體，以及成立許多成果斐然的國際組織，世界也不會因此變得更和平。軍備競賽仍會繼續讓各國面臨嚴重的戰爭威脅。因為靠自由主義霸權徹底扭轉國際政治的願景，是建立在民主和平論（**democratic peace theory**）、經濟相互依賴理論（**economic interdependency theory**）和自由體制主義（**liberal institutionalism**）這三套理論上，而這三套理論都有致命的漏洞。第八章會總結我對美國未來外交政策走向的觀察。我猜測美國未來將會揚棄自由主義霸權，基於現實主義採取更克制的外交政策，並發現國族主義大幅限制了強權直接干涉他國政治的能力。我也會對川普總統在白宮的任期，可能會如何影響美國的外交政策，發表一些觀察心得。

簡單來說，第二章是從**個體**的層面討論人性；第三、四章對政治自由主義的分析會集中在它與**國內政治**的關聯；第五到八章則是討論各種主義和**國際政治**的關聯。這個基本架構也呼應了每個研究國際關係的人最終所要關心的三個層次：個體（individual）、單元（unit）與體系（system）。[17]

第二章

人性與政治

政治領域裡各種的理論與主張，都是以我們對人性的看法為磚瓦所搭建起來的，自由主義也不例外。它基礎的核心概念是假設人性具備一系列的特質，這些特質每個人身上都有，並不因人而異。因此要評判自由主義，就必須先談談它對人性的看法，確定這些看法跟我們所知的人類在生活中展現的特質是否相符。

法國保守派思想家若瑟夫・德・梅斯特（Joseph de Maistre）認為：「天底下沒有一般人這種玩意。我這輩子見過法國人、義大利人、俄國人；感謝孟德斯鳩，我還認識一個傢伙可能是從波斯來的。*但我得說，我活這麼久了，還沒見過什麼一般人；就算這傢伙真的存在，我也聽都沒聽過。」[1] 誠然，民族和民族之間就像人和人之間一樣，都有著重大的區別，這種區別也是本書論述的核心。不過幾乎在每個人身上，也都有一些固定不變且各自相異的特質，而這些特質的存在可以當作微觀的基礎，建立一種簡單的政治理論，用以評估自由主義的適用程度，以及它和國族主義與現實主義之間的關係。本章的主要目的，是先提出我對人性與政治的看法。

我會從兩個簡單的假設開始，第一個是關於我們批判思考的能力。人類無疑擁有強大的理性能力，但理性同樣也有許多重大限制，特別是在「究竟什麼才算是美善人生？」這類問題上面。

幾乎每個人都會同意，生存是個體最重要的目標，因為如果無法生存，就沒辦法追求其他目標。但除此之外，在各種重大的倫理、道德和政治問題上，每個社會都常會碰到壁壘分明的意見分歧，偏偏這些問題又對我們的日常生活有著重大意義。人們有時會對非常執著於這些關於社會基本原則的分歧，甚至可能爆發流血衝突。暴力衝突永遠都有可能會發生，這讓每個人隨時恐懼著彼此、擔心著自己的生存；而不同社會之間也存在相同的疑懼。

第二個假設則是，人類終歸是社會性動物。我們沒辦法當獨行俠；要有完整的人格，還有堅持自己的個體性（individualism），就得在群體和社會中出生成長。此外，個體也會與所屬群體發展出緊密的連結，有時甚至願意為同胞犧牲奉獻。常有人說，人類的內心仍然矗立著部落的圖騰。最主要的原因就是與生俱來的社會性在告訴我們：獨來獨往沒有好處，融入社會與同胞合作，才是最好的生存策略。這不是要否認個體偶爾會有好理由做出自私行為，以及利用群體中的其他成員。不過整體來說，社會群體（social group）畢竟是求生的倚仗，所以合作終究比自私來得好。[2]

有些人會懷疑，如果每個人的基本信念這麼難取得共識，社會如何能夠運作？兩個假設之間無疑有些矛盾，這就是為什麼社會群體有時會分崩離析，也是為什麼統一的全球社會或許永遠不會出現。儘管如此，人們顯然有辦法長時間在社會群體裡共同生活。畢竟打從人類誕生以來，都

---

* 譯註：此處應該是指孟德斯鳩的小說《波斯人信札》。

一直是這樣在地球上生活的。

要維繫一個社會，成員對於美善人生的想像一定要有充分交集，也必須彼此尊重，否則就不免會發生嚴重的內部衝突。儘管每個人都有所差異，但既然成員擁有共通的文化，而文化又包含了對於最重要的價值抱持何種信念，那社會群體就仍有可能對基本原則達成相當程度的共識。多數人在從小到大經歷社會化過程的過程中，都會對自己的文化產生崇敬，重視社會中的某些核心原則。文化就像膠水一樣，把社會裡的每個人牢牢黏在一起。

但只靠文化也不夠。社會必須有政治體制來約束成員的行為，才能維持完整。群體需要制定規則，規定成員如何共同生活，也要有方法能執行這些規則。這通常會產生某種基於後人所謂「法治」（the rule of law）的司法體系。遇到來自其他群體的威脅時，社會群體也要有政治體制來協助生存。體制必須掌握暴力手段，才能對內執行規則，以及抵禦外來威脅。

有了政治體制就會帶來政治活動，而政治活動對任何社會的日常生活都至關重要。從根本上來說，政治活動就是制定有關治理群體的規則。這份責任非常重大，因為在任何社會裡，成員間一定都存在某些利益衝突，而人們永遠不會對社會的基本原則形成徹底的共識。鑑於這些生活中的無奈，無論制定和解釋規則的是哪個陣營，都可能會只考慮自身利益、只呈現自己對社會的觀點，完全忽略競爭對手。至於哪個陣營能贏得競爭，當然就跟權力脫不了關係了。個人或陣營擁有的資源愈多，就愈容易掌控治理體制。簡單來說，在這個世界上，理性能發揮的功能有限，權力的平衡才能決定由誰來制定和執行規則。

既然社會群體絕對需要有政治才能運作，那麼當我說人類天生就是社會動物時，其實也在說我們都是政治動物。遊獵採集時代的人顯然也是如此（不過在英國哲學家霍布斯〔Thomas Hobbes〕的世界觀裡，他們有時會被錯誤描繪為獨行俠）。事實上，他們生活的小群體，也少不了權力、規則和陣營，這也就是政治。在人類的種種活動中，政治和社會兩個層面向來密不可分。美善人生的組成內容，絕對和政治及社會因素息息相關。雖然本書中常用的說法是「社會群體」，但它其實是「社會政治群體」（sociopolitical group）的簡稱。

對於自治社會群體（self-governing social groups）間的關係，政治的意義同樣舉足輕重。然而，群體之間並沒有更高階的政治體制來制定規則，或是可靠地執行規則，以約束各群體對彼此的作為。制定規則的權力在社會內雖然至關重要，但在群體之間就沒那麼重要。然而，權力本身的意義依然重大，因為當群體擁有愈大的權力，就愈容易在跟其他群體有所摩擦時稱心如意。更重要的是，權力還可以防止其他群體對自身生存造成威脅。因此每個獨立的社會群體都會相互爭奪權力。而群體之間的政治，就是在爭奪權力的相對強弱。

社會群體有擴張的傾向，因為當規模增加，相對於敵對群體的權力通常也會增加，進而提高生存的機會。其他誘因也會讓群體極力擴張，比如某個群體可能相信自己發明了最完美的宗教或政治意識形態，因此不斷對其他社會發動聖戰，輸出自己寶貴的社會藍圖。雖然不同群體偶爾也會因為共同利益而自願聯合，但征服還是最主要的擴張手段。征服者通常會試圖支配戰敗方，剝奪對方的自主性，或是將其吸納到自身社會裡。有時征服者也會想徹底消滅戰敗者。不過任何群體的擴張幅度都有極限，因為有可能被征服的群體，幾乎都有強烈的誘因抵抗入侵，以確保自己能夠生存。

總結來說，我先對人性提出了兩個簡單的假設：首先是在探索基本原則這件事情上，理性能做的非常有限；另外就是我們內心終究是社會性的動物。結合這兩個假設，我們就可以知道三個有關人類社會的重要事實。

第一，世界上有一大堆社會群體，每個都有不同的文化。這個情形無論從短期還是長期來看，都不太會有什麼改變。實際上，正是因為這點放諸四海皆然，才讓世界上充滿各種不同的文化與社會。

第二，社會群體必然會建立政治體制，這代表無論是在社會內部還是社會之間，政治和權力都是生活的中心。

第三，生存對於個體和社會群體，同樣都是最重要的目標，這是一條貫穿人類歷史糾葛的紅線。*

不過在仔細檢視我論述中的主要內容以前，還要先定義幾個重要的概念。

關鍵定義

之後的討論大多會圍繞以下五個概念：文化、群體、身分認同、政治體制和社會。其中至少有文化和身分認同這兩個概念比較難定義，主要是因為它們太包羅萬有了。這兩個詞在學術文獻和公共討論中，都有一大堆不同的用法。所以我必須盡量精確解釋我自己的用法。

我也要指出，這些概念的連結非常緊密，很難切割得非常清楚。舉例來說，有人會主張文化、身分認同和社會，都屬於同一張嚴密的網羅。我同意它們當然有所交集，但我仍要盡可能仔細定義每個概念，呈現出它們彼此之間的關聯，好讓我的核心主張更容易理解。

* 譯註：原文「It runs like a red skein through human history.」典出福爾摩斯系列《血字的研究》（*A Study in Scarlet*）。原文為「謀殺案就像條貫串生活蒼白糾葛的紅線一樣。咱們的責任就是要去解開它，把它清理出來，揭露它每一吋的樣貌」。（There's the scarlet thread of murder running through the colourless skein of life, and our duty is to unravel it, and isolate it, and expose every inch of it.）

社會（society）是一種大型群體，裡頭的人們會持續以有組織、有常規的方式彼此互動。每個社會成員都是互相依存、休戚與共的，所以有些人會把「社會」和「共同體」（community）兩個詞交換使用。每個社會都各有獨特的文化，而且通常會占據一塊特定的領地。很多社會都是有主權的政治實體（sovereign political entity），這代表它們對自己的命運有很大的控制權。但也有些社會沒有主權，而是受其他政治秩序管轄。

文化（culture）賦予一個社會中的人際關係模式它獨具的意義，而那是每個社會最根本的特色。只有在特定的社會脈絡下，文化才會存在。在我的用法裡，文化指的是一個社會最核心的共同習俗（practices）和信念（beliefs）。習俗包括了風俗、儀式、衣著、食物、音樂、日常瑣事、象徵符號，還有眾人所說的語言。此外也包括了人們彼此交流和從事日常生活所用的細微肢體語言、禮貌以及溝通方式。法國社會學家皮耶・布爾迪厄（Pierre Bourdieu）將這些稱作「慣習」（habitus）。[3]另一方面，一個社會的信念則包括政治與社會價值、道德觀與宗教，以及有關自身歷史的故事。這些事物和基本原則的關係都十分明確，社會也正是依據這些事物來判斷美善人生的組成內容。另外，文化也包括了教會和足球場等設施，這些設施反映了前述的習俗與信念。

文化讓每個社會都有獨特的個性。雖然文化之間不時會有一些共同特徵，但絕不會完全相同。不同的文化間會有差別，是因為不同地方的人都有著大不相同的生活經驗及歷史。換句話說，人們的行為很大一部分是被環境塑造出來的。不過人類還是有能動性（agency）；這是一種決定怎樣過生活最好的重要能力。但生活在不同社會裡的人，對於社會應該追求什麼基本原則，常會有不同的結論，這也是文化如此多變的原因之一。說這些並不是要否認文化會進步和改變，有時候甚至會轉變得十分劇烈。歷史不斷前行，帶來新的環境因素與思想，不同文化也會以各自的方式應對。

西方世界的菁英在談到「全球社會」（global society）或「人類社會」（human society）時，常常是在暗示，世界各地的文化之間有一個根本、跨越界線的普世準則。不過，雖然過去兩個世紀以來，工業革命、全球化、大英帝國和美國對全世界的影響無疑讓世界變得比較平了，但還是沒有打造出某種足以讓全球社會形成的普世性文化。單是到處都有麥當勞和星巴克，以及各國菁英普遍會講英文這幾件事，還無法主張全球文化已經趨於相同。世界上仍有各式各樣的文化，支撐著各式各樣的社會。全球文化依舊普遍充滿異質性，尚未同質化。因此「全球社會」和「人類社會」兩個說法其實沒有什麼實質意義。

群體（group）是指一群固定彼此往來的個體，他們相親相愛、擁有許多相同的想法以及共同的目標。社會固然可以算是一種群體，但其概念太彈性了，幾乎可以涵蓋所有類型的人群。而我的重點是那些自己有一套政治體制的大型社會群體。所以在本書裡，「群體」和「社會」是同一個意思。

身分認同（identity）是一個很重要的社會概念，它牽涉到個人或社會的自我認知：「我是誰？」或者「我們是誰？」[4]身分認同有很大一部分是從跟「別人」的關係中產生的。在個人層次上，身分認同是指一個人怎麼看待自身和其他個體或群體之間的關係。當然，一個人可以有很多種身分認同，因為人可能會從屬於好幾個群體。在個人的層次，我關注的重點是在個人在社會中如何與彼此連結。個人的身分認同一定高度受到所處社會文化的影響，因為文化所包含的那一套習俗和信念，一定和成員的日常生活密切相關，也會促使成員們認為大家都是同類。儘管如此，成員之間也存在重大的差異，足以影響每個人的身分認同。社會上的每個人都有不同的能力和偏好，可能各自隸屬於許多不同的團體，這些都會影響他們如何看待自己與他人的關係。要定義一個人的身分認同並不容易。

那麼社會的身分認同呢？大型群體的自我認同來自於自身的習俗和信念跟其他的社會有何分別。換句話說，一個社會的文化和身分認同必然會兩兩相隨、密不可分。在本書中，我會特別重視世界上最主要的社會群體：民族，以及民族認同究竟是什麼樣的概念。在現代社會裡，一個人的身分認同雖然不完全是出自民族文化，但還是會受到十分重大的影響。

最後，**政治體制**（political institutions）則是社會的治理單位，負責制定規則，以便以規範日常生活與維持秩序。雖然政治體制可能會有不同的層級，不過社會中一定有個最高的政治權威。少了有效的政治體制，任何社會都無法長久生存。當然，如果是沒有文字的社會，就不會有成文規則和正式的治理體制，而是依靠風俗習慣和常規形式。[5]但本書的焦點還是在較為現代化的社會上。

美善人生與理性的極限

接著來談談我對人性的關鍵假設。人類有能力進行理性或批判性思考，這是我們和其他動物不同之處，也是我們能支配地球的原因。這種能力也讓我們建立了一套體大思精的理論體系，去描述世界如何運作。然而理性能力也有極限，這點對我們的社會和政治生活極其重要。理性能力受到一個限制，是我們沒有辦法對何謂理想、完滿的美善人生的定義達成一致的共識，這有時會讓個體或社會群體仇恨他者，並怒目相向，導致對方擔心自己的安全。

區分自己的偏好與達成偏好的最佳策略，是很重要的。以下兩個問題反映了兩者的差別。第一個問題是，我們的偏好是否合理，還有這些目標是否有助於我們生存，或是有其他意義？第二個問題則是，我們是否有採取高明的策略來達成目標？這兩個問題有時也分別被稱作「實質理性」（substantive rationality）和「工具理性」（instrumental rationality）。我主要關心的是實質理性，這部分對於理解政治更為重要。不過工具理性在我的論述中也有一席之地，因為這直接牽涉到政府執行社會工程的能力。只不過關於政府該不該這麼做，當然就見仁見智了。

至於說到偏好本身，最關鍵的問題是：對於美善人生，理性能告訴我們些什麼？對於我們該如何行事與安排生活，還有社會該如何組織、遵循什麼規則來治理成員，理性能給予什麼意見？當個人和社會在面對最根本的倫理、道德和政治問題時，批判思考可以派上什麼用場？對與錯又該如何分別？這一切問題都是在處理社會的基本原則，也就是我們思考與行動的根本指南。

更具體一點來說，這些問題包括：理性能否告訴我們，假使宗教真的辦得到，哪個宗教最能昭示我們每天應當如何度過？我們能否用理性找出理想的政治體系？批判思考可以解決墮胎、平權或死刑等論戰嗎？當不同的個人權利，比如兩個人的言論自由和隱私權互相牴觸時，理性可以幫忙找出解答嗎？理性能不能告訴我們，是否應該對異於社會成員的外來者有差別待遇？什麼時候對他國發動戰爭是可以容許的？關於社會該如何組織，成員又該如何作為的問題，以上還只是一小部分。

既然我們天生有強烈的社會性，就無法逃避這些問題的糾纏。即便找不到永久的共識，我們也別無選擇，只能試著想出彼此共處的方針，培養出對大家都能接受的「公共善」（common good）的共同看法。哲學家列奧．施特勞斯（Leo Strauss）的這段話其實也沒有太誇張：「所有政治行動的本質，都是要引導我們了解至善，無論是美善的人生或是美善的社會。」[6]人們有時會缺乏機會表達對關鍵問題的看法，有時也會想逃避面對這些問題。但社會總是得拿出方法處理這些問題。

比如說，設計一套道德原則來指導人們的行為就是個辦法，要是對於什麼行為合乎道德沒有普遍共識，任何社會都無法有效運作。在任何社會裡，所有能促進合作的規則，都是以道德準則為基礎。就連出名不喜歡根據道德原則做出司法判決的世界頂尖法學者理查．波斯納（Richard Posner）法官，都承認道德「是社會生活中無處不在的要素，許多法律原則也從中而來」。[7]

「以理性規範世界」

很多人相信，世界上有一套客觀的基本原則是幾乎每個人都能同意確認的。[8]換句話說，理性可以讓人有辦法想清楚，終極至善大致上是由哪些事物組成。如果有人在尋找答案的時候碰到困難，我們可以彼此討論切磋，讓我們的想法更清晰。這種想法背後的假設是，只要靠理性運用事實和邏輯，幾乎所有人都可以不受文化和社會力量干預，找到相同的真理。[9]

在一六五〇到一八〇〇年左右的歐洲，也就是所謂的啟蒙時代，這種對理性的崇拜特別流行，所以也有人把這段時期叫做理性時代。[10]當時自宗教改革以降的一連串宗教戰爭，嚇壞了許多歐洲的知識分子，他們亟欲相信宗教的力量將會消逝，人們將會因科學和教育的發展得到工具，找出實現理想人生的最終答案。理性的力量會擊垮信仰，解開過去宗教所無法回答的大謎團。他們甚至認為就連美善人生也存在著客觀真理。

法國哲學家孔多塞（Marquis de Condorcet）正是懷著這種樂觀的心態，在一七九四年寫下了《人類精神進步史表綱要》（*Sketch for a Historical Picture of the Human Mind*），這本書的目標「是從理性和事實出發，指出沒有任何已知的界線能阻擋人類能力的進步；人類的完善之路絕對永無止境；除了自然為地球所定的壽命，沒有任何事物可以限制人類通往至善的路程。」[11]英國哲學家威廉．戈德溫（William Godwin）更在一七九三年說過「人有可能變得完美」，而我們對正義的理解也終將進步到不需要政府。[12]其他啟蒙思想家的主張比較溫和，但幾乎每個人都相信人類理性的力量可以大幅改善人世的境況。

不過這兩百年來，人們對批判思考愈來愈沒信心了。[13]雖然這段期間的科學發展飛快，但為理想人生尋找一致且放諸四海皆準的定義這方面，卻沒有取得多少進展。人們的核心價值仍然大相逕庭，對於理想社會的觀念也天差地遠，而且各種理想之間的衝突也難以調和。政治哲學家阿拉斯代爾．麥金泰爾（Alasdair MacIntyre）就很清楚，這份為基本原則找出共識的事業進展有多麼微小：「當代關於道德的討論最驚人的一點，就是大部分討論都在表達歧異；而相關辯論中最驚人的，是裡頭的歧異似乎沒完沒了。我說的不只是這些辯論只會不斷延續——雖然的確是這樣——但更離譜的是，它們顯然找不到要往哪去。在我們的文化中，似乎沒有可以找出道德共識的理性方法。」[14]

不過很多人在被迫回答時，仍然堅持世上存在普世性原則，而且他們知道是什麼樣的原則。通常只要被指控是「道德相對主義者」（moral relativist），也就是認為人生中的重大議題沒有標準答案時，人們就會跑出這種對客觀真理的信仰。很多人會激烈否認，因為相對主義有時會被指控為虛無主義（nihilism），也就是說幾乎什麼行為他們都可以容忍，正巧，人們少數有普遍共識的道德準則之一就是虛無主義很邪惡。然而每個人對同一個議題的答案都不一樣，我們又沒有辦法選出誰是對的。問題愈具體，歧異通常就愈難調和。我們不可能判斷出誰的答案正確，因為這些完全是個人的偏好或意見。

要免於被指控相對主義，最好用的技巧是退一步堅持世界上還是有套客觀的基本原則，而且我知道是怎樣的原則，只不過無法說服每個人認同我。不同意我的人都錯了，只是他們不承認。很多人都會明示暗示地使用這種主張，以免被指控為相對主義者。

前述觀點揭露了一個真相，就是想要用集體理性在美善人生的問題上找出放諸四海皆準、人們普遍同意的答案，這目標根本是不可能達成的。那些相信批判思考有助於找出道德真理的人，都是在自我欺騙。只靠理性是無法解答這些根本問題的。理性無法規範世界，也很難幫忙一大群人在最重大的偏好上形成共識。

我們的共識有多淺？

要知道理性的限制，可以看看它是怎麼看待宗教的，因為宗教正好跟很多道德倫理議題有關。但批判思考無法判斷世界上這麼多宗教裡，哪一個最能為人的行為提供最佳的指引，也無法判斷無神論的效果會不會更好。比方說，我們其實沒有客觀的理由能分辨天主教和新教哪一個比較優秀。[15]這也解釋到了為何雙方信徒會在宗教改革期間互相殘殺。其他宗教內部也可以看到一樣的分歧，比如什葉派和遜尼派穆斯林，還有猶太教保守派、正統派、改革派與極端正統派之間的分歧。

歷史顯示，宗教很容易隨著時間而分裂。某些成員會不滿當前詮釋原始經典的主流方法，然後脫離出去自立門戶。拿基督教來說，第一次大分裂發生於一〇五四年，當時的基督教世界分裂成了羅馬天主教會和東方正統教會兩派。一五一七年，馬丁・路德發表批評天主教會作為的《九十五條論綱》（Ninety-Five Theses）引發宗教改革，則是第二次大分裂。這不只是天主教和新教的分裂，也讓新教世界出現了英國聖公會、浸信會、喀爾文派、福音派、路德派、衛理公會、清教徒、貴格會等無數教派。

歷史學家布拉德·格列哥里（Brad Gregory）對宗教改革和其結果，做過一份重要的研究，表示改革者最初的目的是想修正他們認為有重大缺失的天主教教義。也就是說，他們的意圖是對基本原則進行批判思考。然而格列哥里寫道，他們「無意間製造了許多預想之外的歧見來源」，並發現「教義的爭議真的永無止境」。這不僅導致各種基督教派源源不絕地誕生，也讓西方自由主義國家裡的基督教信仰逐漸轉變為一種個人領域的私事，促成了國家的世俗化。這就是為什麼「隨著當代人們實踐多元主義的方式愈發豐富，關於世俗和宗教真理的主張也不斷增加。」[16] 簡單來說，宗教的歷史並不太支持「批判思考有助於我們在核心原則上達成廣泛共識」這個主張。

也許有些人會認為，美國在司法制度這個領域，還是能藉由理性討論達成關於對與錯的普遍共識。的確有很多美國人認為，我們終究可以靠著定義明確且完善的道德原則條例來樹立正義。沒有什麼比這想法更不切實際的了。無論是批判法學研究（critical legal studies）、法律經濟學（law and economics）、實證主義法學、現實主義法學、自由主義法學，多數英美法學理論的主軸都反對法律是以普世的道德原則為基礎，也不應該這樣發展。

比如說，現實主義法學家就著重於法官在審理案件，特別是在審理那種既有法律不夠明確的案件時，該如何做出判決。他們相信在這些所謂的疑難案件（hard case）中法官擁有相當大的裁量餘地，而最終下決定的依據則是「對公平的判斷，或是對商業規範的考量」。[17]換句話說，法官會很實際地考慮自己的判決將對現實世界產生何種影響。這並不是要否認法官自己的道德信念會影響判決，但這和依據普世的道德原則來判決有相當大的差異。

法律經濟學的邏輯也很類似。[18]這套理論的支持者堅持，法官碰到疑難案件時，應該以經濟效率，而非大家普遍接受的道德原則為主要的判決基礎。這種效益導向的法學方法著重於盡可能為最多人做出最好的決定。當然，不是每個法官審理同個案件時，都會有同樣的結果。在法律經濟學裡，最終是由誰來下判決，跟在現實主義法學中一樣重要。

不過確實有些法學家相信審判應該依據普世的道德原則。自然法（Natural law）學派就屬於這一類。這一派最有名的學者大概是羅納德．德沃金（Ronald Dworkin）了，他曾經宣稱：「判決通常是原則問題，而非政策問題。」儘管他明白這個論點很小眾。他說過：「整體來說，英美的律師對於疑難案件能否有『正確答案』，普遍抱持懷疑態度。」這種態度也很有道理：律師和法官很少對社會的基本原則有所共識，就算有也很難對於如何用在疑難案件上有所共識。對德沃金來說，法官下判決時所該遵循的「根本原則」是「政府必須平等對待人民」。他的意思是就算這樣做會限制自由，政府也應該提供每個人平等競爭的資源以積極促進平等。這個看法有其正當性，不過並不是每個人都同意。[19]

問題在於，要在法律領域找到一個大家都同意的道德信條，根本就不可能。德沃金也承認：「因此，任何法官對於最佳解釋的意見，都是他個人信念的結果，其他法官無須有相同的信念。」[20]一個法官可以相信他找到了道德真理，但卻找不到太多同意他的同僚。多數法官都比較認同奧利弗・溫德爾・霍姆斯（Oliver Wendell Holmes）說的：「絕對真理只是幻想。」[21]

法官對於是非對錯莫衷一是，正是保守派和自由派為最高法院大法官提名戰得天翻地覆的原因。兩邊的人都了解，總是會有一些案件因為法律不夠清楚而被送到最高法院，這時大法官的意見就極為重要了。雙方都不希望大法院被對手的意識形態主宰，所以拚了命阻撓另一方的候選人。歐巴馬二〇〇五年還在當參議員時，曾解釋過自己反對約翰・羅伯茨（John Roberts）成為首席大法官是因為：

> 我所關切的問題是……雖然法院根據法律判例，還有法規或憲法的解釋規則，就能處置百分之九十五的案件……但在最高法院，最重要的是剩下那百分之五最困難的案件。碰到這些案子，靠著判例和解釋規則雖然能處理大部分的問題，但到了最後一步，還是只能靠著人最深層的道德價值、最核心的關懷、對世界該如何運作的開闊視野，還有同理心的深度

和廣度。碰到這百分之五的疑難案件，憲法內容就不是直接的重點了。法條的文字沒辦法一清二楚，只靠法律程序也無法得到一套決定的規則……在這些困難的案件上，最關鍵的要素是法官的那一顆心。[22]

那麼經濟學家對美善人生有什麼看法呢？大多數經濟學家都假設，人們可以運用批判思考讓效用（utility）、也就是滿足程度最大化；然而這個假設只談到了工具理性，沒有討論實質理性。雖然我們此處所在乎的是後者，但經濟學家很少主張理性可以在選擇偏好和效用時派上用場。他們多半假設個人偏好是既定的，只著重於找出達成現有偏好的最佳手段。正如歐文．克里斯托（Irving Kristol）所言，經濟學「可以告訴我們很多有用和重要的東西，但真的無法告訴我們一個好的社會該具備哪些更重要的特徵」。[23]

最後，我們來談一下列奧．施特勞斯如何評估人們找出美善人生的答案的能力，在他看來這是政治哲學的首要目標。一般的看法是，這位舉足輕重的政治哲學家相信，任何社會中最優秀、最聰明的人都可以看出自然法和權利是一致的。而這些少數的天選之人，可以用他們超凡的智慧找出永恆的真理，以助他們明智地治理社會。

這樣解釋施特勞斯的思想並不正確。最能證明他沒有這麼想的，或許是在他的大量著作中，從未闡述所謂的道德真理是什麼。這個空白促使布拉德利．湯普森（C. Bradley Thompson）和亞隆．布魯克（Yaron Brook）「向施特勞斯的學生發起挑戰，要他們解釋並捍衛一套有系統、世俗性、能夠用理性論證的道德信條在客觀上**是真的**」。[24]而他們的挑戰並未得到回應。不過，絕對真理的遺漏並不令人意外，因為施特勞斯自己也講明了：「我們毫無能力真正知道，哪些東西在本質上是美善或正確的。」[25]對施特勞斯來說，政治哲學就是在沒有任何保證之下追求真理。他寫道：「哲學本來就不是掌握真理，而是追尋真理。哲學家的獨到之處在於『他知道自己一無所知』，而且他明白我們對最重要的事物一無所知，這促使他竭盡全力追求知識……至於問題可能的答案，總是或多或少有支持和反對的理由能分庭抗禮，因此哲學永遠無法脫離討論與爭辯的階段，也永遠無法到達定論的階段。」[26]就算我們腦筋夠好，這也讓人很難樂觀看待批判思考。

仔細琢磨施特勞斯的著作後，可以發現他其實相信，理性最擅長的並非發掘真理，而是讓人懷疑既有的道德信條，以及其他廣為接受的信念。他也一度表示：「每當我們澆灌理性，就也同時在澆灌虛無主義，這讓我們難以在社會裡做一個忠誠的成員。」[27]施特勞斯這麼相信理性的解構力量，也就解釋了為什麼他會認為政治哲學家是社會的害蟲，還有相信政治哲學在尼采之後就走到了盡頭。[28]換句話說，就算政治哲學的內在是對美善人生的高貴追尋，這份壯志也因為獨尊理性而終將自我毀滅。

真理何以難尋

從這些證據很容易看得出來，在思索美善人生時，理性的用途真的很有限。這是為什麼？為什麼人們對社會基本原則這麼難有共識？主要原因有二：一來是批判思考無法對這些人人必須面對的重大問題，給出一套放諸四海皆準的答案；二來是因為偏好形成的因素經常與理性相悖，而且這些因素常常是人無法意識到的。

一個人對美善人生的看法，主要來自三個因素。第一個因素是最重要的社會化過程（socialization）。從出生開始，父母和周遭的親朋好友就拿著各種關於是非對錯的訊息轟炸我們。我們學到的原則大致上反映了所處社會的規範。但由於每個社會的演化環境不同，自然會演化出不同的文化。家庭也是如此。這代表人們對美善人生的看法，會因為他們成長的環境而大不相同。社會心理學家強納森．海特（Jonathan Haidt）說過：「每個孩子最後總會發展出其所處文化或族群所特有的道德觀。」[29]

第二個會影響道德觀的因素，是我們與生俱來的內在感性。我們的情感或傾向都是由這種天生的感性驅動，而我們一生中被社會灌輸的那套觀念，則是另一套獨立的軟體系統。我們生來並非白紙一張。也就是說，早在家庭和社會形塑思維以前，每個人面對人生的大哉問就已經有了自己的偏好。

這些天生的感性很難度量，因為我們對人腦如何運作所知甚少。除此之外，我們也常看到身邊的人明明在同樣的家庭和社會中長大，卻有不一樣的個性，對於美善人生的內涵看法也大不相同。這並不是否認社會化過程的力量，只不過如果我們完全是由家庭和社會的思想塑造的話，應該會更加同質才對。

理性是影響人們核心原則的因素中最末一項。這種心智歷程和感性與社會化過程不同，後者仰賴的是直覺。在運用直覺時，人們不會有意識地細究手頭資訊，而是會下意識知道自己該採取什麼樣的態度或立場。有時這種立場來得很快，就像是視覺或聽覺產上的反射動作一樣；有時則是在反覆接觸下，慢慢體悟自己對某個議題的感覺。這份體悟通常都是早有感覺，卻直到某一刻才被我們意識到。不過無論快慢，感性和社會化過程都會促使人們相信自己有資格對各種議題發表意見。但理性從根本上就是不一樣的東西。

理性推論的過程本身就是努力屏除直覺，運用事實和邏輯分析問題並做出決定。運用理性的人會盡可能自制並有組織地處理問題，不讓自己的偏見和情緒干擾思考過程。理性推論很花時間，因為這需要排除來自直覺的反應，仔細建構和評估論點。[30]當然，人確實可以跟其他人一起參與討論，共同運用批判思考分析困難的問題。理性的推論形式比直覺更嚴格，在解答問題時通常會比感性和社會化過程更加透明。[31]

但個人情感通常無法被完全排除。神經科學家安東尼奧・達馬西奧（Antonio Damasio）解釋過，批判思考無法完全脫離偏見及情感，因為後兩者實際上可以幫助人們做出真正理性的決定。[32]

理性的重要性被人們過度抬舉了，它其實是三種決定偏好的因素中最不重要的一種。它的重要性絕對不如社會化的作用，後者的重要性主要是因為人類的童年長期受到家庭和周遭社會的保護和灌溉，同時也密集接受社會化。而且在這個階段，人還沒有能力為自己打算，因為批判思考的能力尚在發展。在個人的理性發展完整之前，家庭和社會已經對他灌輸了各式各樣的價值觀。除此之外，天性也強烈影響了每個人對周遭世界的看法。這一切都意味著，在思考道德信條時，人們的選擇其實很有限，因為大家對是非對錯的觀念不是來自天生習性，就是來自社會。

有些社會心理學家主張，人們對美善人生形成看法的過程中，理性的角色微乎其微。他們宣稱理性最多也只能合理化直覺所帶來的觀念。[33]最率直尖銳提出這點的，就是大名鼎鼎的英國哲學家大衛・休謨（David Hume），他堅持「道德的規則……並非理性的結論。」他認為「理性是，而且應當是熱情的奴隸，除了為熱情服務之外，它無法擔當任何工作」。[34]休謨認為理性確實有其地位，只不過其職責是聰明地將內心固有的道德信條合理化，這就是工具理性所能做的一切。至於實質理性，他並沒有做太多討論。

不過休謨其實太誇張了。理性雖然有極限，但也不是只能合理化我們所深信的信念。比方說，理性也告訴我們生存是最高的目標，因為如果活不下去，我們就追求不了任何目標。就算對於判斷其他目標的幫助很有限，理性仍然很有用。當不同的直覺發生衝突，我們可以利用理性來仲裁。理性也可以幫人調整內心的基本原則，以免做出愚蠢或是毀滅性的行為。這些情況並不罕見，因為生活周遭的情境隨時會變換，而人們也會發現過往的思考方式不再有意義。最後，總會有些奇人在冷靜的分析之後，決定挑戰其內心最深層的信念。這些人可以靠理性找出思考世界的新方式，讓其他人追隨其後。我們都有能動性，可以對外在世界做出回應，而不只是感性和社會化過程的囚徒。

當然，並不是所有人都會嚴格反省自己的思維方式，但即便所有人會這麼做，也不表示人們可以靠著不受限制的理性就美善人生的定義達成普世皆準的共識。這就是純粹理性的極限。

有人可能會主張公民教育（而非菁英教育）可以解決這個問題。這個看法的代表人物是二十世紀初的哲學家約翰·杜威（John Dewey），他相信只要有適當的教育，「任何人都能獲得超乎想像的社會和政治智慧」。[35]杜威也有意識到社會大眾對政治和社會議題會產生各種相互扞格的意見，但他認為只需民主加上教育，就能解決這些「衝突的主張」。他說過：「有了組織化的智慧，民主這套方法就能讓衝突中各式各樣的主張被看見、評估、討論和判斷……公眾愈能科學對待每一種主張……就愈有可能揭露並有效實現公共利益。」[36]

教育可以讓人們對公眾利益產生共識，這個看法固然在直覺上很誘人，卻禁不住仔細的檢驗。人類是社交性動物，很容易跟其他族群成員形成強烈的聯繫。同胞之間的忠誠讓人很難挑戰群體中的主流觀點。群體思維（groupthink）雖然強韌有力，卻非絕對正確，但大多數人仍不太會脫離社會群體進行獨立思考與自主行事。就算想當個堅定的理性主義者，人們還是容易從多年以來接收的社會化過程出發。

我們沒有什麼理由覺得更多的教育可以幫助公民在攸關共同生活的原則上形成共識。老實說，實情也許正好相反。有些教育方式明顯是要讓學生養成特定的道德觀。比如由極端分子執教的伊斯蘭教學校、前共產世界中的馬克思主義大學、二十世紀以前歐美大學傳授的高等宗教課程，都對合乎道德的生活有著獨特的觀點。有時候，學校的意義就只是灌輸思想，這只會強化社會群體之間既有的差異。

如果教育讓學生接觸各式各樣的觀點，通常學生就算無法尊重，也比較可以容忍對立的看法。杜威心儀的那種教育能夠拓展而非限制學生的視野。舉例來說，現在多數西方大學的教育者，都會避免跟學生討論強烈牽涉個人價值觀的問題，因為大學的工作是教育而非傳教。[37]原則上，一個人所受的教育愈多，看到的世界就會愈複雜，也就愈難相信，更不用說發現永恆的真理了。

最後，杜威理想中的教育終究包括了教導學生批判思考，這也是為什麼我們要把理性等同於批判思考。教育者，至少心存善意的教育者，會教導學生提出複雜問題、挑戰人們甚至自己所接受到的觀念。這也難怪號稱「歷久以來最古老的科學研究院」的英國皇家學會（Britain's Royal Society）格言會是「不隨他人之言」（*Nullius in verba*）。[38]他們卓越的教育雖然造就了極其精於批判所謂的真理的學生，但除了可受驗證的經驗事實以外，幾乎未曾受過發掘真理的訓練。教育能磨礪理性思維，但終究使我們更加遠離、而非趨近對社會的基本原則產生共識。

那我們該怎麼辦？很久以前盧梭曾經說過：「但願在我生活的國家裡，掌權者與人民只有一個相同的利益，如此一來這座機器必定會為了共同的幸福而運轉。」[39]他所期望的國家當然不可能成真，因為沒有任何一群人可以對生活的根本問題達成此等共識。無論好壞，批判思考都無法讓我們找到普世性真理或絕對的律法。就算大多數的人都自認不是相對主義者，但我們實際上就是生活在一個相對主義的世界。

社會的本質

我們應該如何看待個人與所屬社會的關係？有一種常見的自由主義觀點認為社會是由人建構出來的：先有個人，才有由人們自願打造出來的社會，所以個人比較重要。這種主張認為，在最自然的狀態下，個人是擁有自由的主體（agent），而身分認同的發展主要也取決於自己。人們會為了共通的利益建立社會和政府，但從本質上來說，這些社會群體就像政治婚姻一樣，只是一群個人的聚合（aggregate），對成員的身分認同並沒有什麼深遠的影響。

這樣看待人性實在大錯特錯。相反的，人打從一開始就是社會性的存在。認為人在最自然的狀態中不會與他人建立社會紐帶，而且隨時都是孤立而自由的生活，顯然是錯誤的觀念。[40] 我們剛出生時都是無助的嬰兒，且至少在人生的前十年都極度依賴他人；而在這段時間，周遭的人會深深影響我們如何看待及應對世界。這是必經的過程。人的個體性和理性能力密不可分，而這兩者少說也需要花好幾年才會慢慢發展出來。

即便逃往孤島離群索居，也無法否認在與他人的來往中，我們已深刻經歷過了社會化過程。想想遭遇船難、獨自在絕望島上生活二十八年的魯賓遜。他在島上的想法和行為，都深受他在英格蘭約克郡成長時所學到的一切影響。丹尼爾・笛福在《魯賓遜漂流記》最後的反思中也寫道：

「人是為社會而生的動物，這不單是說獨自生活對自己無益，更重要的是人根本不可能獨自生活。」[41]

笛福也很明顯地指出，我們其實喜歡和他人交流。無數的證據都告訴我們，人打從心裡就想要成為社會的一分子。人類天生就會想要和別人頻繁交流，而且這些對象也包括近親之外的人。絕少有人可以遠離塵囂，完全切斷和外界的聯繫。就連惡名昭彰的「大學航空炸彈客」泰德・卡辛斯基（Ted Kaczynski, Unabomber）*，也一直和美國社會保持互動，只是方法有限而且古怪而已。

生存乃必要之務

人類之所以會自然而然組成超越家庭的大型群體來行動，最重要的原因就是為了生存。[42] 首先，人們需要性伴侶並不只是為了滿足欲望，也是為了要建立和維持家庭，乃至於整個物種。[43] 所有物種都需要繁衍，而靈長類又必須尋找近親以外的對象當作性伴侶。因此，生育子女不但意

* 譯註：卡辛斯基是一名美國數學家，因反對工業社會對人類自由的侵蝕而隱居於蒙大拿的森林中，並在十八年間不斷向多所大學及航空公司郵寄炸彈。

味著家庭規模變大，也意味著和其他家庭產生連結。這樣的模式有助於社會群體的成長。

群體也比個人或單一家庭更能有效提供食物和其他生活所需。在任何規模可觀的群體裡，成員自然會擁有各種技能與天賦，於是人們就會出現分工合作。專業化和合作讓人更容易滿足日常生活的基本需求，也會讓群體變得更為昌盛。此外，孤立的家庭如果遭遇雙親死亡之類的嚴重變故，子女將頓失依靠。但如果他們身在某個社會群體之中，就會有更大的支持網絡介入並提供協助。最後，從屬於一個群體，也可以讓自己不會受到其他人或是群體的傷害，因為人多就是力量。但身強體壯卻不是安全的保證。

因此，社會群體是人類求生的倚仗。藉著彼此合作，群體成員不只極盡提高了存活機會，還會有能力追求生育、繁衍等各自的利益。當然，這不保證每個人都可以在社會中生存下來，但整體來說，加入群體還是比單打獨鬥更有勝算。就算在某些特殊情況下，個人會有強烈的誘因選擇逃避合作、只為自己打算，但大多數時候，合作的必要性往往會勝過利用其他成員的衝動。

文化的重要性

每個社會都各有獨特的文化，有著不同的習俗和信念。不同社會所說的語言、信仰的神明、遵循的道德信條和風俗、述說歷史的方法都可能有所不同。社會學家艾彌爾・涂爾幹（Emile

Durkheim）說過：「社會不只是個人的集合，而是由人與人之間的關聯所形成的系統，呈現出一種具有自己特質的現實。」[44]

文化的多樣性有很大一部分是因為地理的差異，它同時也妨礙著全球社會的形成。地球很大，各地區居民所面對的環境都大不相同，因此世界各地的群體也發展出了不同的生活習慣和思考方式。不過這些差異會存在，也是因為人們靠著批判思考，對幸福的人生形成不同的想像。塑造文化的不只是環境，個體也有能動性可以認識和改變世界。單憑這一點，就使得社會群體內部雖非絕無可能，但就是很難建立共識。不同社會在習俗和信念上，有時的確可以產生真正的共識，但彼此之間的重大差異，幾乎總是足以讓各個社會維持獨立運作。社會無法變得完全一模一樣，因此世界上一直充滿文化各異的社會群體，未來也會繼續如此。

文化對個人思想和行為的養成極為重要。人出身的社會群體，永遠都會是他身分認同的一部分。誠如義大利思想家安東尼奧．葛蘭西（Antonio Gramsci）所言，歷史的過程在我們身上留下的是「無窮的痕跡（infinity of traces），而非一份紀錄」，而我們都是這個過程的產物。[45]我們無法選擇要在什麼文化中成長和建立身分認同。在人格養成最重要的歲月裡，社會就像安裝軟體一樣，用文化深深影響了每個人對自己和周遭世界的看法，還有日常生活中的行為。

人也可以嘗試改變文化，或是加入其他社會來對抗自己所出身的文化。[46]不過文化的根基錯綜深遠，想要改變一個社會的文化不只極為困難，也註定只能取得局部成功。就算成功了，人也無法否認自己亟欲改變的文化，其實也塑造了一大部分的自己；不論再怎麼挑戰，自己在很多方面依舊是文化的囚徒。而對於脫離過往生活展開新人生的那些人，文化包袱同樣也會繼續在重要的層面影響他的身分認同。

比如說當一個移民前來美國，無論他多熱情擁抱美國文化、多想切割母國的傳統和價值觀，年輕時接收的文化還是會深深影響他的身分認同。前面說到的施特勞斯，還有政治學家漢斯·摩根索（Hans Morgenthau），都是年紀輕輕在一九三〇年代來到美國，並成為美國知識界的重要人物。然而他們思索世界的方式，依然深深受到海德格（Martin Heidegger）、尼采（Friedrich Nietzsche）、卡爾·施密特（Carl Schmitt）和馬克斯·韋伯（Max Weber）等知識分子影響，因為這些都是他們當學生，以及剛進入歐洲學術圈時的養料。[47]

文化還有另一個重要性：它是團結社會的黏著劑。人類雖然是社會性動物，但組成社會的人不僅是社群成員也是個體。儘管經歷過那麼多社會化過程，人們還是有能力，也不吝於為自己打算。有時人們不會合作解決重大問題，而是會做出損人利己的行為。更重要的是前面提過，任何社會群體的成員要對基本原則達成共識都不容易。每個社會內都有著強度不一的離心力，有時甚至足以讓社會四分五裂。

文化對於限制這股離心力非常重要。首先，社會群體內由於相似的日常生活，加上共同的歷史，通常能對基本原則達成一定程度的共識（雖然永遠不會完全一致）。大多數人出生以來所接受的社會化過程都讓他們學會了認同自己的文化；用愛德蒙・柏克（Edmund Burke）的話來說，他們會感覺到「同胞不只是一起生活的人，所有死去及尚未出生的人，也都是同胞」。[48]社會群體的成員也通常會彼此尊敬，發展出有助於在差異之中相處的團結忠誠。他們會覺得大家是在從事同一份事業，人人都為了集體的利益攜手合作。多數人都強烈認為群體的生存就是自己的生存，因此有強烈的合作動機，即便在重大議題上也能求同存異。

不過文化對於社會團結的幫助也有其極限。有時候一個議題就能揭露深層的分歧，讓社會走向崩潰邊緣（好比說南北戰爭前美國的蓄奴問題）。有時劇烈的環境變化也會摧毀社會的舊習俗和信念，並在成員打算重新制訂幸福人生與理想社會的藍圖之際，凸顯出彼此深層的矛盾（比如一戰大敗之後的德國）。有時超乎預料的壓力也會大到讓社會失去凝聚力（比如十九世紀被歐洲殖民的中國社會）。

如果社會中有夠多人反對文化中某個重要的面向，或是自認不再服膺共同目標而做出自私行為，只要整個共同體無法安撫或驅逐這些不滿的人，就很難繼續維持下去。簡單來說，每個人或許都會自然而然為社會群體做些什麼，但對群體投入的程度還是可能差異很大。認同感當然會促進群體的團結，不過幻滅感一旦廣泛散播，就足以導致群體消亡，被新的群體取而代之。

每個社會都存在離心力，有時也會因此崩解，這一點告訴我們只靠文化並不足以維繫社會。要維持社會完整共有三種方法。第一種是創造可怕的外敵，刺激社會成員合作抵禦威脅。第二種是聯合多數人，防範對社會不忠的異己。但防止社會破碎最重要的方法，還是建立強大的政治體制，沒有任何東西可以替代政治體制的作用。

政治體制與權力

社會需要政治體制才能和其他群體來往，並協助成員和平相處、互助合作。群體內的眾多個體會不斷互動，有時也會為了資源或金錢等東西競爭，甚至為了決定更多樣的社會目標和最佳的實現方針，而發生重大衝突。因此這些人，以及他們所建立的陣營與社會組織，都需要決定哪些行為可以被接受的規則，並規範糾紛該如何平息。[49]

社會群體也需要有機制來解釋和執行這些規則，才有辦法裁決糾紛、懲罰違反規則的人。有時候，社會群體還要預防或制止成員之間的暴力行為，這時就需要有人或團體來負責組織及管理每一天的生活，以確保沒有人會危及他人的生存。說白了，就是要有權威（authority）的存在。

遠離無政府狀態（anarchy）和建立階層體制（hierarchy），對於社會群體都大有好處。[50]

社會需要政治體制的理由還有一個，就是這麼做有助於抵禦打算攻擊或摧毀他們的其他社會群體。這時政治體制的意義就不只是要脫離無政府狀態，而是替群體決定要怎麼做最能生存——因為一旦群體陷入滅絕的危機，世界上將沒有更高的權威可以求助。群體需要一定的軍事力量，才能在這種困境中盡可能提高生存機會。也就是說，一個社會的政治體制應當要能夠掌握使用暴力的手段，才能在境內執法，以及抵禦外來的侵侮。此外，政治體制也要在某些俗務上負責和外界打交道，因為生死存亡固然重要，卻不是社會群體唯一要關心的事。

目前為止，我對政治體制的描繪，大致上是種不偏袒特定個人或陣營的中性工具——彷彿群體內不存在政治角力一樣。但實際上，政治體制絕非絕對中立。治理社會群體的規則，反映了某種對美善人生的特定看法，也就難免會偏袒某些人或陣營的利益。所以規則由誰來制定、解釋和執行就非常重要，因為這些事決定了人們每一天的生活，而負責的人怎麼做則反映了他們自己的利益與人生觀。在任何社會裡，政治都是日常生活的主要內容。幾乎每一個社會群體內的成員，都會為了掌控政治體制而發生激烈的競爭。

從本質上來看，政治就是人們為了決定一個社會的基本原則所產生的衝突，但這不代表它沒有比較凡俗的一面。政治競爭的核心就是在決定社會應該如何組織，或是社會內的個人與陣營該如何和彼此互動時所引發的衝突。這種競爭通常都很激烈，有時甚至會用上詐欺、威脅和暴力。前美國總統柯林頓就說過，政治是一種「充滿碰撞的運動」（contact sport），不免會有贏家和輸家，只不過輸贏也不會永遠不變。[51]

在實際運作的層面上，任何社會的政治都是在爭奪治理體制的控制權。這一層的競爭重點是權力，而權力的基礎則是金錢、社會資本和媒體等資源。一個人或陣營擁有愈多權力，就愈可能占據政治擂台的主導地位，進而能夠決定社會的政治體制，提昇自己的利益和權力。[52]用社會學家哈羅德．拉斯威爾（Harold Lasswell）的名言來說，就是有權勢的人可以決定「誰在何時如何得到什麼」（who gets what, when, how）。[53]贏家可以不受阻撓地推行各種政策，惠及群體中幾乎所有的人，只不過每個人分到多少好處又是另一個問題了。任何社會的治理體制都不會只是公正的仲裁者，也不是只負責維持秩序的守夜人（night watchman），更是主要的政治行動者。

社會群體間的政治

社會群體之間的互動也是政治。雖然權力平衡在群體間關係的重要性，並不亞於群體內的關係，不過兩個領域還是存在著重大差異。在社會內部，制定和解釋規則的人是誰非常重要。但在社會群體間的互動裡，規則的意義就沒有那麼大，因為沒有更高的權威能負責執行這些規則。也就是說，社會群體之間是在無政府狀態下來往的。[54]更重要的是，社會群體之間的行為也不受更高權威的管束，沒有人能確保一個群體不會威脅其他群體的生存。這並不是說社會內部成員的生存就一定有保障，這種事沒辦法打包票。但群體內的政治體制畢竟擁有確實的強制力來保護內部成員。[55]

在無政府狀態下，由於規則對群體間的關係不那麼重要，權力的重要性就不再是決定由誰制定規則，而是最能保護群體會本身不受其他群體暴力侵犯的方法。群體需要大量的物質資源，特別是軍事力量，才能盡可能在遭遇生存威脅時倖存下來。既然沒有更高的政治權威，恐懼就會成為一股強烈的動力。此外，由於權力可以讓群體遂行其他目標，因此自然是多多益善。正如修昔底德的名言：在無政府的體系裡，「強者行其所能為，弱者忍其所必受。」[56]相對於競爭者，沒有一個群體會覺得自身擁有的權力太多。

擴張之必行

社會群體會為了自身發展不惜犧牲其他群體。雖然不是每個社會都有擴張的實力，但這麼做的誘因永遠不會消失。促使群體擴張的動機很多，意識形態就是其中之一。社會領導者或許會認為他們發現了完美的信仰或是理想的政治制度，如果能向其他社會輸出，對全體人類都有好處。不過更常見的理由是經濟。甲族群可能會為了變得更大、更富裕而想要掠取乙族群的土地、生產原料，或是直接併吞對方的經濟活動。

雖然讓社會亟欲擴張的理由很多，最主要的還是生存。不同群體的利益各有不同，彼此的核心理念也可能存在嚴重分歧，所以群體之間總是有可能威脅到彼此的生存。而威脅也分成很多種。比如想要殺光敵對群體，或是只剝奪對方的自治權但不傷人。征服者也可以控制被征服者的資源、主宰對方的政治，甚至奴役對方。最後，被征服的社會也可能直接被吸納，成為征服者的一部分。這些後果對任何社會來講都是災難，並驅使各個社會彼此恐懼、擔憂自身的生存。

社會要增加生存機會，最好的作法就是增強權力。只要權力比其他社會都大，自身的未來就會更安穩。雖然強者不一定總能擊敗弱者，但獲勝機會比較大。因此，為了盡可能確保自身安全，每個社會群體都有強烈的動機去併吞或支配，甚至是消滅其他群體。這麼做不只可以讓自身更強大，也可以排除潛在的敵人。從這段討論應該也能清楚看出，經濟和求生是兩個緊密難分的動機，因為財富是軍事力量的關鍵前提之一。

目前討論的擴張，都著重於靠槍桿子打出來的類型。不過群體還有一種擴張方式，是由志同道合的群體締結社會契約。這種情形雖然很少，不過兩個社會確實有可能因為文化相似、核心價值高度重疊，以及互相衝突的利益甚少，而自願聯手。結盟有可能確保兩個社會的繁榮。比如一九五八年，埃及和敘利亞組成的阿拉伯聯合共和國（United Arab Republic）就是這類結盟的案例之一。但這個新國家也不出所料，在建國三年後就解體了。另外，兩個社會群體也可能對美善人生有不同看法，卻能說服彼此接受各自的觀念，結合成更大的整體；雖然這種機率委實非常低。最有可能讓兩個社會融合的理由，就是當面對共同的威脅時，結合成更強大的政治實體最能增加生存機率。[57]

但這些自願結合很難刻意促成。社會群體很少會願意放棄獨立，加入另一個更大的整體。擴張通常都是因為甲社會壓制或征服了乙社會。每個社會間的文化差異通常非常明顯，因此它們各自對社會基本原則的觀念，一般也都有著根本性的差異，這導致任何群體都很難說服其他群體拋棄原本的生活方式，並接受一套新的習俗和信念。任何社會如果鐵了心要擴張版圖，最有可能的作法就是動用武力。

只不過武力能達成的結果還是有限。壓制和征服有時很有效，但有時也會踢到鐵板。武力擴張會碰到的問題之一，是被侵略者為了抵擋侵略常會不惜付出一切。就算侵略者能用武力擊垮對手，對方仍可能有各種細緻巧妙的方法來抗拒同化。[58]況且社會在壯大的同時，也很可能因為人口增加，而對美善人生的要素產生重大分歧，變得更有可能分裂。當社會裡融合了愈多的文化，價值觀的差異就可能會愈發嚴重。[59]

此外，就算一個群體能征服、同化其他群體，擴張還是有很多限制。其中一個問題是，世界上有非常多社會群體，會不戰而降的絕對是少數。而且由於各群體散居全球各地，對於熱衷統治他人的社會來說，對距離越遠的地方投射軍力就越困難——這還沒算進大型水體、山脈和沙漠的阻隔。[60]任何社會的擴張都無法逾越效益遞減的法則。

擴張面臨的各種阻礙，解釋了為什麼全球無法團結成同一個社會，也解釋了為什麼國際體系會呈現無政府狀態。

生存與人世的境況

我的結論很直接，那就是批判思考無法為美善人生的問題給出可靠答案，因此這些議題始終會存在嚴重的分歧。這些分歧無論對個人還是對社會都非常重要，有時也會導致強烈的敵意，讓雙方怒目相向。讓衝突更嚴重的，是許多人都相信有普世性真理存在，又相信自己已經掌握了真理，因為黑白、善惡分明的思考方式會讓彼此更難達成容忍和妥協。如果絕大多數的人都有身為道德相對主義者的自覺，就能孕育出相互容忍的時代精神，讓世界更加和平。但這並不是人類的作風；人類更可能傾向殺死意見不合者的傾向，讓個人和社會都不得不懼怕彼此，擔憂自己的生存。

恐懼和生存總是形影不離，但幸好人類的社會早就有了應對之道。任何社會的主流文化，都會從成員小時候開始就教導他們一套習俗和信念，這些原則在多數情況下都普遍受到其他成員認同；在日後的人生中，社會也會不斷強調這套原則，如此一來成員間的衝突雖然無法消除，但也能有效減少。文化就像膠水，對社會凝聚非常重要，但只是單靠文化還不夠。社會還需要建立政治體制來制定規則、維持秩序以促進容忍，並防止成員為了重要議題上的不合而自相殘殺。即便如此，衝突仍不會完全消失。

簡單來說，人類的批判思考雖然優秀，能力卻也十分有限，所以我們生活的世界才有那麼多衝突。不過請注意，我不是要主張人性本惡或人性本善。政治哲學家卡爾．施密特認為，所有政治理論最終都繞著人類本性的善惡打轉，有些知名思想家的理論也是以這些假設為基礎。[61]比方盧梭就主張人在最自然的狀態下本性善良，只是後來受到社會腐化。[62]相反地，神學家雷茵霍爾德．尼布爾（Reinhold Niebuhr）就相信人的一生都會因為原罪做出各種惡行。[63]

施密特的看法有個問題：善良和邪惡都是難以確定意義的空泛概念。在我們能理解的程度裡，每個人一定都兼具善與惡的面向。更何況要是採信這種分別，人性又為什麼天生是善良或邪惡的？若是用宗教性的原罪等理由解釋，又沒有任何證據可以判評真假。

我也不打算像某些社會生物學家一樣，主張人類天生暴戾，或是訴諸漢斯．摩根索有名的支配本能（*animus dominandi*）。[64]當然世上確實有這樣的人，但也有很多人並非如此。人類非常複雜多變，不可能每個人都是充滿競爭欲的A型人格。而且我們同樣可以主張，人在天擇之下最主要的策略是合作，而非侵略。人和人之間，特別是和相同群體的成員之間，存在著很強的合作誘因，因為合作可以讓生存下來的機會最大化。當然，人類偶爾也會有侵略行為，而且每個人的侵略傾向也各有不同，但是就我看來，人會出現侵略行為，通常是因為對社會基本原則的看法存在根本性的差異，而非因為暴力是我們面對任何情境的直覺反應。如果環境鼓勵，人也可能做出侵略行為。舉例來說，如果社會群體在無政府體制下致力擴張以求生存，成員就可能變得具侵略性。但在有上下階層的體系裡，這些人可能就會溫和得多。

自由主義、現實主義和國族主義的運作方式，並不是遵照抽象的數學公式，而是遵照人性的運作方式。在下一章，我們會根據以上的人性和政治觀來討論自由主義。

第三章

政治自由主義

政治自由主義分為兩種：權宜自由主義和進步自由主義。兩者對人性有著共通的看法，都重視個人的獨特與獨立，也同意批判思考有其限制，很難為美善人生找出真正的集體共識。兩者都強調不可剝奪、不可放棄的天賦人權、容忍的價值以及公共秩序需要有國家來維持。

但權宜和進步自由主義之間也有兩個關鍵的差別：一是個人權利包括哪些範圍，二是國家應該扮演什麼角色。權宜自由主義者認為，權利指的就是不受政府干預的個人自由，比如不受強迫的自由和擁有財產的權利。進步自由主義者也推崇個人自由，但他們相信人有權利要求政府協助公民。他們認為每個人都有權享受機會平等，而這需要國家來執行社會工程，才能確保這項權利實現。權宜自由主義不承認這種權利，而且對社會工程抱持懷疑的態度。他們傾向認為對於公民的日常生活，國家最好是盡量減少干預，而進步自由主義者則希望政府可以更為積極。

有些人認為在決定社會基本原則時，兩者對批判思考的效果有著根本的認知差異。進步派常常強調在自由社會中，理性可以讓社會變得更為容忍，甚至有助於我們在道德問題上找出普世性的共識。權宜派不吃這一套，反而是強調理性的極限。雖然他們同樣認為容忍很重要，但比起進步自由主義者，他們承認容忍也有其極限。不過要是仔細觀察，就會發現兩派自由主義在這方面其實不存在決定性的差異。進步派這套「理性有助於尋找美善人生」的樂觀主張，其實沒什麼站得住腳的理由，因此最後聽起來跟權宜自由主義沒什麼差別。

說到理性能力，進步派和權宜派對社會工程的效果也有不同看法；在社會工程裡，理性思考的用途是作為執行工具，而非決定終極目標。進步自由主義又比權宜自由主義更信任工具理性。因此進步主義（progressivism）的主軸並不是用理性來決定社會的基本原則或是促進容忍，而是包山包海的個人權利，還有相信國家執行社會工程的能力。

只要稍微看一下當前自由社會的組織方式，就能了解進步自由主義為何會勝過權宜自由主義了。我不否認自由民主國家裡還是有一批人推崇權宜自由主義，也不是要主張進步自由主義特別有道理。但純論影響力的話，進步自由主義在現實世界中確實擁有更大的影響力。當代自由社會無法照著權宜自由主義的那套來組織，因為現代國家所需要靠進步自由主義提倡的干預政策，才能因應當代的各種結構性力量。對政治領導人來說，世界已經複雜到無法靠權宜派的放任作法來施行治理了。既然沒有方法可以替代國家的積極干預，那麼政治自由主義當然就成了進步自由主義的同義詞。

要探究政治自由主義，最好的起點是找出兩派自由主義的共通之處。這些特徵就會是自由主義的核心。接著我會著重於它們的差異以分析兩種政治自由主義，再解釋為何進步自由主義會成為主流。最後，我將簡短探討效益主義和自由理想主義兩類理論；兩者有時會被歸類為自由主義，後者的名字甚至有「自由」兩個字，但其實兩者既不像政治自由主義一樣強調天賦人權，依循的基本邏輯也徹底迴異於權宜或進步自由主義。效益主義和自由理想主義或許重要，但都不是**自由主義**理論，因此不在本書探討之列。

政治自由主義

自由主義的出發點，是認為在最自然的狀態下，原子化（atomized）的個人有一些共通的特徵。每個人在這種「完全自由的狀態」下都是平等的，而且擁有一系列不可剝奪的權利。身為自由主義祖師爺之一的洛克曾說這種自然狀態「也是一種平等的狀態，此時所有的權力和管束都是互相的，沒有誰擁有比別人更多的權力；既然同樣種族和階層的人天生擁有相同的優勢，可以運用的能力也相同，那人們毫無疑問就應該是平等的，不存在從屬或受制的關係。」[1]

此處對個體性的強調，徹底打破了亞里斯多德、阿奎那（Aquinas）、馬基維利、柏拉圖等前現代政治哲學家的作品中，那些認為人天生是政治性或社會性動物的假設。正如托克維爾（Alexis de Tocqueville）所言：「我們的祖先從來不曾用過『個體性』這個詞，這是我們這一代人的原創；因為在過去，沒有一個人不屬於某個群體，也沒有人可以自認完全跟別人無關。」[2]更不要說這些「祖先」從來沒想過人人應該得到平等對待。他們都認為某些人天生才能就比較優越，理應統治能力較差的人。[3]

政治自由主義的第二個根本假設，則和我們的理性能力有關。人類無疑擁有優異的批判思考能力，但我們前面也看到，在決定美善人生有何內容時，理性能力的幫助很有限。比起理性，人們在思考各種人生大哉問時，更仰賴情感和社會化過程的指引。就算有人可以對社會的基本原則做出仔細的理性判斷，或是根據這些原則做出道德推論，但任何觀點多少都會碰到一些異議；就算在自由主義者之間，仍只有區區「每個人天生都有某些權利」一個主張算是普世共識。

人們在社會的基本原則上出現分歧時可能會彼此憎恨，或是想要互相傷害。霍布斯曾在著作中闡述過這背後的基本邏輯。儘管一般來說他不會被算作是自由主義思想家，但他有一些開創性的概念後來也成了自由主義的基礎。[4]在《政府論次講》（*Second Treatise*）卷首，洛克乍看之下似乎有了不一樣的看法：他大讚理性的美好，自然狀態在他的筆下顯得詩情畫意，不像霍布斯在《利維坦》（*Leviathan*）中描述得那麼駭人。不過他接著筆鋒一轉，把自然狀態描寫得野蠻混亂，而這有很大一部分是因為「任何一群人都無法避免的意見分歧和利益矛盾」。[5]這些衝突是政治自由主義最核心的威脅，而如何緩解這種危險就成了最關鍵的問題。

自由主義維繫秩序的公式

政治自由主義者一共有三路招數能化解致命的衝突。第一招是強調每個人不可剝奪的權利裡頭包括了生命權，這裡指的不單是生存的權利，還有按照心中美善人生來生活的自由：只要不侵害他人的權利，就可以選擇自己想要的生活方式。生命權也刻意涵蓋了「良心的自由」（freedom of conscience），也就是根據個人宗教信仰生活的權利。這些權利都是為了盡可能讓個人在日常生活中擁有更多自由。美國《獨立宣言》（Declaration of Independence）中最有名的句子，就簡明扼要地闡述了政治自由主義的第一招：「我們認為下面這些真理是不證自明的：人人生而平等，造物主賦予他們若干不可剝奪的權利，其中包括生命權、自由權和追求幸福的權利。」

第二招則是傳揚容忍的規範。既然每個人都有權追求自己的生活方式，就有責任積極肯定這項權利。[6]容忍的規範要求我們接受自己的核心原則有時會不被他人認可，但無論我們再怎麼不高興，又或是無論他人怎麼說、怎麼想，都不能為此懲罰或殺害對方。每個人都應該容忍別人的生活方式，和平解決彼此的衝突，並對這條道德原則保持健康的尊重。理想的情況是人們能尊重對立的美善人生觀，並相信這種差異是健康社會的根基。[7]有人可能會主張只要接受彼此的差異，就可以讓我們團結一心。不過談團結之前，人們至少得先容忍自己無法認同的對象。

但容忍的效果還是有個限度。有些人對美善人生的某些面向，就是熱衷到無法容忍異見。他們無法相信有人可以安著好心抱持不同的世界觀——在他們的想像裡，抱持這些觀念的人一定是有意拒絕真理，甚至很可能是邪惡之輩。這種拒絕容忍的心態不但威脅著他們心中的敵人，也會威脅到自由社會。由於不是每個人都堅信多元價值，我們就不得不祭出第三招：以高於社會的強大國家力量維持秩序。而國家之所以適合這項任務，理由就像韋伯的名言一樣，是因為它「在領土內合法壟斷了暴力的使用。」[8]

為了維持秩序，國家得負起三個重要的功能。首先，最重要的是像守夜人一樣保護個人權利，防止觀念衝突的個人或陣營之間拚個你死我活。用歷史學家湯瑪斯．卡萊爾（Thomas Carlyle）的話來說，自由主義就是「有警察的無政府狀態」。[9]國家還要一面盡可能不妨礙個人權利，一面制定規則，決定哪些為可以被社會接受、哪些不行。這些規則讓個體或群體能以文明的方式互動，並各自追求心中的美善人生。最後，國家還要在發生嚴重爭議時擔任仲裁者，確保衝突不會導致暴力。[10]換句話說，國家的角色包括了制定規則、仲裁和守夜。

但自由主義國家所做的，顯然不只是維持國內秩序而已。進步自由主義希望國家能為公民促進機會平等，還有執行各類社會工程。權宜自由主義當然反對這種觀點，但他們多半也同意國家必須管理經濟和執行外交政策。如果想避免經濟衰退、混亂和動盪，就算是採取放任主義的政府，也需要關注教育、社會安全保障、住宅和勞資關係等諸多事務。總而言之，如果沒有強大的國家，現代的自由主義根本無法運作。

不過，不同路數的政治自由主義者，對國家的功能也各自有不同看法。雖然他們都認為國家的基本功用，是維護秩序和協助公民社會蓬勃發展，但也同意國家很有可能妨礙個人的權利。正如朱迪絲・施克萊（Judith Shklar）在一篇關於自由主義的重要論文中所說：「一直以來，無論正式與否，以恐懼和利誘限制人們（在生活各方面盡量做出有效決定的）自由的，絕大多數都是政府。儘管社會壓迫的來源確實很多，但沒有一種像現代國家的代理人一樣，有無與倫比的物質力量和說服力可以動用。」[11] 即便如此，在湯瑪斯・潘恩（Thomas Paine）這樣典型的自由主義者筆下，政府仍舊是「必要之惡」。[12]

因此自由主義者也想方設法限制國家的權力。比如說，自由主義國家會依據權力制衡原則（checks and balances）建立政治秩序，或是採取聯邦制，以將中央政府的權力充分釋放給地方當局。自由主義國家往往都是民主國家，所以難免會有多數暴政的風險。要盡可能減少這種危險，憲法中就需要清楚陳列各種權利。

除了守夜人的功能以外，自由主義國家還有一個重點，就是不要對人民的行為是否道德進行評判說教。它只能鼓勵（有時候可以要求）人民容忍，並盡量確保公民的生活繁榮安全。

不過最重要的目標，還是讓人民可以盡量按照自己相信的原則生活。自由主義和共和主義（republicanism）不同，後者強調個人的責任和義務，也贊同國家積極促進公民的美德。自由主義也不同意亞里斯多德的看法，他認為「政治的目的」是培養「特定類型的公民，也就是行為高貴的好人」。[13]純粹的自由主義國家是沒有靈魂的：它和公民之間幾乎沒有情感上的連結，因此要讓自由主義國家的人民獻身作戰，有時候極其困難。[14]

我們現在知道，自由主義者認為國家和公民社會之間，有著一條清晰的界線。國家是社會契約的產物，當初設計這份契約的人們想方設法限制社會達爾文主義之父赫伯特．史賓賽（Herbert Spencer）所謂的「行政監督」（ministerial overseeing），[15]阻止國家過度干預人們的生活，盡量讓每個人擁有活出心中的美善人生的自由。[16]不過權宜派和進步派對於多少行政監督才合適，看法就不太一致。

自由主義也希望盡可能降低政治活動的重要性。如前所述，政治究其根本其實是對美善人生的大哉問，所以人們才會在這個領域中彼此針鋒相對。自由主義試圖讓每個人都有充足的自由，活出心目中的理想人生，以減緩政治領域裡的衝突。這麼做的確也多少讓人們比較沒有理由為了社會的基本原則開戰。馬庫斯．費舍（Markus Fischer）說得很準確：「自由主義靠著掏空政治生活的意義使其歸於平靜。」[17]史蒂芬．霍姆斯（Stephen Holmes）也說過，自由主義盡力「從公共議程中移除不可能靠辯論或妥協來解決的議題」。[18]

不過自由主義者雖然試著削減政治的重要性，卻認為讓每個人自由參與經濟活動很重要。他們的最終目標就是創造一個政治徹底被經濟掩蓋的世界。[19]洛克的著作清楚反映了這種思維，後來亞當斯密又將之推向極致。他主張社會要盡可能防範政府干預經濟，個人才能追求自己的利益，而自利最終將會成就整個社會的福祉。「看不見的手」會指引市場，讓社會逐漸豐足；反之要是國家想要指導經濟，造成的妨礙總會多過助益。如果說資本主義和自由主義總是親密無間，倒也不算誇大。

自由主義者了解，人和人還有陣營跟陣營之間，免不了會有嚴重的政治爭端。不過負責制定和執行規則的國家擁有一套以和平解決衝突為目標的程序，可以成為這些爭端的終極仲裁者。準確來說，政治自由主義者選擇了把重點放在法庭和法治上，因為他們的目標是把政治問題放在法律制度，而非政治擂台上解決。英國思想家約翰．格雷（John Gray）對已故自由主義大師約翰．羅爾斯（John Rawls）思想的評價就抓到了這一點：「在羅爾斯的『政治自由主義』中，最核心的體制並非國會之類的審議機構，而是法庭。他從政治討論中拿掉了所有根本性的問題，丟給最高法院處理。把這樣的學說稱為政治自由主義再諷刺不過了——老實說，羅爾斯學說應該算是一種反政治的法律主義（anti-political legalism）。」[20]

不過，自由主義國家也沒有辦法將政治的重要性減到最低。其中最大的限制，就是國家無法真正中立；主要原因是國家要負責制定規則，以便管理大多數的日常生活，但這些規則有很多都是在處理社會的基本原則。考慮到人們對美善人生的看法必有極大差距，規則由社會上的哪個陣營制定，影響實在非同小可。這代表人們會為了爭取重要職位而發生激烈的競爭。由於自由主義國家也都是民主國家，這些國家至少在理論上有可能因選舉發生政權轉移，所以競爭也會特別激烈。極權國家因為高層用鐵腕統治阻止或限制了人民爭取重要職位，政治上也就沒有太多競爭空間。綜上所述，既然自由主義國家無法完全消除對社會基本原則的深層分歧，政治就必然成為日常生活的一部分。

自由主義用來區分國家和公民社會，以及嘗試減少政治影響的方式，打破了過去有關完美政治秩序的看法。在亞里斯多德和柏拉圖這些古代哲學家的著作中，政治體制和公民社會密不可分，積極參與政治是美善人生必要的元素之一。參與公共領域被認為是一份高貴的事業，因此成為顯赫的公共要角，就表示達成了傑出的人生成就。就算愛強調政治有多殘酷現實的馬基維利，在《君王論》（*The Prince*）裡也認為國家和公民社會是一張緊密的網絡。他特別提到明智的政治策略有助於追求高貴的政治目標，特別是共和主義。[21] 自由主義卻對政治和至善的關係，提出了完全不同的看法。

自由主義的悖論

在探究權宜派和進步派兩個分類以前，自由主義的內在還有兩個悖論值得討論。第一個悖論是關於容忍。在任何自由主義社會裡，總是不乏反對自由主義的人，而且他們一逮到機會就想顛覆這種政治秩序。如果抱持這種觀點的人多到一定程度，就肯定會對自由主義造成致命危害。此時繼續跟他們和平共處，自由主義政權就可能會毀滅，所以要自由主義者容忍這些敵人實在沒什麼道理。

自由主義者當然也知道這種危險，這意味著自由主義的內在核心有一種脆弱感，會自然而然激起自由主義者不容忍的一面。這也很能解釋為何洛克明明寫了《論宗教寬容》（*A Letter Concerning Toleration*），卻在裡頭對無神論者和天主教徒毫不容忍。他認為天主教徒既然忠於教宗並拒絕容忍他人，自然不可信賴；而無神論者的誓約沒有神意制裁，也同樣不可信賴。所以在他心裡，這兩種人都會威脅到自由主義。[22]不過實際上，威脅可以分為很多種程度，而這個程度的威脅通常都不會失控。

自由主義者的不容忍還有其他原因。多數自由主義者認為自由主義比其他政治秩序更為優越，他們相信如果世界上只剩自由主義的政體，就會變得更為美好。在脆弱感和優越感雜陳之下，儘管自由主義提倡以容忍來維繫國內和諧，卻仍然會滋生拒絕容忍的風氣。

此外，自由主義還有另一個顯而易見的核心悖論，就是它同時由特殊論（particularism）和普世論（universalism）兩種看似對立的論調交織而成。普世論來自於自由主義對個人權利的深切關懷：人權適用於地球上的每一個人，沒有國境或邊界之分。或者說得更白一點，他們認為這些並不是人**應該**擁有的權利，而是生而為人**天生**的權利。沒有任何限制可以真正妨礙我們用理性去理解權利。有人會說這是自由主義和平的一面，因為尊重他人的權利照理說可以促進容忍、阻止暴行。

另一方面，特殊論的源頭是因為自由主義相信，人們不可能對美善人生的組成內容達成一致的共識。在這裡，我們就看見理性的限制了。雖然共識偶爾會在某些人之間形成，但不可能每個人都時時刻刻有共識——一旦缺乏共識，人們就不時會激動到想動手傷人。有人會說正是自由主義有這麼紛擾的一面，才需要國家來扮演守夜人。

也就是說，政治自由主義有著強調理性之力、天賦人權、非暴力的普世論面向，也有強調理性有所極限、社會基本原則難以協調、政治本質就是暴戾的特殊論面向。這兩種截然相反的論調之間有什麼關係？哪一個才是主角？

整體來看，雖然普世論的影響並沒有比較少，自由主義還是比較偏重特殊論。原因也很直觀：如果自由主義對權利的看法真的那麼有道理，就不需要強而有力的國家來維持秩序了。要是每個人都尊重個人權利，確實可以確保彼此容忍，讓社會不那麼需要有更高的權威來防止謀殺和騷亂。但基本上，所有自由主義理論家都承認容忍的幫助有個極限，所以才需要國家來維持和平。我們放不下爭辯美善人生內涵的激情，於是致命的爭端也在所難免。只靠容忍絕對不夠——也就是說，自由主義中的特殊論，終究比普世論來得更有力。

權宜自由主義

權宜和進步自由主義兩者主要的論點，都完全符合上述對政治自由主義的描述。這一節和下一節的目的，則是要檢視兩種自由主義的細節，並呈現兩者的差異。

有些政治理論家雖被歸類在權宜派，卻未必會完全同意下列描述中的所有細節。洛克、亞當斯密、海耶克（Friedrich Hayek）都是典型的權宜自由主義者。約翰・格雷和史蒂芬・霍姆斯兩位當代政治理論家也都符合這個分類。很多理論家雖然有某些論點吻合權宜自由主義，但又提倡某些不太一樣的觀念，約翰・彌爾（John Stuart Mill）就是其中之一。這些人又不太能算進權宜派。我會在適合的地方引用上述權宜自由主義者的著作，來說明我的主要觀點。

權宜自由主義者對於我們能否在社會的核心原則上達成共識，看法非常悲觀。約翰・格雷就說過：「理性的叩問顯示出美善人生有各種樣貌……在道德觀發生衝突時，理性常常可以啟發我們，照亮比我們所思更深之處，又讓我們深陷解決它的困境之中。」[23]而人們常在缺乏理性協助之下做出決定，更強化了這種悲觀的態度。正如霍姆斯所言：「所有古典自由主義者（classical liberal）都深知，人類多數的行為都是未經思量、出於習慣和情感，人們的目標大多數也不是放在物質層面。」[24]理性似乎沒有為我們指出，哪一種政治秩序在客觀事實上來看是最好的。

權宜自由主義者相信，權利最重要的作用是讓人們盡量伸張個人自由、追求自己的利益。他們格外著重於消極權利，也就是保護個人不受包含政府在內的他人所限制。他們特別注重擁有和交換財產的權利，這份重視也解釋了為何自由主義和資本主義老是分不開。最後，雖然權宜自由主義者相信人人平等，但他們並不認為要由政府來營造公平的競爭環境，才能讓公民享有這種平等。

容忍明顯也是權宜自由主義者關心的重點。雖然他們在日常生活中提倡和平共存，但共存也有極限。他們認為，一個有力維持秩序的國家很重要，但除此之外，還是要盡量防範國家干預公民社會。

這種看法並不教人意外，畢竟權宜自由主義向來反對國家出力落實機會平等，因為機會平等需要政府有所作為，特別是重新分配資源，這一定會對私有財產制不利，也會衝擊個人自由。一般來說，權宜派都不喜歡政府為了促進任何個人權利而干預社會。他們最大的目標就是保護個人權利不受威脅，若非必要，他們也不認為國家應該嘗試管理經濟，而是比較希望建立可以不受任何約束競爭的開放市場經濟。

權宜自由主義者對批判思考的悲觀態度，不只是認為我們無法在社會基本原則上達成共識。他們也傾向認為，國家無法做出明智的行動、實現高遠的目標。在他們眼中，政府只會礙手礙腳，無法推動有意義的進步。說實在的，他們根本就懷疑國家這個概念是否符合工具理性，因此通常也相信只要是由政府主導的社會工程，大概都會以失敗收場。權宜自由主義絕不可能接受包辦一切的福利國家。

總之，權宜自由主義絕非什麼樂觀進步的政治理論。[25]在權宜派看來，政府應該用自由放任的方式來治理國家，除了防止既有的社會朝要命的方向發展，以及盡可能放任人民照自己的意思生活，最好不要再操心別的事情。

進步自由主義

進步自由主義者對政治生活的看法充滿希望。讀他們的著作應該會讓人覺得，在談到美善人生的關鍵問題時，進步派者對人類的理性抱持比較樂觀的態度，甚至有的論者覺得我們可以找出絕對真理，另外一些人則暗示，理性能幫助自由社會的公民展現出更深的包容，大幅降低暴力的可能性。不過在嚴格的檢驗下，這些主張都站不住腳，所以原本持這些看法的進步派，最後也退到和權宜派相似的立場，認為我們無法依靠批判思考，對美善人生的內涵達成普世性的共識。

進步自由主義真正樂觀的部分，是他們對個人權利的看法，以及認為國家有辦法執行社會工程以保障權利。他們所認定的權利更為廣泛，特別是相信人人都有權得到平等的機會。他們也相信政府不但有責任，更有能力找到對的政策，保障機會平等。相較於權宜派，他們比較相信政府可以依據工具理性來行動。不過進步自由主義者也了解，社會的基本原則不可能會有共識，所以也同意國家需要扮演守夜人的角色。

進步自由主義源自於啟蒙運動，這個時代一如艾薩克・克拉尼克所說，「重視個體性，以及自利的道德正當性」，但也過度強調「薄弱的理性，鄙棄信仰與傳統。」[26]紐約大學法學教授傑瑞米・華頓（Jeremy Waldron）也說：「自由主義思想和啟蒙時代遺產之間的關聯再怎麼強調也不過分。啟蒙時代的特徵正是深信人類有辦法理解世界、掌握其規律和基本法則、預測未來，還為了全人類的利益運用這些法則的力量。」[27]

過去五十年來，最著名的進步自由主義者包括德沃金、福山、史蒂芬・平克（Steven Pinker）和羅爾斯。其中最經典的例子，就是一九八九年，福山在他的名作〈歷史的終結？〉中主張，隨著共產主義垮台，自由民主體制幾乎可以確定是最理想的政府型態。羅爾斯和德沃金自不消說，一個是現代最有影響力的政治哲學家，一個則是法律哲學的巨人。許多人也主張世界各地的暴力能夠減少，當歸功理性和自由價值的獲勝，而在這些人裡頭，哈佛大學心理學教授平克或許是最為人所知的了。至於在更早以前的時代，法國哲學家孔多塞（Nicolas de Condorcet）也屬於這類人。寫下「勇敢運用你的理性，這是啟蒙時代的訓言」的康德更不在話下。[28]

理性的力量

很多進步自由主義者都相信，只要擁有理性，再加上一些終究會被我們找出來的法則，就可以讓世界變得更美好。最能表達這個信念的就是德沃金的名言：「懷疑論上不能興建自由主義。」[29]不過關於批判思考能告訴我們什麼，進步自由主義又可以分成兩派。我們姑且稱兩者為有限（bounded）和無限（unbounded）的進步主義。

無限進步主義最為信任理性。他們認為只要人類一起找出社會的基本原則，再加上對每個人的權利抱持一貫的尊重，就可以成功消滅暴力衝突。有限進步主義雖然還是比權宜自由主義更信任理性，卻不認為世界各地的人對美善人生的問題可以達成多少共識。不過他們相信自由社會中的人們都夠聰明，可以接受種種差異，不會為了這些差異開戰。在自由主義當家的地方，只要有充分的包容，加上和平解決衝突的方式，以及對法律的尊重，就可以治理好人們的日常生活。

兩種進步主義對批判思考的功用，都有著不切實際的認知。雖然自由主義體制可以教人民學會高度容忍、尊重法律以及用和平的方式解決衝突。但社會的基本原則就是不存在真理，至少想提出每個人都真心接受的原則是不可能的。而相信光靠理性就可以讓自由社會產生徹底的包容，同樣毫無根據。除此之外，如果細看進步自由主義者的著作，就會發現他們自己也承認理性有極限，這也讓他們的樂觀態度顯得不那麼有力。

無限進步主義

德沃金、福山和平克的著作中都有部分主張透露出無限進步主義的傾向。前面提到過，德沃金花了很多心力在討論最高法院大法官不可避免會碰到的「疑難案件」，但他們是否有可能找出「正確答案」？說得更具體一點，他關心的是有沒有普世性的道德原則可以為這些案件提供解答，而非仰賴個別大法官的價值偏好？他認為自由主義確實存在一套「綱領原則」，可以幫助大法官找出正確答案：「在我們的司法體系裡，法律問題不見得有正確答案，但這種狀況可能遠比一般人想像的少。」他接著又說：「如果一套司法體系夠複雜也夠完整，在這個體系下本來就不太可能有兩套法律理論，既能夠適用於同一個案件的法律材料（legal material），差異又大到會對該案件得出不同的判斷。」另外值得一提的是，德沃金雖然說過自由主義不能建立在懷疑論上，但後來又主張自由主義的「道德綱領要求，政府必須平等對待人民，原因不是政治道德裡頭沒有正確或錯誤，而是因為這樣做才正確。」[30]在德沃金的理論中還有很多這種為普世性真理辯護的例子。

福山在他的名作裡又提出了更大膽的主張。他認為，「歷史的終結」意味著「基礎原則和制度的發展都不會再有更大進步，因為一切真正重要的問題都已經解決了」。[31]當西方的自由民主體制擊敗其他政治型態以後，我們就抵達了「人類意識形態演進的終點」。在這個「舉世同質的狀態下，過去所有的矛盾都解決了，人類所有的需要也都滿足了。再也沒有『重大』議題的衝突和鬥爭，因此也不再需要將軍或是政治家——只有主要的經濟活動會延續下去」。當世界上的人再也不會為了基本原則爭執，最大的問題或許就是「無聊」了。然而他說的「無聊」還沒有降臨世間，這點應該不需多加解釋。

最後說到平克。他強調過「理性就像電扶梯一樣」會帶我們走向無限的進步。他告訴我們：「無論你們信不信，人類正在變聰明。」而且「愈聰明的人就愈自由」。「人類心理有著共通的特性」這一點，最重要的意義「就是無論人們有多少差異，原則上都可以交流思想」。原因很簡單：「我們看見世界潮流讓各種不同的人彼此交流，看見交流因為言論自由得以進行，看見歷史上種種失敗的社會實驗，一切證據都指出，價值體系的演進是朝著自由的人文主義前去。」[32]

但無限進步主義終究不夠有說服力。人們對至善的內涵從來沒出現過比較接近普世共識的想法，也沒什麼好理由認為之後會出現這種共識。靠著批判思考就能在社會的基本原則上找出普世承認的神聖真理，本身就是靠不住的想法。我的意思不是說個人沒辦法思考出屬於自己的終極真理，但要讓每個人都接受這個真理，又是另一回事了。我也不是說大型群體不可能在重大公共議題上達成共識，但這和普世性的共識仍有一大段距離，而且依然還是很不容易。華頓在批評德沃金的法律真理觀時，就提到了這一點：「這些關於客觀性的討論……都改變不了每個法官在問出以及回答德沃金法學裡的客觀價值問題時，各自都會有不同的答案。」換句話說，「決定答案的不是法律，而是人心」。[33]

理性的限制這麼顯而易見，所以我們也不必意外為什麼無限進步主義的支持者，最後往往都放棄那些大膽的主張，變得像是權宜自由主義者一樣。但這兩種立場實際上南轅北轍，他們不可能一直這樣飄忽不定，遲早得選一邊站。若不是相信人類可以找出社會基本原則的普世性真理，就是完全不信。

福山的歷史終結論或許為這點做了最好的示範。如前所述，他在一九八九年發表的名篇裡說過，「所有重要的問題都已經解決了，人類之間已經沒什麼好爭的了」。但在一九九二年的續作中重申此論調時，福山卻提出了一堆自相矛盾、彷彿出自權宜派之口的說法。比如說他在裡頭大談「現代的相對主義讓我們陷入了知識的僵局」，這場僵局「讓我們無法捍衛傳統上對自由權的理解。」在另一段他卻寫道：「當前對權利本質的論述這麼語無倫次，其實是因為我們碰到了一場更深層的哲學危機，懷疑起靠著理性到底能不能了解人類……如今，每個人都愛講人性尊嚴，但對於這種尊嚴到底從何而來，卻一點共識也沒有。」說真的，怎麼會有人一邊談著「現代思想的相對主義僵局」，還一邊主張人類對社會的基本原則可以有更廣的共識？[34]

福山在書裡的另一處，又警告了他過去提到的危險，卻沒有提起「無聊」。比如說這段：「回首過去，我們這些活過舊時代的人也許會做出以下結論。沒有哪個政權——哪個『政經制度』（socio-economic system）可以滿足每個地方的每個人。就算是自由民主也一樣……老實說，不滿最盛的地方，恰好也就是民主盛行的地方：招致不滿的正是自由和平等，對這種社會不滿的人，難保不會把人類歷史重新開機。」他後面的話又更尖銳：「現代思想完全沒有為它培養長大的人提供任何抵抗力。等到有天虛無主義真的對自由民主宣戰，這些人根本難以對抗。」接著他又繼續提到「其他型態的不平等持續對自由民主形成新的挑戰，一步步威脅到自由民主的根本，而我們不知道這種狀況是否會有結束的一天。」而他最驚人的主張或許是：「我們無法保證，也不能確定，未來的世代會不會出現下一個希特勒或波布（Pol Pots）。」[35]

史蒂芬・霍姆斯簡潔地歸納了採取這些自相矛盾的立場：「福山似乎沒搞懂，他這些『預防性退縮』的論調加在一起，就等於是在承認自己的失敗。」[36]

康德在著作裡也傾向採納反對理性能力的觀點，因此雖然有的學者認為他是進步主義者，但也有人把他歸為權宜自由主義。舉例來說，黛博拉・布柯揚尼斯（Deborah Boucoyannis）和肯尼斯・華爾滋（Kenneth Waltz）就認為康德是權宜自由主義者，而麥可・戴施（Michael Desch）和約翰・格雷則把他列為進步自由主義者。[37]華爾滋指出，這是因為康德的著作讓兩派都有彈藥可用，才造成了這種亂象。[38]總之，無限進步主義對人類理性的超樂觀態度，已經因為自己的論述方式，還有無法解釋人性為何在短短數百年間有偌大改變，而無法繼續維持。

有限進步主義

第二類進步派並不認為人們可以靠著理性對生命中的大哉問達成共識，但確實能讓我們對相反的觀點更為容忍。身為最重要的有限進步主義者，羅爾斯很清楚表達過，他認為自由社會裡的公民「對美善缺乏完整的概念」。接著他又說，人們對「在道德和政治生活上面面俱到的普世原則」並沒有共識。[39]說實話，他還希望自由社會可以「根據合理的宗教、哲學和道德信條將公民妥善分類」。[40]除此之外，他也不期待自由社會裡所有「合理的全方位學說」（comprehensive doctrine）都是「自由主義式的全方位學說」。

儘管如此，羅爾斯仍堅信自由社會的公民不只擁有「特定的品德」，而且也有足夠的理智，不會為了各自「不可調和的全面性學說」起爭執，而是會受到「認為什麼東西合理的認知」所約束。最後，「公共理性」（public reason）會讓公民達成妥協後的解決之道，尊重彼此的觀點。「身為有理智的公民」，他們會「提出要跟別的公民公平合作」。他認為，這種深深刻在自由主義社會之中的容忍規範，就算無法讓「合乎現實的理想國」成真，也可以帶來「合乎理性的多元主義」。[41]

兩種進步派自由主義對於容忍的重點很不一樣。對有限進步主義者來說，容忍的舉止不只是靈丹妙藥，而且顯然是百藥之宗。但對無限進步主義者來說，容忍就沒這麼重要了，因為他們的假設是至少在大多時候，公民對基本原則的廣泛共識可以讓容忍變得沒有必要。在一個不存在重大差異的世界裡，確實不用擔心要怎麼容忍差異。當然每個社會總有一些不承認真理的異數，但無限進步主義者不會想要容忍他們的謬見，不管用威逼還是拐騙，都要教他們見識真理之光。

有限進步主義承認要對社會的重要問題達成普世性共識相當困難，所以乍看之下會比較有說服力。但是要指望人們對基本原則存在重大分歧時所引發的激烈情緒，能靠著自由社會的容忍就解決，還是會碰上不少問題。

首先，沒有什麼證據支持，自由社會的公民會像羅爾斯和其他有限進步主義者主張的一樣充滿包容心，大部分的證據都正好相反。維吉尼亞大學政治系教授喬治．克羅斯科（George Klosko）就直接槓上了羅爾斯對容忍的主張，辯稱「各種證據顯示，自由社會的公民特別缺乏容忍」——支持他的證據可是非常多。克羅斯科指出，這一點「對任何熟悉美國民意研究的人，應該都不算意外」。[42]關於這部分，我會在下一章討論自由主義過度強調個人權利時，再進一步詳談。不過單是這點就足夠讓我們認為，有限進步主義關於深度包容的主張，其實缺乏經驗基礎的支持。

羅爾斯並沒有主張人們天生傾向理智或容忍。他顯然認為這世界上有自由社會，也有非自由的社會，而從自由社會的標準來看，身在非自由社會的人並不理性。舉例來說，他曾說過尊重人權但不民主的「正派社會」（decent society）和「流氓國家」都一樣「有侵略性且危險」。在說到正派社會居民的信念時，他的描述是「與其說他們理性，不如說是沒那麼不理性」。而一般人也會假設流氓國家的居民，至少絕大多數都會近乎不理性。既然在羅爾斯眼中看來，世界上有這麼多人都算不上理性，唯一的可能就是他不相信人生來理性。[43]

對於容忍這個概念的歷史發展，羅爾斯的觀點又讓我的說法顯得更有道理。具體來說，他承認在洛克等人在十七世紀提出自由主義理論前，不容忍才是常態，「不容忍被認為是社會秩序和穩定的條件。」羅爾斯說人類過去「維持了好幾個世紀的不容忍」。因此自由社會中常見的講道理和包容，絕不是來自於人類的天性，而是另有來由。[44]

自由主義社會中的理性和包容是哪裡來的？羅爾斯又是憑什麼說自由社會的公民擁有「某種品德」？這個問題很重要，但他的回應並不多，其中最主要的論點似乎是，「合乎理性的多元主義」能形成，主要是因為自由社會內長久以來的社會化過程，而這種多元主義又和容忍的關係非常緊密；這中間的關係是「社會文化……長期浸淫在自由體制下的結果」。[45]但他這串論點沒有說明人一開始為什麼會這麼認真實踐容忍，也沒有說明這些規範是誰施加的。也許有人會認為，公民行為最主要是由國家力量所塑造，但羅爾斯並不這麼主張，且他在理論中也比較淡化國家的功用。此外，我們也很難相信有國家或是任何機構，可以這麼有效地推行容忍等規範，大幅減少因為人生觀相左所引發的衝突。簡單來說，羅爾斯並沒有好好解釋，為何他理論中最重要的動力——理智——可以在自由社會中蓬勃發展。對於自己有關容忍的大膽主張，他毫不意外地只提供了一點點經驗性證據。

當然，羅爾斯的主張有時也像無限進步主義者一樣，跟他自己對自由社會內部和平的基本看法互相矛盾，使得他聽起來像個權宜派。比如這段：「某些真理所牽涉的事物可以說重要到就算得掀起內戰，也必須消滅歧見。」[46]他也指出因為拒斥自由主義的人很多，「想要和解就會面臨很大的限制」，再加上「許多人……像我前面講的一樣，無法跟社會世界（social world）和解。在他們看來，政治自由主義者所展望的那種社會，就算說不上邪惡，也是個片段化、遍布錯誤信條的惡夢。」[47] 此外，羅爾斯也完全同意，自由主義國家有時會碰到無比緊急的狀況，需要暫時放棄，或是至少大幅縮減自由。[48]

那我們該怎麼做？進步派對於批判思考的力量，看法有時相當大膽，但如果仔細檢查這些主張，其實都站不住腳。雖然有限進步主義的主張比較保守，但兩者都有一樣的缺陷；為何理性能為美善人生的問題找到終極解答，或是促使自由社會產生寬大的包容？兩者同樣都無法給出有力的解釋，相關論者幾乎都是單憑斷言就提出主張。另外，有限和無限進步主義者提出的論點，有時也會和理性能改善衝突的主張互相矛盾，讓他們顯得更像是權宜派。

最後，權宜派和進步派對於理性能夠維持和平的效果，看法並沒有太大差別。這兩種政治自由主義真正的差別，是在他們對個人權利，還有國家執行社會工程的看法。

權利與社會工程

權宜派和進步派都差不多堅信個人權利的存在，但說到權利有哪些，以及各種權利牴觸時該怎麼平衡，雙方就各有主張了。權宜自由主義者偏重消極自由，也就是個人行為免於政府干預的權利；這些自由包括集會、出版和言論等自由。從洛克和亞當斯密的著作也可以看出，對於權宜自由主義來說，獲取和交換私人財產是種格外重要的權利。[49]

海耶克也是標準的權宜自由主義者，他的著作同樣體現了對這種個人自由的重視。比如海耶克在《自由的憲章》（*The Constitution of Liberty*）第一章的第一句話就是：「本書要討論的是，社會需要哪些條件才能盡量不讓人們遭受他人強迫。我們將把這種狀態稱為自由（**liberty or freedom**）的狀態。」[50]

這就難怪有這麼多權宜派都討厭需要國家大力援助公民的積極權利。積極權利要求政府採取針對個人的行動，提供他們有權得到的好處或服務。這些行動和不受政府干預的自由沒什麼關係，甚至還正好相反。權宜派極其厭惡的機會平等，就是積極權利的好例子。這種權利是要求政府盡可能讓每個人都有同樣的資源來競爭成就。這麼做不是為了保證平等的結果，而是平等的機會。

權宜自由主義對於機會平等的敵意，在海耶克的書中展露無遺：「整體法治和行為規範的平等……才是唯一有助於自由的平等，也是我們唯一可以獲取又不會摧毀自由的平等。其餘的平等不僅與自由毫不相干，甚至在許多方面都必定造成不平等。」[51] 權宜派不僅不相信機會平等是不可剝奪的權利，也認為賦予國家提供機會平等的能力，反而有可能跟海耶克說的一樣造成不平等。他們堅信政府不應投身促進積極權利的事業，因為他們根本不認為那是正當的權利。

進步派同樣贊同這些權宜自由主義最注重的基本自由，但他們還追求其他的權利。機會平等是德沃金和羅爾斯著作中最重要的主題，[52]他們認為，機會平等是公平的同義詞，也是正義的真義，而他們非常關切正義。羅爾斯最有名的作品就叫《正義論》（*A Theory of Justice*），德沃金的《原則問題》（*A Matter of Principle*）裡也有一章叫做〈自由主義與正義〉（**Liberalism and Justice**），專門「探討自由主義理論的現狀」。[53]但權宜自由主義者很少會討論正義。

進步自由主義者還相信其他的權利，比如說接受醫療、接受良好教育、免於貧困的權利。這些權利或多或少都跟機會平等有關，因為如果缺乏良好教育、沒有好的醫療或是在貧困中成長，一個人是很難成功的。當然也有人會說，無論這些權利和機會平等有什麼關係，都是非常重要的權利。

不過推動積極權利還會碰到一個問題，就是它們不時會跟消極權利發生衝突。[54]其中特別容易和機會平等產生衝突的，就是私有財產權。因為凡是能真正促進機會平等的作法，都需要大幅重新分配社會資源。這代表將錢，也就是私有財產從富人手中拿走，轉移給窮人。對於向富人課稅促進機會平等，進步派雖然不太會猶豫，但這也不代表他們不承認財產權。他們只是不認為財產權有權宜派想的那麼重要。羅爾斯的著作中並未強調個人財產權，特別是和認為私有財產神聖不可侵犯的洛克與亞當斯密相比。

兩種自由主義對於國家角色和社會工程的看法，也有著根本的差異，這點和他們對權利的看法有直接關係。權宜派希望國家能維持秩序，並盡可能放任個人自由；他們不喜歡社會工程，更不喜歡以積極權利為核心的福利國家。進步派同意社會需要國家充當守夜人，但也希望國家能促進積極權利、提昇個人福祉；他們認為這是促進社會整體福祉的最佳作法。（所以他們才會叫做進步自由主義者。）進步自由主義國家非常倚重專家，許多專家都直接受國家聘僱，或是在學院和智庫擔任顧問。這些人有很多都是社會科學家，畢竟國家的工作就是執行社會工程。[55]

雖然進步自由主義者的確想打造能夠積極介入的國家，從根本影響整個公民社會，但他們對大政府同樣有所警惕。他們不會像黑格爾一樣把國家捧上神壇，而是承認國家有可能變成威脅個人自由的巨獸利維坦。[56]總之，進步自由主義者對國家的看法很矛盾：一面認為它有龐大的潛力為善，一面又對之懷抱恐懼。

進步自由主義這麼信任國家執行社會工程的能力，其實意味著他們極度重視工具理性。他們相信人們可以靠著批判思考，找出聰明的策略來實現宏偉的社會願景。權宜自由主義不太信任由政府來執行社會工程，這也代表他們不太信任國家能根據工具理性來做事。儘管雙方在實質理性上都同意，理性無法幫我們探查出關於美善人生的共同真理；但在工具理性的影響力上，兩派的看法卻是天差地遠。

正如前文所說，自由社會裡永遠少不了政治。因為國家多少必須制定一些規則和法律，才能處理社會的基本原則，所以對公民來說，政府由哪些人負責管理就非常重要。如果生活在進步自由主義者主導的國家，人們又會特別在乎這點，因為這種國家對公民社會的介入更深。在盛行進步主義的國家裡，政治競爭可能會比盛行權宜自由主義的國家更為激烈。而在這種環境下，權宜自由主義者會為了約束國家介入的程度，又會變得更有動機參與政治。

總結下來，兩種政治自由主義最關鍵的差別，在於他們怎麼看待權利還有國家的角色。只是這兩個世紀以來，雙方之間的權力天秤已經徹底倒向了進步自由主義。

自由進步主義的勝出

在最一開始，政治自由主義就等於權宜自由主義，但後來這派慢慢失去人心。部分原因是以自由放任的方法治國，會導致經濟極端不平等，還有人民普遍貧窮。此外這套藍圖也不適合用來經營工業化以後的民族國家，理由我稍後會回來討論。效益主義和自由理想主義的興起，很大一部分是為了回應權宜自由主義的不足。進步自由主義也是從中蛻變而來，並在二十世紀初成為了主導英美政壇的政治自由主義流派，其中執牛耳者正是約翰．羅爾斯。

在自由進步主義（liberal progressivism）獲得的勝利之中，最重要的就是時至今日，仍有國家為了增進經濟機會和其他積極權利，以自由主義的方式介入公民社會。不過進步自由主義尚未大獲全勝，權宜自由主義尚未過時。後者在每個自由社會裡都有不少追隨者，這些人有時也對公共討論影響很大。不過說實話，他們頂多也只能遏制國家的過度介入，[57]幾乎不可能打造出忌憚一個社會工程和積極權利的國家取而代之。

進步主義在美國

原因從美國的例子就可以看得出來。從十九世紀末開始，自由進步主義就在美國政壇成為了強大的勢力，到了二十世紀初更是如日中天。[58]一路執政到一九三二年總統大選的共和黨*，就曾跟進步主義走得很近，當時好幾項憲法修正案，包括授權聯邦課徵所得稅、參議員直選、女性投票權、禁酒令等等，都是出自進步主義的倡議。在後人的印象中，胡佛一直秉持自由放任的經濟觀，但其實在一九二一到一九二八年擔任商務部長，以及在一九二九到一九三三年擔任總統的期間，他也很認真投入社會工程。[59]但不可否認的是，自由進步主義同樣有起有落，追隨者一開始的樂觀也隨著時間而淡去。不過整體來說，美國政府一直都在從事社會工程。[60]小羅斯福在一九三三到一九三八年的新政，還有詹森在一九六四到一九六五年的大社會計劃（Great Society），都是促進積極權利的宏大社會工程。

想了解進步主義的勝利有多徹底，可以想想自由主義和今日美國主要政黨的關聯。民主黨主流的意識形態顯然是進步自由主義，當他們掌握華盛頓大權時，正是以此為行動方針。至於共和黨，乍看之下或許會以為他們是權宜自由主義的追隨者。這在政治修辭上沒什麼問題，但實際治理時就不是這麼回事了。一旦在位，共和黨和民主黨的作為其實大同小異。舉例來說，從一九八二年以來，在共和黨執政期間（雷根、老布希和小布希），聯邦支出年成長率都高於民主黨時期（柯林頓和歐巴馬）。雷根時期的一九八二到一九八五年之間，成長率是百分之八．七，而歐巴馬在位的二〇一〇到二〇一三年之間，反而只有百分之一．四。[61]

雷根還在一九八六年簽署了《緊急醫療勞動法》（Emergency Medical Treatment and Active Labor Act），規定無論是否美國公民、法律地位如何、能否負擔醫療費用，醫院都不得拒絕急診病患。實際上，該法還明言醫療是一種人權。早在一九六一年，雷根就說過「任何身在美國的

---

* 譯註：從一八六〇年林肯當選開始，一直到一九三二年小羅斯福當選，期間美國總統幾乎都是由共和黨囊括，民主黨籍總統只有克里夫蘭（Grover Cleveland）分別於一八八四年與一八九二年勝選，以及威爾遜在一九一二年勝選。

人，如果需要醫療照護又無法自理，都應該要能得到醫療照護。」[62]還有一個例子可以證明共和黨人承認此一權利，那就是他們常說要「廢除並取代」（repeal and replace）歐巴馬的《平價醫療法案》（Affordable Care Act）。他們很清楚不能只是廢除這個法案，而是要用另一套系統為美國人提供可靠的醫療。而州際公路系統（Interstate Highway System）、環境保護署（Environmental Protection Agency）和國土安全部（Department of Homeland Security），也都是在共和黨總統的治下創立的。簡單來說，共和黨也致力於國家介入，以及隨之而來的大型社會工程。

美國的確有個政黨誠心熱衷於權宜自由主義，他們的名字恰如其份，就叫做自由意志黨（Libertarian Party）。他們的宗旨包括促進公民自由、放任式資本主義和廢除福利國家。他們的黨綱直接衝著積極權利而來：「我們渴望一個自由的世界；一個人人都能主宰自己的人生，不會被迫為他人福利犧牲自己價值觀的世界。」[63]自由意志黨從未贏得國會議席，更不要說是入主白宮的機會。他們在二〇一六年提名的總統候選人，只獲得了百分之三．三的選票。就算自由意志黨贏得政權，也一定逃不出國家介入和大型社會工程的網羅。

進步主義何以獲勝

進步主義能勝過權宜自由主義，是因為在十九世紀初整個世界發生了徹底的改變，導致各國必須建立大型機構以執行社會工程。在自由民主國家裡，這類工程就包含介入公民社會以促進權利。而國家能扮演這些新角色，是因為其治理能力日漸增強。比如說，通訊和運輸的進步就讓政府更容易滲透公民社會。沃特・李普曼（Walter Lippmann）在一九一四年的著作，就捕捉到了那個時代的精神：「我們再也無法把生活當成天賜的雨露。我們得仔細應對，為它設計社會組織、改變工具、制定方法，我們得教育生活並控制生活。」[64]

進步自由主義的優勢地位來自三大因素。第一個是工業革命，從十八世紀的英格蘭開始，工業的演進一直到今天都不斷推動著許多經濟和社會變革。其中最重要的就是製造公司、金融企業、同業公會、研究型大學和工會等各種大型事業的興起，除此之外還有更多的事業，都深深影響著無以計數的人的生活。杜威說得好：「新科技被運用在生產和商業上，為整個社會帶來革新。地方社群的內部事務往往在無意之中或意料之外，受遠方看不見的組織所制約。」[65]

這種通訊和運輸網絡的蔓生，也是工業化的另一個結果，而且它不只發生在國家內部，還會在國際之間形成連結。工業革命推動了全球化，這代表任何一個國家的重大經濟發展，都不可避免會影響全球化體系裡的其他國家，這使得整個世界愈來愈緊密相依。工業化也造成了童工、勞動剝削和環境傷害等問題。當發展有這麼多重大深遠的後果，國家就不得不認真介入，以管理社會的各個層面，經濟當然也是其中之一。[66]有鑑於各種相關事業的龐大規模、科技變遷的速度、工業資本主義的全球化本質，社會所必需要的計畫和管制規模，絕對遠遠超出地方政府的能力所及。

而最讓權宜派失望的，就是他們再也不能指望經濟領域中那隻看不見的手發揮魔力了。自由主義國家或許委身於資本主義和市場經濟，但國家的介入並不會就此停止；它不但要管住國內經濟，也不會放過國際經濟。[67]完成這些任務需要制定並執行各種政策，並且必然會影響到個人的種種權利。

進步自由主義大獲全勝的第二個關鍵因素是國族主義，這種思想和工業化一樣，在十九世紀成為主導國際政治的力量。下一章會花比較多篇幅討論國族主義，但目前只要先知道，每個國家無論在行政、經濟還是軍事上，都有強烈理由培養人民產生熱烈的愛國心，而這件事也需要龐大的社會工程。國族主義是一項永不止息的任務，因為國家不但一直都需要讓新生的公民接受社會化過程，有些國家還會接納大規模的移民。此外，多數國家都是多民族國家，所以各國也必須在各個不同的族群之間，努力打造出共通的身分認同。

同時，國族主義還會在公民和國家之間打造強勁的連結，讓人民期待政府提供更多福利來回報自己的忠誠。這種需求讓民族國家更傾向於介入社會，而在自由民主國家裡，這也包括了推動各種權利。民主制度又會進一步強化這種介入的傾向。選民會要求政客推行可以增進自身福利的政策，而願意大膽承諾並兌現的政客也更容易勝選和連任。民意壓力使得多數政客會青睞，或者至少不會強烈反對能促進機會平等與其他積極權利的政策。

進步自由主義成為主流的第三個重要因素，是戰爭變幻莫測的本質，以及在承平時期維持大量軍事設施的需要。現代軍隊必定需要眾多穿著制服的軍人，還有大量的民間員工，並且需要依賴龐大且日新月異的尖端軍火庫——某些國家的軍火庫裡還有著能造成大規模毀滅的核武器。這一切都需要有私人企業來負責製造、調度和服務，於是就形成了艾森豪（Dwight Eisenhower）所說的軍工複合體（military-industrial complex）。國家別無選擇，一定要管好這頭龐然巨獸，因為兵者乃國之大事。[68]軍隊需要有大量健康且教育良好的公民，這讓政府有了為公民提供福利的強烈動機。而且對於願意穿上軍服的公民，也得提供額外的福利。[69]

當現代軍隊發生大戰，特別是發生像兩次世界大戰這種「總體戰」（total war）時，國家就必須干預日常生活的每個層面。為了動員獲勝必需的資源，這是政府唯一的選擇。不過這也導致國家發現自身擁有龐大的實力可以執行社會工程。正如社會學家莫利斯．賈諾維茨（Morris Janowitz）對二戰所下的註腳：「一個社會若能為了總體戰而動員，就能為了社會福利而動員。因此中央政府在戰爭下的實際表現，乃是實現福利國家的重大關鍵。老實說，政治菁英都是在戰爭中發現並相信他們能管好福利國家的。」[70]

就算是像冷戰或全球反恐戰爭一樣沒有大軍交戰，只要衝突依然曠日費時，國家對公民社會的干預就會依舊深刻。比如說在冷戰期間，美國境內對非裔的公然歧視，就讓制定政策的人難以向世界各國宣示美國的制度比共產主義更優越。法律史學家瑪莉・杜齊亞克（Mary Dudziak）指出：「當時美國正想按自己的形象重塑戰後的世界，如果讓世界各國的目光都擺在種族隔離上，就令人既麻煩又難堪了。」尼克森也在他擔任艾森豪的副手時承認，民權運動能夠推進，很大一個原因是政府有需要導正此一問題。[71]換句話說，「民權改革在某部分上是冷戰的產物」，因為這場改革「方向和抵擋全球共產化（world communism）這件更核心的任務一致，而且意義非凡」。

戰爭結束後，解甲歸田的軍人常會對國家提出各種要求。比如說原本不能投票的退伍軍人，就可能會為他們所屬的群體要求投票權。就像歷史學家亞歷山大・基薩（Alexander Keyssar）講的：「美國史上主要的幾次選舉權擴大，幾乎都是發生在戰爭中或是戰爭後。歷史紀錄指出這並非巧合：戰爭準備和作戰本身的需要，都讓國家面臨龐大壓力，需要放寬選舉權。軍隊通常都必須從所謂的社會底層吸收新血，但是要強迫沒有選舉權的人扛起武器，無論在政治修辭還是實務上都困難重重；同樣地，進行戰爭也代表要動員民心，這讓每個原本被政治排除在外的族群，都有了可以施力之處。」[72]

返鄉的軍人也會要求退撫金、健康照護和教育等福利。比如在南北戰爭過後，負責處理軍人退撫金的軍人退休撫卹局（Bureau of Pensions）「就成了聯邦政府下最大也最活躍的機構」。社會學家賽妲．史考克波（Theda Skocpol）指出：「在二十世紀初以前……很多美國選民和公民顯然都希望這個政策先例能延伸到養老金體系，讓更多人可以受用。」[73]到了一九三〇年，軍人退休撫卹局改組為退伍軍人事務部（Veterans Administration），該機構目前約有三十五萬名員工，以及超過一千五百億美金的預算。二次世界大戰以來，無數從韓戰、越戰、阿富汗戰爭及伊拉克戰爭中退伍的美國軍人，都是靠著《美國軍人權利法案》（G.I. Bill）進入大學就讀。[74]

簡而言之，國家安全的考量使得自由主義國家除了投入大規模的社會工程之外，也必須增進個人權利。兩者都是進步自由主義的搖籃。在現代世界，靠著權宜自由主義是無法在與敵人交手時活下來的。當今的政治自由主義，實際上就等於進步自由主義，權宜自由主義只能冀望影響進步主義，不可能取而代之。

而在開始批評政治自由主義之前，我打算先快速審視一下效益主義和自由理想主義；這兩者常被當成是自由主義理論，但至少就我的定義來說，兩者都不算是。

效益主義

傑瑞米．邊沁（Jeremy Bentham）被稱作效益主義之父，儘管他並不是這派思想唯一的奠基者；詹姆斯・彌爾（James Mill）和其子約翰・彌爾（John Stuart Mill）、亨利・西季威克（Henry Sidgwick）等人也都要算一份功勞。支持這門思想的人認為，政治的首要目標是設法增進整體社會的幸福。「幸福」就是這套理論所說的「效益」，而政治領袖最重要的目標就是推行有助於「最多人的最大幸福」的政策。[75]

效益主義認為所有公民一律平等，沒有誰的期待比別人更重要。約翰・彌爾算是例外，他認為心靈的幸福比肉體的愉悅更重要。效益主義和政治自由主義最重要的差異，就是政治自由主義把人的個體性當作核心價值，而效益主義打從根本就把人民看作社會性的存在，認為全體人民的「總福祉」（general well-being）才是政治領袖的主要任務。[76]而既然效益主義者拒斥了自由派所重視的個體性，他們會拒絕自由主義那套天賦人權的觀念，也就不奇怪了。邊沁對不可剝奪的權利這個觀念充滿敵意，因此他對美國《獨立宣言》和法國《人權和公民權宣言》也沒講過什麼好話。[77]

這不代表效益主義者不重視權利，因為他們確實重視。只不過權利是由政府決定的，而非上天賦予的。此外，權利最重要的目的，是為了促進整體的福祉，而非讓個人有最大的自由可以追求自身利益。換句話說，權利之所以重要，並不是因為個人自由本身有什麼好處，而是因為它可以盡量放大集體效益。這不但意味著個人權利是由國家分發的，也代表一旦權利對共同利益不再有幫助，就可以被限制。這和政治自由主義對權利的看法，簡直天差地遠。

在效益主義者看來，政治領袖的角色極其重要，他們主要的任務是評估選民的期待，和各個群體與個人達成協議，以最大化「共同體的幸福總量」。[78]事實上，效益主義的核心正是談判協商，也就是在不同社會行動者的利益，以及各種權利之間，所浮現的許多交易權衡。一如布柯揚尼斯所言，效益主義裡最明確的觀念就是，所有利益追根究底都是「可以談判、分割、交換的」。[79]

效益主義者不認為這世界上的每個人都對社會的基本原則或是道德真理有什麼熱情。人們最在乎的是追尋幸福，而政府要關心的是確定人們喜歡什麼，並設計政策讓這些能夠實現。有些人可能會對人生的大哉問充滿熱情，但這種人不能太多，因為要讓每個人的幸福極大化，就必須要有各種交易權衡，而激越的信仰會讓這些權衡大為不易。雖然在判斷什麼會讓人幸福時，理性派不上什麼用場，但要找出最能提高集體效益的方法，理性絕對不可或缺。因此效益主義者非常重視工具理性。邊沁的話清楚區別了理性的功用：「決定要做什麼的是恐懼與希望，理性不過是負責尋找和決定手段而已。」[80]

一般來說，效益主義者對於創造和平繁榮的社會都抱著樂觀的態度。這種樂觀大部分是因為他們相信人們有足夠的聰明理智，可以做出正確的事情。詹姆斯・彌爾簡要地總結了這種看法：

「如果各個結論都有其證據，並以同等的謹慎和技巧呈現，我們就無疑可以確定，即便有些人會遭受誤導，但多數人都能做出正確的判斷；而且最好的證據無論如何呈現，都一定會帶來最好的效果。」[81]換句話說，民意是一股追求美善的強大力量。此外，效益主義者也認為歷史會不斷進步，這讓他們又更加相信，人們會了解到彼此的利益能夠和諧融洽。就像約翰・彌爾說的一樣，效益主義「的基礎，是人類不斷進步之下的長久利益」。[82]

效益主義認為，國家的主要功能是管理協商的過程。政府必須關注財富與資源的分配、哪些權利比較優先等重大議題。不能像自由放任主義的國家一樣，仰賴看不見的手把好結果給推出來：國家有隻清晰可見的手，能夠用來介入社會和積極投入社會工程。不過，效益主義者並不太重視國家作為守夜人的角色，主要原因是他們不認為美善人生的內容有什麼根本性的差別。他們反認為國家最主要的功能，是確保每個人都得到公平對待，並得以獲得最大的幸福。[83]

總之，效益主義和政治自由主義從根本上就大不相同，因此不在本書的討論範圍之中。

自由理想主義

自由理想主義是另一種常被歸類成自由主義的思想。它的創立者是英國哲學家托馬斯・格林（Thomas Hill Green），[84]其在英國的徒子徒孫有伯納德・鮑桑葵（Bernard Bosanquet）、倫納德・霍布豪斯（Leonard T. Hobhouse）、約翰・霍布森（John A. Hobson）和大衛・里奇（David G. Ritchie）。而國際關係領域最重要的兩名自由理想主義作者則是吉爾伯特・莫瑞（Gilbert Murray）和阿爾福雷德・齊門（Alfred Zimmern）。杜威是美國二十世紀初的自由理想主義領銜者，他也深受格林的著作影響。[85]這些理論方法至今仍被傑拉德・高斯（Gerald Gaus）、史蒂芬・馬塞多（Stephen Macedo）和傑克・克里滕登（Jack Crittenden）等當代英美世界的學者所承襲。克里滕登在一九九二年出版出版的《超越個人主義》（*Beyond Individualism*）一書中寫道：「我在這裡提出的自由主義——超越個人主義的自由主義，是……延續自托馬斯・格林與其門徒……還有美國的約翰・杜威……對自由主義的『修訂』。」[86]

為何自由理想主義只是名義上的自由主義

自由理想主義誠如其名是一種理想主義，但卻不算是政治自由主義。自由主義裡最顯要的個人個體性，在這套理論裡同樣也沒有容身之處，所以自由理想主義者也不會因此相信不可剝奪的權利。自由理想主義強調人類這種動物的社會性，而這也是最重要的一點。格林曾說，人類「如果脫離了社會關係……就再也不是人了」。[87]杜威也說，只有努力「追求共同利益，個人才能理解到自己真正的個性、真正得到自由」。[88]

格林和杜威的話說明了，儘管自由理想主義者願意盡力維護個人自由，但他們其實認為每個人最主要還是社會的一分子。這讓他們深受黑格爾的吸引，每個早期的自由理想主義者顯然都受他影響不少。黑格爾雖然也在乎個人權利，不過他同樣認為社會是一個有機體。他的名著《法哲學原理》（*The Philosophy of Right*）中清楚說到，他相信個人自由和社會團結並不衝突，兩者結合就可以營造出富有活力的政治體。[89]

有些自由理想主義者同意黑格爾的看法，認為人類可以設計出一種有機社會，讓公民盡量運用自己的個人權利，霍布豪斯和霍布森是其中的代表。但要融合這兩個對立的東西是不可能的。自由主義和自由理想主義對於社會與人的關係，看法毫不搭軋。任何國家只要致力促進社會團結，就必須大幅限制自由或是權利。權利並非不見容於自由理想主義，但如果社會想讓公民在各自獨立的同時互相合作，而非自私地為己牟利，就要對權利施以很大的限制。[90]

由於自由理想主義最看重的是整個社會，加上歐洲在十九世紀後半又盛行國族主義，許多自由理想主義者的著作中明顯透露著愛國情操，也就不是什麼驚奇的事情了。他們認為愛國是一股善的力量，可以很有效地讓社會團結。比如鮑桑葵就宣稱愛國主義是「一股浩大的自然力量、一道魔法的咒語」，它起源自「家庭和親族，來自血緣的牽絆」；而格林大力推崇的理念，也被兩名當代的英國學者稱為「無國界國族主義」（cosmopolitan nationalism）。[91]格林認為「人類的愛……需要具體化，才會成為生命與行動的力量」。[92]

愛德華．卡爾（E. H. Carr）認為，自由理想主義者對國族主義毫無戒心的原因之一，是因為當時的國家和民族沒有那麼多，因此「尚未明顯地互相傾軋」。[93]卡爾說的或許對，不過國族主義之所以廣受推崇，也是因為它被視為人民主權（popular sovereignty）的體現，而人民主權又和民主制度關係緊密。[94]歐洲各地的王室在世紀之交紛紛垮台，都跟人民主權脫不了關係。致力於「教育國族化」（nationalizing education）的杜威就抓著這點寫下了：「民族國家建立後，感受與目標一致、得以自由交流的幅員更為遼闊，各地不再像早先那樣互相孤立、猜忌、嫉妒和仇恨。人們不得不走出狹隘的地域觀念，加入更大的社會單位，改為忠於服務小我利益的國家。」[95]

隨著時間過去，準確來說是在一戰過後，自由理想主義者漸漸發覺了國族主義的黑暗面。一九一六年，杜威比較了「國族主義的善惡兩面」；兩年後，齊門關於促進國際和平的書裡，也有一章叫做〈國族主義的對與錯〉（True and False Nationalism）。[96]儘管如此，自由理想主義者總的來說還是把國族主義看作是正面的力量。好比說齊門在那本書裡也寫道：「只要得到正確的理解和照顧，國族主義就是一股振奮人心與生命的偉大力量，能夠幫我們對抗沙文主義和物質主義——對抗所有反人類、反文明，侵襲玷污現代人心靈與精神的力量。」[97]自由理想主義的有機社會觀，讓它和國族主義成為天作之合。

自由理想主義者和政治自由主義者，特別是權宜自由主義者之間的一大共通點，就是他們都害怕國家的權利太大。黑格爾很崇拜國家，把國家稱為「具體自由的現實化」（the actuality of concrete freedom）。[98]我們會在下一章看到，國家也是國族主義中最核心的一環。有鑑於自由理想主義和黑格爾及國族主義的關係這麼近，有人可能以為自由理想主義者會期望國家擁有豐厚強大的力量，以便為了共同利益干預公民社會。不過他們其實只是勉強接受強大的國家，很多時候更擔心國家的力量太強會帶來嚴重的問題。這也是他們沒有完全採納黑格爾學說的理由之一。[99]

自由理想主義為何屬於理想主義

理想主義者的世界觀中最理想化的部分，在於他們深信政治是為了追求道德上的良善。他們看重的是「人類道德的進步」，而非像效益主義者一樣追求幸福的極大化。[100]格林曾蔑稱效益主義是「貪圖享樂的宿命論」（hedonistic fatalism）。[101]他有段關於政治義務的知名演講是這麼開頭的：「我的目的是探究法律，或者由國家所實施的權利義務體系，是服務怎樣的道德功能與目標，並在此之中找出守法的合理性，或是這麼做究竟所本為何。」[102]

其他自由理想主義者也和格林一樣強調道德，不過沒有一個人能夠講清楚這個「道德理想」

（moral ideal）是什麼樣子，或是它跟「完善人性」（perfecting of man）有何關聯。[103]最好的回答或許是霍布豪斯所說的：「每個成員都按照協助彼此成長的天生傾向，和諧地自行發展茁壯，讓整個群體能夠繁榮生衍，這樣就是理想的社會。」[104]不過這仍然只是泛泛描繪著未來的政治生活。所以難怪格林會承認自己無法釐清完善人性是怎麼回事：「不過雖然……我們說不明白，完善人性這個概念有哪方面會鼓勵道德的生活，也講不清楚完善人性實際上會有什麼成果，但如果有什麼是完善人性必須滿足的，我們一定分辨得出來。」[105]

自由理想主義者也深信要理解道德上的良善，理性是關鍵的道具。效益主義者同樣推崇理性，但態度有點微妙的差別。效益主義者多半是社會菁英，也就是說他們很信任執政菁英有足夠的心智能力，可以負責打理效益主義事業中最核心的談判協商。自由理想主義者更信任普羅大眾有能力妥善運用批判思考。桑迪・林賽（Sandie Lindsay）為格林《政治義務原理》（*Principles of Political Obligation*）寫的序文中說道：「格林和他的理想主義同道對……黎民百姓的價值和尊嚴，有著深厚的信心。」[106]自由理想主義者往往都是民主鬥士，而大部分效益主義者的熱情就節制許多。

自由理想主義者中，最善於闡揚理性如何協助建立理想社會的，大概就是杜威了，他對一般人的潛力可說是格外樂觀。他相信只要有機會受到正確的教育，「凡桃俗李也能生出作夢都想不到的社會和政治智慧」。[107]如果這些普通人可以團結起來，「攜手合作集萬人之智」，社會就會有更大的躍升。[108]他拒絕利用暴力來改變社會，鼓吹「改用智慧當作社會行動的手段」。[109]在杜威看來，「有組織的智慧」能夠重現「民主的理想」，追求「真正的民主」，解決「民主的危機」。[110]

最後，格林和同道中人相信國族主義終究是良性的力量，也反映了他們的理想性。即便在許多人認為跟國族主義脫不了關係的第一次世界大戰過後，自由理想主義者仍然對其黑暗面視若無睹。在兩次大戰期間致力於世界和平的莫瑞和齊門，都在著作裡面反映了這種心態。[111]他們希望建立一個強權可以合作求進步的國際社會。他們把國族主義說成是一股重要的良善力量，比如齊門就表示：「前往國際主義的路，需要先經過國族主義；除非先正確了解愛國情操在人類心中占有的地位，了解到它必須一直站穩這種地位，否則任何國際主義理論或理想都不會有穩固的基礎，更遑論對人類的思想有所裨益，乃至於實際產生影響。」[112]整體來說，齊門和其他自由理想主義者都認為，理性的力量可以阻止激烈的意見分歧，讓國際體系中的各個國家可以像社會中的個人一樣，自然而然實現各種利益的和諧。

因此，莫瑞和齊門都不認為這世界需要一個高高在上的國際聯盟來發號施令以終結國家之間的無政府狀態，或用軍事和法律的力量約束強權，同時他們也不認為需要有個強大的國家來阻止個人和群體互相殘殺一樣。正如牛津大學政治系教授娟妮・墨菲爾德（Jeanne Morefield）所言，他們認為國際聯盟是「人類傾向凝聚成社會的自然發展」。[113]這種想法即使算不上烏托邦，也已經非常理想化了。

這樣看下來，自由理想主義和政治自由主義間的根本差異應該很明顯了。自由理想主義不只認為人類是徹頭徹尾的社會性動物，他們也不相信天賦人權，並且賦予了國族主義一個重要的歷史意義。他們相信理性有助於促進道德發展，朝某種「理想社會」前進。這些信念都牴觸了政治自由主義隱含的核心概念——而自由主義本身又有更多值得批判之處。

第四章

自由主義大廈的裂痕

兩種政治自由主義最顯著的特徵，就是它們都有兩個重大缺陷：一是講求個人的個體性，二是看重不可剝奪的權利。我們前面看到，當代自由主義大體上就等於進步自由主義，不過權宜自由主義對於政治生活的輪廓仍有影響力。本章節會以同等的力道批判兩種政治自由主義，因為兩者對於個人獨特性和權利的重視幾乎沒有差異。在這一章，我主要會著重在評論自由主義這種政治意識形態。後面的章節才會談到自由民主國家的外交政策，以及更廣泛的國際關係。

自由主義的第一個問題，是誤把人類當作本質上獨立的個體，但其實我們內心深處都是社會動物。迷信個人的個體性使得政治自由主義低估了國族主義這種威力強大、深深影響全世界每個國家的政治意識形態。因此自由主義的命運也註定和國族主義綁在一起。兩種思想雖有很多重要差異，但還是能在同一個國度裡共存。只是萬一兩邊有了嫌隙，贏的幾乎都是國族主義。說得直接一點，自由主義的影響力，包括對天賦人權的重視，都受到國族主義的嚴格限制。

自由主義的第二個問題在於它對個人權利的說法不怎麼有力。權利不可剝奪、不證自明，或是人人都應該懂得它的普世性和重要性，這些說法都不夠有說服力。雖然權利不是完全不重要，但它對人們日常生活的影響力也沒有自由主義者想的麼重大。就算在美國這種文化深受自由主義影響的地方，其影響力也有個上限。

這些缺陷並非致命，自由主義仍有一些重要的優點，不會因此就毫無價值。這些缺陷只不過是揭露了在任何國家裡，自由主義對日常生活的影響力都會有極限。我也會在下一章論述，這些限制在國際體系裡更為顯著。不過在這章，我還是會把重點放在民族國家內；而我的結論是，自由主義國家也許從本質上就行不通，因為國內各個陣營都有長期把持國家，不讓對手執政的強烈動機。雖然這點並非等閒小事，不過成熟的自由民主國家也有一些行之有年的法門，可以大大緩解這些問題，只是這些法門也並非萬無一失。

國族問題

自由主義最重要的缺點就是基進的個人主義。它眼裡幾乎只有個體和個人權利，很少想到人類其實天生就歸屬於大型群體，而大型群體不但能形塑人們的脾性，還會贏得人們的忠誠。多數人終其一生多少都有點部落性格，但這點在自由主義裡幾乎沒有被提到。[1]

民族是由一大群擁有諸多共同點的人所組成，對世界上大多數的人來說，民族已經是具有重大意義的社會群體中最高的一級了；身為民族的一分子這件事，會對人的身分認同和行為帶來深遠的影響，也會讓人產生高度的忠誠。每個民族都會想成立自己的國家，如此一來自決和生存才有保障。[2]同時，國家本身也有強烈的理由希望人民能團結為同一支民族，這對民族和國家的融合至關重要。所以世界上會有這麼多民族國家，也就不讓人意外了，因為民族國家正是國族主義的體現。

如果說自由主義和國族主義都是對世界影響深遠的思想，兩者之間又有什麼關係呢？這可以分成三段來談。首先，國族主義影響著每一個國家，所以世界才會由民族國家所組成。而自由主義就沒有這麼無所不在，真正的自由主義國家從來都不是國際體系的主流。再者，既然國族主義無所不在，自由主義就得和國族主義共存。自由主義國家一定是民族國家，所以其核心也會是國族主義。換句話說，自由主義只能在民族國家裡運作。最後一點是，萬一和國族主義有所牴觸，自由主義一定都是落敗那方。

何謂國族主義？

國族主義這套理論是在解釋世界各地的人如何形成社會和政治組織。它認為人類可以分成許多不同的民族，而且民族的成員都對這層群體抱有強烈的忠誠。民族情誼幾乎可以凌駕任何一種個人的身分認同，唯一的例外或許是家庭。另外，民族成員也會努力提昇民族的自主性，這表示每個民族都會想要擁有自己的國家。就像人類學家艾尼斯特·葛爾納（Ernest Gellner）說的一樣，國族主義「認為政治和民族應當合為一體」。[3]這不代表所有民族群體都可以擁有自己的國家，但既然每個民族都嚮往自決，建國仍然會是最終的目標。另一方面，國家也有強大的動機將人民團結成一個民族，因此政治領導人也會大力推動國族主義。也就是說，國族主義同時是由上而下，也是由下而上的現象。

在日常語境裡，國族主義有時會被認為反映了「古老的仇恨」，這暗示著它在歷史上對全世界造成了許多麻煩。這個看法大錯特錯：國族主義是很近代的現象。雖然它很早就開始醞釀，但還是到了十八世紀下半葉才首先崛起於歐洲，接著在北美洲擴散開來，[4]自由主義的登場其實還比它早了一個世紀。另外，國族主義是一種好壞交陳的現象，雖然它的確可能會導致人們之間的仇恨，但這只是其中一個面向而已。

要了解國族主義，最適合的起點是先描述民族的特徵，觀察它和過去的社會群體有何差異。接著我會討論民族對成員最基本的重要功能、民族期望建國的原因，還有國家為何會希望自成一個民族。這些誘因會相輔相成，讓國家和民族合二為一，這也是國族主義如此有力的主要原因。我也會敘述現代國家和過去的政治型態有何差異。

何謂民族？

民族有六個基本要素，這六點讓它和此前的其他大型群體有所區別。[5]

一、一體感

雖然民族裡的每個成員各自都只認識一小部分同胞，但大家卻會對整個共同體有著強烈的一體感（sense of oneness）。班納迪克・安德森（Benedict Anderson）形容民族是「想像的共同體」（imagined community），就恰好捕捉到了這一點。[6]「想像」的意思是，民族裡的每個人其實只認識一小群成員，卻認為所有人都是共同體的一部分。他們對共同體內的其他成員有著強烈的忠誠心，這意味著大家很容易會感到對彼此有責任，這在應對外界時尤其明顯。由於同胞之間的紐帶十分強烈，不同民族之間的界線也會變得清晰穩固。[7]

除了團結心之外，民族成員也傾向彼此平等相待，[8]認為人人都是共同事業的一分子；即便整個群體裡有領導者和追隨者、最頂層和最底層的成員，終究都是一個共同體。安德森寫道，就算民族內部總會有「各種社會裡常見的不平等和剝削，眾人仍會想像存在一種深入、平等的同胞之情」。[9]

在民族出現以前，歐洲各個大型社會群體之間並沒有緊密的連結。這些早期的社會群體常常變動，也就是說人們身分認同也比較有彈性。根據歷史學家派翠克・格里（Patrick Geary）對羅馬帝國滅亡後歐洲人的社會生活的解讀：「西元四、五世紀的歐洲經歷了社會和政治結構的重大變動。在這段時間，像哥德人這樣大型聯盟消失，紛紛轉型成為義大利和高盧等王國。也有像匈人帝國或汪達爾王國等憑空出現，傳了幾代又不知所蹤的國家。另外，盎格魯人和法蘭克人這些原本名不見經傳的族群，也一個個崛起建立長期的政權。」[10]在國族主義的時代，這種變動簡直難以想像，因為民族通常都是緊密團結、界線清晰的長期政治實體。[11]我們很難想像有任何當代民族會憑空消失，或是發生格里筆下這種迅速的轉變。

此外，早期社會群體內也不存在平等感可言。雖然民族內部也不算完全平等，但社會菁英和普羅百姓之間的區隔已經明顯縮小了。國族主義誕生前的歐洲大部分都是農業社會，主要由貴族和農民兩大階級組成。在民族國家興起之前的羅馬帝國、中世紀、王朝國家（dynastic state）等時期，雙方之間都有著難以跨越的鴻溝。[12]

但是到了十八世紀晚期，這道鴻溝就大幅縮短了，很大一部分是因為菁英和大眾能使用相同的語言溝通，並認為彼此是一個命運共同體。法國史專家大衛．貝爾（David Bell）準確描述了這種轉變：「無論是大詩人維吉爾、李希留宰相還是馬薩林樞機，都不曾想過要從語言到舉止乃至最深處的思想做徹底變革，將全國上至宮廷朝臣、文人雅士，下至窮鄉佃戶、市井乞兒的百萬人民團結為一支民族。」[13]當社會上的每個人如此合眾為一，就算有所限制，還是會覺得彼此平等。

這不是要否認個人還會有民族以外的身分認同及情感認同。每個人都有著多重身分認同，因為人們多半同時屬於不同的組織和群體，有著複雜的利益、情誼和義務。儘管如此，一個人在家庭關係之外，最主要的效忠對象幾乎都是民族，而當各種義務互相衝突，勝出的往往會是民族情感。舉例來說，馬克思主義者認為最強烈的身分認同是社會階級，也就是資本家、中產階級或勞動階級，而這種認同會超越民族認同。《共產黨宣言》（*Communist Manifesto*）清楚反映了這個想法，也解釋了為何有些馬克思主義者會在一九一四年大戰爆發時相信，歐洲的勞動階級將不會聽從政府對彼此兵刃相向。[14]但他們最後發現，雖然社會階級通常很有凝聚力，但國族主義才是真正的重量級選手，能夠激起更強的忠誠，讓不同階級上下一心。歷史學家麥可・霍華（Michael Howard）說得好：「當戰爭的號角在一九一四年吹起，跨越國家邊界的階級團結就在風中四散。」全世界的勞動者都拿起武器，和同胞共同對抗另一方的民族國家。[15]簡言之，民族認同雖非人們唯一的身分認同，但通常都是最有力的。

不過這也不是要否認同個民族裡，不時會有些人自私地利用其他成員。有時候用所謂追求最大效益的方法做事，確實能獲得更多好處。這是我們都得面對的選擇。而自私的舉止有時也會在同胞之間引起慘痛，甚至致命的紛爭。但儘管會有這種自私自利的行為，民族的成員還是對整個共同體負有義務，也有充分理由為全體的利益著想。當兩種想法有所衝突，大多數的人都會優先忠於民族，而非私慾。

二、獨特文化

文化是各個民族之間的差異所在。每支民族都有一些由成員共享、相異於其他民族的信念與習俗。習俗包括了語言、宗教儀式、社會規則、音樂和象徵符號；信念則包含宗教、基本的政治和社會價值，以及獨特的歷史見解。同個民族的成員在日常生活中，通常會以類似的方式思考，這樣有助於強化彼此之間的連結。

但要讓整個民族國家裡的每個人都遵守一樣的習俗與信念，也同樣是緣木求魚。實際上的狀況是人們之間會有明顯的共通性，不過程度仍然因民族而異。所以文化才會因民族內的多樣性，而有稠密（thick culture）和稀薄（thin culture）之分。稠密文化的同質性較高，而稀薄文化比較多樣。像是日本、波蘭這些大致由單一民族組成的民族國家，文化就很稠密。而像加拿大、印度、西班牙這些由一個核心民族（core nation）和諸多少數民族（minority nation）組成的國家，文化就較為稀薄。[16] 換句話說就是整個國家的民族認同較為稀薄，核心和少數民族也各有自己的身分認同。[17] 大多數社會的菁英階層都希望凝聚出稠密的民族認同，但只要社會裡有超過兩個民族，這樣想就不太實際。不過，研究顯示無論是稠密還是稀薄的文化，其成員對於「身為國家的一員，認同和自豪感都差不多強烈」。[18]

不過我們也不可能輕易斷定是哪一種文化因素決定了民族之間的差異。語言看起來也許是不錯的指標，但也有很多不同的民族是說同一種語言。比如中南美洲幾乎每個國家都說西班牙語。宗教也是同樣的道理。奧地利、法國、義大利、葡萄牙和西班牙等國的主流宗教都是天主教，而伊斯蘭教更是支配了整個阿拉伯世界。跨文化的信念和習俗也顯示，不同文化的決定性要素可能會有許多重疊之處，德國和奧地利就是個好例子。儘管對外人來說兩個民族的差異似乎微不足道，但對於其成員來說，這些差異就十分令人糾結。佛洛伊德把這種現象稱作「微小差異上的自戀」（narcissism of minor difference）。[19]

也有人會認為文化就等於族裔（ethnicity），後者有時被定義為一個群體從古延續至今的固定特徵。從本質論（primordialism）的觀點來看，民族的基礎就在於大家的血緣都可以追溯到許久以前的某個人。但是這種對族裔的定義，完全不符合大型的社會群體，特別是民族的演進方式，因此我在本書中將不會採用這種解釋。

文化並非固定不變，因為個人的身分認同並不是在出生時寫就，而是被社會所建構出來的。它遠比本質論者的看法更流動多變。社會菁英通常是民族形成的關鍵，一八六一年義大利統一時，其中一名領導人就說過：「我們已經創造了義大利，接下來得創造義大利人。」[20]當我使用

「族裔」這個詞的時候，我指的是韋伯口中「對共同血緣……的主觀信念」或是認為某些人有著共通文化傳統的信念。[21]這種定義就跟我的用法一致。

說到底，民族情感是建立在心理，而非生理基礎上的，所以民族主義研究專家沃克・庫納（Walker Connor）才會說：「民族的本質難以捉摸。」[22]民族會存在，是因為有一大群人認為自己所屬的社會群體有著獨特的文化，普天之下絕無分號。換句話說，當一個大型群體有了這種難以捉摸，卻有助於促成共通身分認同的信念和習俗，並且相信自己是一支民族時，它就成了一支民族。[23]民族一旦形成，就有強大的力量能抵抗嚴峻的變化，這有部分是因為人們出生以來就浸淫在特定的文化之中，多半都深深習慣並參與了其中的信念與習俗。

民族忠誠堅定不移的另一個重要原因，則是傳統的媒介從口頭變成了文字。在十九世紀以前，多數人都是靠著口耳相傳來學習所屬社會群體的歷史，能夠閱讀的人很少，也缺乏流通的史籍。所以要修改過去的故事以適應環境變動，或是為新成員空出位置，自然就很容易。但只要群體的歷史寫成白紙黑字，要為了新環境修改故事，就變得很困難了。詹姆斯・史考特（James Scott）說得好：「紀念碑與成文史最大的缺點，正好就是它們耐得住歲月的侵蝕。」[24]在白紙黑字的世界裡，大型社會群體內的身分認同也會固定下來，界線不再飄忽不定。隨著文化的流傳從口頭轉移到文字上，歐洲相繼迸發的民族不僅內部連結更為緊密，面對變化時也更為堅定屹立。

三、優越感

任何一個民族的成員，都會為自己的家園感到自豪。但這也會讓他們和其他民族生起比較之心，特別是和經常來往的民族相比。這就常會帶來妄自尊大的沙文主義（Chauvinism），[25]使得多數人認為自己比其他民族更了不起、擁有某些勝於其他民族的恩典。德國的國族主義哲學家約翰·費希特（Johann Fichte）有段話徹底表達了這個觀點：「……只有德國人能成為愛國者；只有德國人可以為了自己的民族包容全人類；從今以後，每個國家的愛國心和德國人相比，都必定自私自利，對其他人類充滿敵意。」[26]一八四八年擔任英國外交大臣的自由主義者帕默斯頓勳爵（Lord Palmerston）也不遑多讓：「我們的職責——我們的使命——不是奴役他人，而是解放他人；我可以說這絕不是自負的吹噓，也無意冒犯任何人，但我們的社會和政治文明都是道德的巔峰。我們的任務是為其他民族提供領導與指引。」[27]

這種特殊感自然而然會讓某些民族自認為是由上帝親自揀選的子民。從清教徒開始，美國就一直盛行這種信念；他們和長久以來的美國人都相信，上帝和美國之間有某種特別的聖約，而上帝也給了美國某種特質，使其人民較外族更加聰明、高貴。當然，要相信美國例外論（American exceptionalism）未必就要信奉上帝。舉例來說，威爾遜（Woodrow Wilson）總統就不是仗著上帝這麼說的：「美國的昭昭天命並非以武力統治世界……美國的天命與美國的領導，乃是為世界著想。」[28]柯林頓時代的國務卿馬德琳・歐布萊特（Madeleine Albright）在一九九八年的這段名言，也沒有訴諸上帝：「如果我們必須動武，那是因為我們是美國，我們的民族對世界責無旁貸，我們的身姿巍峨高聳，我們的眼中有著未來的未來。」[29]誠如神學家雷茵霍德・尼布爾（Reinhold Niebuhr）所言，美國人整體來說，相信著自己是「人類攀登巔峰的導師」。[30]這一切都說明了，儘管美國人多半不這麼認為，但他們內心同樣是國族主義者。

優於其他民族的感受有時也會發展過頭，變成對競爭者的憎恨。我把這稱作「極端國族主義」（hypernationalism），這種思想不只是認為其他民族比較差，還會認為他們很危險，必須以嚴厲甚至殘暴的手段處置。在極端國族主義下，整個民族都會充斥對「他者」的輕視與恨意，形成以暴力消滅威脅的強烈動機。[31]然而民族之間不見得會互相厭惡，有時候也可以融洽共處。

四、歷史縱深

歷史對每個民族都有很大的影響——雖然人們更容易著重於打造神話，而非追尋正確的事實。民族會發明有關自己的傳奇故事，用以貶低其他民族的成就，證明自身的得天獨厚。麻省理工學院政治學教授史蒂芬・凡埃維拉（Stephen Van Evera）說：「幾乎所有國族主義運動，都帶有某種程度的沙文式神話書寫，這是國族主義的正字標章。」[32]而他也主張這類神話可以分成好幾個類型。有些意在歌頌過去的事蹟，有些則是想洗刷民族曾經做出的愚昧或羞恥之舉。還有些神話是為了污衊敵對民族，讓對方顯得次人一等、將自身過去或當前的困境怪到對方身上。但有時即便神話沒有人買單，人們通常的反應多半還是捍衛自己的民族，因為「再怎麼說，這都是我的民族」。

民族也會試圖用神話來證明自己的源遠流長，這也解釋了為什麼族裔會由一些跨越時間的因素來決定。真正有著悠久歷史的民族並不多。但多數人都會想要相信自己的民族有著豐富長遠的傳統。於是人們就會修編或竄改歷史來解決問題。在國族主義席捲歐洲的十九世紀，這個現象可說是家常便飯，歷史也因此成為一門學術生意。格里描述了這個現象的結果：「現代歷史學起源於十九世紀，當時的構想和發展都是為了服務歐洲的國族主義。歐洲各民族的歷史成功服務了國族主義的意識形態，但我們對過去的理解，也因此成了有毒的廢棄物。」[33]神話創作和國族主義攜手齊行，因此法國哲學家埃赫內斯特·何南（Ernest Renan）才會說：「歷史錯誤乃民族創造之本。」[34]

五、神聖領土

民族不可避免會對特定的地理空間有所認同，並視之為自己的神聖領土。[35]人們對於自己視為天賜的家園會有深沉的情感依附。這種情感最大的目標就是在這片土地上建立主權，這與民族的身分認同密不可分。要是家園的一部分失卻了，民族成員幾乎都會誓言討回。中國對台灣的態度就是一個好例子。中國大陸上的人一直普遍深信台灣是中國的一部分，總有一天必將收復；然而台灣人這幾十年來已經發展出了自己的民族認同，渴望被看作一個主權獨立的民族國家。北京的多任政府都強調，如果台灣宣布獨立就會發動戰爭，即便戰爭很可能會重創中國的經濟。[36]不只是中國，每個民族都會執著於在他們認為神聖不可分割的家園上行使權威。

民族出現之前的大型群體也很重視控制領土，但很少會把領土看成神聖的空間，其重要性主要在於經濟和軍事。比如歐洲大部分地方都很富庶，坐擁著價值非凡的資源，其中當然也包括人力，而人力正是建立厚實經濟和強大軍力的關鍵所在。有些領土有著戰略上的重要性，能形成易守難攻的邊關，或是通往重要的水路與海洋。這些工具性觀點意味著，只要條件對了，領土對領導人來說就可以任意分割。但民族的土地是其文化遺產的一部分，具有巨大的內在價值，因此不可分割。[37]

六、主權

最後，民族也渴望盡力掌控自身的政治命運，換句話說就是會深切重視主權，或者說是國內以及國家之間的政治權力如何安排分配。在國內，主權意味著國家內部無上的政治權威，[38]在對內及對外政策的制定和執行上，也是最終極的權威。[39]

一個國家裡只能有一個主權，因為主權是不可分割的。在歐洲大多是王朝國家的十六到十九世紀之間，主權專屬於經過上帝加冕的國王或是女王。因此當時會有「君權神授」思想是很普通的事情。但這種主權觀和國族主義無法相容；在民族國家裡，無上權威屬於人民或是民族。人民不是理應忠於君王的臣民，而是公民，有著國族成員的權利和責任，因此所有人都是平等的。

一九七一年的法國憲法清楚反映了人民主權（popular sovereignty，或譯為主權在民）的概念，裡頭說道：「主權是唯一、不可分割、不可剝奪、不可侵犯的；主權屬於國民；沒有任何群體可以霸占主權，也沒有任何人可以冒稱主權。」[40]路易十四說過：「沒有人可以讓民族的權利與利益脫離君王，它們必定與我的權利與利益一致，只有在我的手中他們才得以安穩。」[41]（基本上就是把「朕即國家」這句名言再說得複雜一點。）憲法中對君王權威的挑戰，一定會讓他大惑不解。羅伯．傑克森（Robert Jackson）說過，在國族主義出現以前，「君權統治者雖然重視領土，卻和領土上接受權威統治的人民相當疏遠。」[42]各國的國王和女王也常覺得自己和其他君主之間的共通點，遠多過他們治下的臣民。

不過主權在民這個概念必須有所限制，因為要整個民族集體做出政治抉擇，不只在緊急狀況下辦不到，在承平時期也不可能。遇到需要速度和效率的危急存亡之秋，無上權威就得集中在一個人，或至少集中在少數人身上。[43]而在較為尋常的情況裡，獨裁者或民選領袖都可以負責決策。不過無論是哪一種情況，最重要的關鍵還是決策者（們）要和人民有著緊密連結，相信自己是為了人民而行動。正如伯納德．雅克（Bernard Yack）筆下所言：「就算是威權或極權的國族主義者，也會用人民主權來佐證自己主張極端國族形態的合理性。」[44]掌握主權的君王不會說自己是在服務治下人民，而是為自己的利益或自己眼中的國家利益打算。

在國際上，主權意味著國家需要有能力自行決定國內和外交政策，不受外國干預。這個觀點對王朝國家和民族國家都適用。當然，主權國家能有什麼選擇，會受到國際體系中五花八門的結構性力量限制，但擁有主權意味著國內政策不能受到其他國家的蓄意干預。國家最在乎的就是自決，而既然民族和國家不可分割，自然也會非常在意和其他民族國家來往以及在自己國家內部時能否自決。

有了這種對自決的重視，再加上不可或缺的一體感，我們就知道追求民主的衝動其實深深鑲嵌在國族主義裡頭。[45]羅伯斯比爾深知民主和國族主義之間的連結，他曾說過：「只有在民主制度下，國家才會成為每個成員的祖國，讓眾多公民主動獻身捍衛國家的事業。」[46]他的意思是國族主義在建立民主的過程中功勞甚偉，而非國族主義是民主制度的主因，因為事實並非如此。在這兩個世紀裡，國族主義遍地開花，民主也同時席捲了大半個地球，這個趨勢並非意外。不過請注意，這裡談的是國族主義和民主之間的關係，而不是跟自由主義的關係。自由主義和國族主義有時會發生根本性的衝突。

總而言之，民族共有六個核心特徵，包括強烈的一體感、獨特的文化、明顯可見的特殊感、強調不朽的歷史敘事、對領土的深層依附，以及對主權或自決的堅定追求，這些特徵讓它們和民族形成以前遍布世界的大型社會群體有所區別。

民族的主要功用

民族能為成員帶來兩大好處：協助生存和滿足重要的心理需求。就這些方面來說，民族和過去其他社會群體沒有差別，不過實際上的機制卻相差很大。

民族是生存重要的倚仗，它蘊含的文化讓成員能更容易、有效地合作，因而有最大的機會確保生活所需。就拿語言來說。同個民族的成員通常都說同一種語言，人們因此更容易溝通和合作，也更容易達成重要的目標。[47]風俗、儀式和行為規範也是同理。合作也有助於建立可靠的力量，以便保護每個人的安全，不受其他成員或外來者威脅。民族的文化和一體感有助於和其他民族劃出清晰的界線，也有助於識別外人和防範外界攻擊。最後，民族這麼重視自決，有部分也是因為這樣才能找出眾人心中抵禦敵人所必需的決策。

但民族也不只是生存的工具而已。對大部分的人來說，民族還能滿足重要的情感需求。我們都是社會性動物，除了加入群體以外別無選擇；不過我們其實有很多社會群體可以加入，[48]民族特別的地方在於它提供了攸關存在意義的敘事，可以讓成員強烈感受到自己屬於某個獨一無二的共同體，承襲著意義重大的傳統和卓越非凡的人物與事件。換句話說，就是擁有特別的文化。因此民族的成員會想要聚在一起，傳承這些傳統，「驗證眾人一起領受的遺產」，[49]並扛起共同的命運。

此外，民族也允諾成員會像過去一樣，為將來的世代服務。也就是說，國族主義和宗教很類似，善於將過去、現在和未來織得滴水不漏，讓成員感覺到自己加入了豐盛悠久的傳統。[50]這種對民族的尊崇會形成一股非凡的連結，提昇內部凝聚力、增加生存的可能性。

民族為何期望建國？

目前為止我都沒有太關注民族情感的政治面向，不過我在第二章解釋過，包含民族在內，所有大型社會群體要生存的基礎，都是先建立政治體制。對民族來說，最好的情況就是擁有自己的國家。

那麼，國家又是什麼？有些學者用這個詞來表示自古以來所有高階的政治體制。舉例來說，已故哥倫比亞大學教授查爾斯·提利（Charles Tilly）就在他的巨著《脅迫、資本與歐洲國家；西元九九〇—一九九二年》（*Coercion, Capital, and European States, AD 990–1992*）裡寫道：「五千多年以來，國家一直是全世界最大、最有權力的組織。」[51]不過，這麼廣的定義其實無法準確描述歐洲和其他地區在歷史上所存在過的種種政治型態。因此我的**國家**一詞只用來指涉特定的政治實體，這種政治實體成形於十六世紀初的歐洲，最後擴展到整個世界。它跟城邦、帝國、部落、親王國、公國、神權國和封建君主國等（族繁不及備載）過去的社會群體，有非常大的差異。就我來看，國家可以分成兩種：十六世紀到十九世紀期間主流的王朝國家，以及後來取而代之的民族國家。

國家是一種政治體制，掌握著大片領土、有著規範明確的秩序，並且可以動用武力懲戒或約束在國內生活的個體或群體。[52]換句話說，在國境之內，國家有著「獨一無二的最高控制權，可以支配境內的下級行政層級，以及忽視境內的私有財產權。」[53]國家內的決策是集中的，所有權力都集中於中央。實際運作上，這意味著國家要維持一套官僚體系，負責制定和執行規則與法律，並且有能力向境內生活的居民徵稅。最重要的是，中央政府還掌握了合法的暴力。當然，國家除了對內，也有對外的權力，因此它也負責外交、貿易、軍備競賽，以及對外作戰。

主權的概念是和歐洲王朝國家一起誕生的，因此王朝國家有時也被歸類為主權國家。在王朝國家裡，主權屬於君王；但隨著民族國家的出現，主權也轉移到了人民手中。雖然主權的意義是在於誰擁有至高的政治權威，而非誰擁有真正的政治權力，但在現實生活中，權力和權威兩者密不可分。至高權威歸屬何人，對於新興的國家至關重要，因為掌權者有可能因此權傾天下，對於治下人民造成極大影響。

在王朝國家出現以前，歐洲的政治權威和政治權力都相當分散，主權的歸屬常常很難確定。政治社會學家威廉．史威爾（William Sewell）認為在中世紀（大約是西元六到十六世紀），「社會體系是集體化且階層化的……人民隸屬於一系列成員互相牽連的單位，以同步並行協商的方式，與其他成員互相重疊的群體共享社群認同」。[54]天主教會雖然有某種權威，但國王、地方貴冑、城鎮、都市甚至行會也不遑多讓。按照羅伯．傑克森的說法，當時的政治權威「多變、錯位，且支離破碎」。[55]至高權威之所以這麼難確定，是因為當時歐洲沒有哪個政治實體明顯強過競爭對手。

有人會以為中世紀的國王擁有很大的政治權力，但實際上最有權的政治勢力往往是封地貴族和教區主教。中央的權威遠遠比不上這些地方豪強，因為他們對一般人日常生活的影響，往往不是君王所能比肩的。就像歷史學家約瑟．史特拉耶（Joseph Strayer）和達納．門若（Dana Munro）指出的一樣：「國王沒有特別尊貴，也不特別重要。歐洲大多數地方的君王並非人民主要效忠的對象，也無法決定國家政治的命運……平民和領主之間的個人連結，遠比空泛的國家忠誠還要強烈。」[56]

直到十六世紀初王朝國家出現，將境內百姓納為臣民，情況才有所轉變，這也意味著羅馬教廷和地方豪強的權威受到打壓。另外，王朝國家想集權中央也需要時間，因為當時的科技無法讓王權對各地快速投射力量。當時歐洲各地的道路系統還很原始，消息來往僅能依靠船隻馬匹，而製作大量文件副本的技術也才剛起步。[57]從最初的歐洲王朝國家出現開始，大約過了三百年，才開始出現權力集中中央的可行性。

不過到了十八世紀晚期，國家力量面對地方權威時，所處的地位已經有力許多。剛凝聚而成的「民族」當然也重視起這個發展趨勢，希望能建立起專屬於「民族」的「國家」。

民族期待擁有國家的原因有二，首先是為了自決。民族和每個大型社會群體一樣，總是比較希望盡可能管理自己的事務、掌握自己的命運。要達成這些目標，最好的方法就是掌握攸關日常生活的政治體制。在現代世界，指的就是建立自己的國家。當然，並不是每個民族都能實現這份野心，辦不到的民族也未必就會遭到滅頂之災。政治哲學家余莉．塔米爾（Yael Tamir）說過：「實現自決的權利有很多種方法：文化自治、地方自治、聯邦制或是邦聯制。」但她也承認「民族國家無疑能夠確保最高度的民族自治，以及最豐富的民族生活」。[58]這讓各個民族紛紛由下而上，努力建立可以由自己來經營統治的國家。

民族想要建國的另一個原因，是因為這樣最能增加生存機會。民族的生存會面臨各種威脅，其中第一個就是現代國家天生的侵入性。王朝國家不太會介入境內人民的日常生活，主要只關心稅收，還有為數相對不多的可服役年輕男性。除此之外，人民的生活主要還是受到地方文化和政治體制管轄。但隨著國家逐漸深入公民的生活，這種情況也大幅改變；國家開始有強烈的動機，用共通的語言和歷史，把人民融合成單一文化。[59]

這種統一文化的動力基本上就等於是國族建構（nation-building），但這也意味著在多民族國家裡，少數群體將有滅絕的危險，因為占多數的群體最有可能用自己的語言和傳統來定義新的共通文化。少數文化則容易淪為邊緣，甚至可能消失。正如庫納所指出的一樣，國家一旦開始國族建構的工程，就不可避免也會摧毀民族（nation-breaking）。[60]若想避免這種命運，最好的辦法就是獨立建國。這套邏輯也解釋了為何過去兩百年來，會有無數多民族國家分崩離析。[61]

少數民族會擔憂生存，另一個原因是他們有可能在內戰中慘遭屠殺。一九九四年，盧安達胡圖人對圖西人的種族屠殺正是一個好例子。屠殺少數群體的原因有好幾個。可能是因為怨恨少數群體在經濟上不成比例的影響力，或是少數群體像一戰期間的土耳其裔美國人一樣，被當成了暗助敵軍的第五縱隊（fifth column）。[62]擁有自己的國家，總是比在躁動的多民族國家裡成為弱者要來得安全。

最後一點是在帝國主義時代，民族生存也是被殖民者所擔心的一大重點，害怕被征服是歐洲以外地區接受現代國家體系的一大原因。[63]在十六世紀初到二十世紀初之間，歐洲強權建立的帝國征服了大半個地球。淪為遠方帝國臣民的當地百姓，常常認為自身的文化被帝國勢力踐踏，這往往限制了他們的教育、摧毀了他們的經濟，年輕男人被徵召去當兵，良田被沒收充公，許多人過得形同奴隸，甚至真的淪為奴隸。最後，這些當地人在社會菁英的鼓舞下，終於開始把自己當成一支民族並追求自決。而大多時候唯一能達成自決的方法，就是脫離帝國建立獨立的民族國家。

這些讓民族渴望建國的理由都很有力，也在民族國家的發展中大有貢獻。不過反過來說也一樣：王朝國家有強烈的理由成為民族國家，因為一旦人民可以形成民族，將對國家大為有利。

國家為何需要民族？

國族主義對於經濟和軍事方面的成功都相當重要，兩者都跟國家生存有莫大的關係。統治菁英也會致力用國族主義讓人民變得易於治理——不過這並非容易之事。

正如艾尼斯特·葛爾納（Ernest Gellner）的經典著作《國族與國族主義》（*Nations and Nationalism*）中的主張，工業時代的國家若想要擁有經濟競爭力，除了打造共通的文化之外別無他法。工業需要有識字而且能夠互相溝通的勞工。這代表國家要有全民教育和共同語言。換句話說，工業社會需要高度的文化同質性；也就是需要一支民族。共通文化的培養需由國家來引導，而在最重要的教育領域裡，國家更是決定課程內容的主要角色。葛爾納寫道：「因此，壟斷合法的教育就比壟斷合法的暴力更為重要。」[64]

國家安全也是推動國族主義的重要理由之一。[65]麻省理工學院國際政治學教授巴瑞·波森（Barry Posen）指出：「那些認為識字和共通文化對經濟有幫助的主張如果放在軍事上，特別是在大型戰爭上，最起碼也會有不相上下的說服力。」[66]許多證據都顯示，受過教育的軍人在戰鬥中的表現，都比文盲要好得多。相較於語言文化不同的軍人，有共同語言、共享相同習俗與信念的軍人更容易形成有效的戰鬥力。[67]

此外，國族主義還有一個方法可以讓戰力增強數倍。由於國族主義讓人民和國家產生了強烈的連結，領導人在戰時——尤其是危急存亡之時，往往可以動員公民捨身報國，穿上制服作戰。[68]民族國家能夠徵集大量兵力，並且長時間維持這種軍隊。舉例來說，一戰期間每一個強權的兵源都不成問題。在那幾年不可思議的血腥衝突中，即便損失了數以千計的軍人，政府仍然可以有合格的男性新兵不斷遞補。（這場戰爭最後死了九百萬士兵和七百萬平民。）不過這不代表軍隊一定能撐過接連好幾年的致命血戰，比如俄軍就在一九一七年的秋天後退出戰場，法軍內部也在同年春天發生騷亂，德軍則是在隔年投降。而且大眾對戰爭的支持也有可能迅速消散。

不過國族主義不只能增加一國軍隊的規模，也能讓三軍將士在為國而戰時更為奮不顧身。在王朝國家的時代，戰前和陣前逃亡向來是軍事將領的一大困擾。統治者建軍靠的是傭兵和社會上的「罪犯、流氓、破落戶」，這些士兵對於叫自己去打仗的國家可沒有多少忠誠。[69]相比之下，「不要死掉」還算是比較強烈的動機。但只要人民成為一支民族，徵召來的士兵就不太會有逃亡的問題，因為他們都準備好為了保衛國土獻上一己之身。拿破崙的話就完美描述了這種轉變：「法國軍隊裡不該有人把自己的生命，看得比民族榮耀和同胞尊嚴還要重要。」[70]

當戰爭中的一方能用國族主義組織強大的軍隊，另一方卻辦不到，就能夠徹底改變戰局。一七八九年的法國大革命過後，法國的國族主義協助拿破崙建立起歐洲最強的軍隊；曾身為普魯士軍官與之對陣的卡爾・馮・克勞塞維茲（Carl von Clausewitz）如此評論其威勢：「全國人民的力量集結成了這頭戰爭巨獸，開始牠粉碎歐洲的征途。面對牠的信心與堅定，傳統形式的軍隊會有何等結果，絲毫不須費神多想。」[71]只有建立像法軍一樣的軍隊，其他國家才有可能生存下來，而要做到這點，就只能打造一個民族國家。[72]

最後，催生國族主義的治理方針需要一套雙管齊下的邏輯。首先，任何領袖都希望得到大眾的忠誠。他們希望人民能拋下小我、對國家忠心耿耿；這點並不容易實現，因為沒有哪個社會能就美善人生的內容達成徹底的共識。國族主義可以藉由培養共通的文化，在人民與國家之間建立緊密的連結，把原本充滿歧見的人民團結成一體。

在十六、七世紀，國家還是一種初生的政治形式，彼時英法兩國的關係正因天主教和新教的衝突而撕裂。紐約公共圖書館執行長安東尼・馬克思（Anthony Marx）在他的著作《信奉國族》（*Faith in Nation*）一書中解釋了，倫敦和巴黎的歷代君王是如何努力結束這些衝突，並各自為國家建立共通的文化。他指出，兩國的目標不只是對人民擁有更大的強制力，更是要讓人民忠於統治者。[73]雙方整體而言都算成功，不過並沒有繼續建立民族，這件事情要更以後才會發生。儘管如此，這些努力也解釋了為何英法兩國會首先從王朝國家轉型成為民族國家。

國家也有強烈的動機去改造社會，讓每一天的治理更為容易。政治領袖和行政官僚都討厭複雜的狀態，這會讓人難以理解周遭的世界，也難以運用國家的優勢。如果國內各地的文化還各有各自的邊界、教育制度、度量衡、財產制度、規章和語言，治理起來就更讓人頭痛了。為了解決這個問題，統治菁英會用社會工程讓國內變得更容易理解，也更容易管理。而在詹姆斯・史考特看來，成功消除異質性的關鍵在於兩個互補的手段：簡化和易於辨識。他寫道：「社會如果易於辨識，就能消滅地方性的資訊壟斷，用一致的符碼、身分認同、統計數據、規範和度量衡創造出一種屬於國族的透明性。」但是在所有「國家簡化工程」中「最強而有力的」還是「規定單一的官方語言」。[74]要讓社會更為同質化，就意味著要跨越地方文化的界線，建立一個統一的民族——即便那不是原本的目的。

總之，就像民族有強烈的動機尋求建國，國家也一定會試圖將人民凝聚為民族。這兩種邏輯的相輔相成，是國族主義能讓民族和國家結合，使民族國家成為世界上主要政治型態的根本原因。這是一個自由主義必須面對的現實。

國族才是主宰力量

想知道自由主義和國族主義之間的關係，最好的起點就是先列出兩者的五大差異：第一，自由主義重視個人，不太關注社會群體；國族主義正好相反，著重於社會群體，也就是民族。雖然個人不是完全不重要，但仍是民族的附屬品，而民族會讓個人強烈相信自己參與了跨越時空的事業與偉大的傳統。

第二，自由主義理論最核心的內容，就是容忍和天賦人權。國族主義對這兩者都不甚關心，不過民族國家當然可能會有自己的一套權利，並且提倡容忍。

第三，自由主義可以分為兩條路線，一條是偏重美善人生沒有終極真理的特殊論路線，另一條則是強調權利不可剝奪的普世論路線。兩條路線之間有著不少拉扯。國族主義沒有普世論的路線；儘管它具有普世性的吸引力，但從頭到尾走的都是特殊論。

第四，雖然兩種思想都以國家為中心，但兩者對於國家和普羅大眾之間的關係，又有不同看法。從自由主義看來，國家最重要的功能是為民守夜、仲裁爭端、執行重大社會工程以促進個人權利，還有處理現代社會日常生活中的種種問題。權宜派反對社會工程，特別是反對強化積極權利的社會工程，不過反正他們已經輸了。儘管自由主義下的公民很依賴國家，但它卻很難讓公民對國家產生情感依附。這種只看國家功能的觀點，解釋了為何純粹的自由主義國家很難鼓舞人民出生入死。在國族主義下，國家仍然可以維持秩序、進行充分的社會工程，此外還能激起廣大的忠誠，讓人民拋頭顱、灑熱血。

第五，自由主義和國族主義對領土的看法不同。國族主義者傾向認為自己生活或追尋的土地乃是應許之地。土地如同父母，為了守護它值得犧牲無數。土地的邊界何在極其重要。自由主義不相信神聖疆域這回事；它不在乎各國如何劃分國界，因為自由主義者重視的是普世性的權利。在自由主義者看來，土地最重要的意義是私人財產，在自己認為適當的時機拋售土地，是一種人人都有、不可侵犯的權利。

共存的可能性

儘管存在這些差異，仍有許多證據指出兩種思想能在同一個國家裡共存。不過要強調的是，自由主義永遠得在民族國家的背景下才能運作。沒有國族主義的自由主義不可能實現。我們生活的世界屬於民族國家，國族主義無所不在，但自由主義當然就沒這麼無所不在。二戰以前，國際體系裡並沒有多少自由民主國家。[75]而自由民主國家雖然在二戰過後大量增加，數量也從未超過全世界國家的一半。舉例來說，自由之家（Freedom House）一九八六年的報告指出，自由民主國家只占了全世界的百分之三十四，其數量在二〇一七年上升到百分之四十五，但現在又開始走下坡了。[76]不過最關鍵的是，這些國家都不單是自由民主國家，同時也是自由的民族國家。純粹的自由主義國家是不可行的。自由主義總要有一塊「民族共同體的不自由之盾來守住罩門」。[77]

史蒂芬・霍姆斯的話正切中這點：「自由主義者能夠順利實現部分理想……完全是因為他們和民族主權妥協了，而民族主權的基礎比自由主義更古早。唯有具備能力實現權利的國家先存在，並根植於土地上，國境內才有自由權利可言。」[78]另一位政治理論家威爾・金里卡（Will Kymlicka）也說過：「自由主義者為人們主張的自由，並不是為了讓人脫離自身的語言和歷史，而只是讓人能夠在自己所屬的社會文化中悠遊自得拒絕特定的文化角色、選擇該文化中的哪些要素最值得發展、哪些又缺乏價值。」[79]

從有關美國民族認同的文獻裡，我們可以清楚看出自由主義和國族主義的關聯。學者們曾經普遍主張美國是一個真正的自由主義國家，很少注意到美國的國族主義。路易斯・哈茨在一九五五年的經典著作《美國的自由傳統》（*The Liberal Tradition in America*）中採取的觀點，就反映了這件事。他堅持美國生來就是一個自由主義國家，從未有過歐洲國家的封建傳統。只是因為缺乏清晰的政治右派或左派，才讓它轉向反自由的自由主義（illiberal liberalism）。但哈茨幾乎沒談到美國的國族主義。他所追隨的托克維爾和貢納爾・默達爾（Gunner Myrdal）等人都寫過有關美國人身分認同的重要著作，但這些作品也幾乎都無視了國族主義。[80]

不過就像羅傑斯・史密斯（Rogers Smith）在他的大作《公民理念》（*Civic Ideals*）中指出的一樣，這只是一種「誤導性的主流觀念」。[81]美國人的身分認同並不像哈茨想的一樣，完全是以自由主義為中心，國族主義仍是密不可分的一環。史密斯主張，美國的政治菁英「希望人們把自己想像成是一群『人民』」，換句話說就是成為一支民族。[82]他強調，民族意識（peoplehood）最核心的概念就是相信自己的民族與眾不同，這和自由主義強調「普世性的平等人權」[83]大相逕庭。另外，史密斯也指出純粹的自由主義國家不可能存在。[84]

在現代學術界，史密斯對「民族意識」的觀點，顯然才是當今的勝利者。舉例來說，安納托・利文（**Anatol Lieven**）的《美國的國族主義》（*American Nationalism*）和杭亭頓（**Samuel Huntington**）的最後一本著作《我們是誰？》（*Who Are We?*），都清楚反映了國族主義在美國人政治生活中的重要性。杭亭頓最關注的，就是美國的民族認同正在凋萎，最後只剩下自由主義的信條，單憑這樣是無法長久支撐美國的。[85]

最後，大衛・阿米蒂奇（**David Armitage**）也提醒過我們，美國《獨立宣言》的重點不只是個人權利的普世性，也同樣強調由「一支人民」建立主權的觀念，當然，這正是當年前來殖民的開拓者所做的事情。他把《獨立宣言》稱作是「美利堅民族的出生證明」。（我會稍微換個說法，說它是美利堅這個民族國家的出生證明。）阿米蒂奇認為，在「團結人民主權建立新國家」和「個人權利的概念」之間，開國先賢和他們的後繼者，顯然都更為重視前者。他主張《獨立宣言》不分你我的強烈魅力，主要是來自主權，而非權利的面向。[86]

此外，也有些學者把國族主義又分成了公民國族主義（civic nationalism）和文化或是族裔國族主義（ethnic nationalism）。在他們的用法裡，「公民」就是把「自由」換一種說法，而他們的意思基本上就是建立一支幾乎完全以自由主義價值為基礎的民族。也就是說，他們想主張的是，就算沒有一套廣為人民所接受的獨特習俗及信念當作文化根基，單靠自由主義也能建立一支民族。抱持這類主張的學者通常也認為，美國和西歐各國就是這種情形的典範。[87]公民國族主義完全符合哈茨對美國的描述。

但公民國族主義這個概念一點用都沒有。雖然自由價值可以是民族文化的組成之一，卻無法成為民族認同的唯一基礎。這個概念之所以毫無意義，主要是因為像民族這樣的社會群體，必然會有各種根深柢固、對成員日常生活極其重要的習俗與信念。如果文化的面貌不夠豐富，根本不可能成立一支民族。[88]這也就是為什麼當今多數討論美國文化的學者，都要同時強調國族主義和自由主義。美利堅民族就像其他民族一樣，擁有豐富的文化以及多采多姿的習俗和信念。這讓美國人不只是自由主義者，更是信仰自由的國族主義者。一個人只要自我認同為美國人，就可以說自己是一個美國國族主義者。

國族主義為何成為主宰力量

國族主義的力量比自由主義更強，這點現在應該已經非常清楚了。國族主義無所不在，自由主義卻非如此。自由主義必須在國族主義國家內才能運作。不過也不能因此誤以為自由主義不甚重要。即便在直接衝突中，自由主義幾乎永遠都會輸給國族主義，但它仍然是非常有力的意識形態。

兩種思想也不見得一定牴觸。在一個大致由單一民族組成、文化稠密的社會，兩者很少會發生衝突。包括美國在內，這種國家的國族主義多半不會妨礙到公民社會的活力，能夠留下許多空間讓個人權利發展，不受國家的干預。而在由一個核心民族和許多少數民族組成的多民族國家裡，只要各民族能尊重彼此的權利、容忍各自的差異，這種邏輯應該也能通用。現在的加拿大和印度就屬於這類，兩者的民族文化都很稀薄。

但是當多民族國家裡的不同群體有著深刻的敵意時，自由主義和國族主義就會發生衝突。在這種情況下，自由主義幾乎不可能擋得住民族仇恨。一旦各個族群的關係充滿憤恨，就很難推動容忍與平權了。在這時候，力量最強的族群通常會對較弱的群體施以非自由的歧視手段。以色列對待巴勒斯坦人的行為就是個好例子，另外隨著印度教極端分子崛起，印度也有淪為反自由民主國家（illiberal democracy）的危險。[89]

國族主義能在這種時候占上風的原因有二。首先，即便個人權利是自由主義的核心，但支持者實在太看得起權利的重要性了。多數人雖然在乎權利，但這對他們並不是什麼急如燃眉的議題。權利對於日常政治生活的影響，遠比自由主義者的認知還要有限；如果衝突是由國族主義的仇恨所激起，那它的影響就更小了。更重要的一點，在於國族主義比自由主義更契合人類的天性。自由主義誤以為人人都只在乎自身福祉、追求最大效用，但人類其實是社會關係十分緊密的動物。[90]而國族主義確有合乎事實的信念為基礎，也就是相信人們始終對自己所屬的群體有著強烈的忠誠感，因此它也更能應付某些人類的重要需求。[91]這也是為什麼國族主義在現代世界中無所不在，自由主義卻辦不到這點。[92]

自由主義無法讓人們產生共同體意識，因為它無法提供團結社會的紐帶。人們不會因為自由主義而覺得自己屬於一個富有生機、值得自豪、不同於他人的大型群體，但這些感受對人類的心理健康和維持社會完整都很重要。會有這個問題，一部分是因為自由主義強調特殊性的一面——太著重於每一個個體的權利，卻不太講究責任義務；另一部分則是因為強調普世性的一面——相信每個人都有不可剝奪的權利，而不只是特定群體的成員。

實際上，自由主義不只無法提供團結社會的紐帶，還有可能侵蝕這種紐帶，最後傷害整個社會的地基。最主要的原因是它毫無保留地推崇個人的個體性，以及強調效用的最大化，卻根本不重視培養共同體意識及照顧同胞的重要性。它只是假設「每個人的自私行為會增進公共利益」，就鼓勵人們追求自己的私利。雖然這種只想到自己的行為，跟當代自由主義重視人人機會平等的路線不合，但也不是每個自由主義者都支持後面這個目標。簡單來說，自由主義不只無助於社會團結，甚至還會破壞凝聚力。

相比之下，國族主義重視的就只有共同體和成員對集體的責任。它跟自由主義截然不同，是以打造歸屬感為目標，能用豐富的傳統和光明的未來滿足人們成為大型群體一分子的情感需求。另外，除非是在各民族彼此敵對的多民族國家，不然國族主義也很能夠團結社會。

自由主義也很難讓個人和國家產生連結。根據自由主義的說法，國家是人們建立社會契約後的產物，主要的任務是保護每個人不受彼此傷害，並讓每個人都能追求自己理想中的美善人生。雖然國家會努力促進公民之間的機會平等，但某些自由主義者並不同意這麼做，而且從定義上來看，自由主義國家介入公民生活的能力本來就很有限。自由主義並不期待人們對國家產生深層的情感依附，這樣一來也很難想像會有人願意為國家獻出生命。[93]另一方面，國族主義可以讓個人和國家之間產生強烈的紐帶。所以在必要之時，就很容易有許多人願意為國浴血奮戰。

最後，在現代國家裡，多數人民都很在乎領土。人們的身分認同，和心目中的神聖土地是綁在一起的。這種看法不但是國族主義的核心，也是它吸引人的主因。但自由主義毫不在乎身分認同和土地之間的連結。尤代・瑪塔（Uday Mehta）認為：「在英美自由主義傳統下，多數的政治理論家不僅忽略了政治身分認同和領土之間的連結，還力圖把前者概念化，有意無意地否認了後者，以及兩者連結的重要性。」[94]自由主義雖然看重土地作為私有財產的重要性，但這完全是另一回事。

以上這些的重點在於，自由主義或許對日常生活很重要，但通常都只能成為國族主義之下的次要力量。

誇大個人權利

自由主義的權利是以兩個主張為基礎。第一個主張是，世界上絕大多數的人都知道權利有哪些，並認為這些權利不可剝奪，且具有普世性；因此這些權利無法被給予或是被奪取，世界上每個人都同樣擁有這些權利。第二個主張是所有人都一致認為個人權利非常重要，應當在政治領域上得到特別的重視。但這兩個立場都有很大的質疑餘地。權利並非毫無意義，主張它們應該普世皆準、不可剝奪當然沒有問題；就算這點顯然不是放諸四海皆準，權利在某些國家裡仍屬於悠久傳統的一部分，有著很大的重要性。以一六八九年《權利法案》（Bill of Rights）為例，這部法案主要來自光榮革命的政治成果，其正當性就是靠著訴諸「古老的權利與自由」。[95]

但是獨尊「不可剝奪的權利」這個概念，就產生了一些理論和舉證上的問題。如果仔細檢查其中的邏輯，就會發現有三種理由可以用來質疑，是否真有哪一種權利體系能夠獲得普遍的認可；要是再仔細一點檢視歷史紀錄，就會發現這些質疑都有很多證據支持。

錯謬的普世論

首先，自由主義假設美善人生的內容不可能有放諸四海皆準的共識。某些社會或許能就基本原則達成實質性的共識，但除了每個人都有基本生存權以外，這些共識不可能有普世性。但同一時間，自由主義者又堅持世上有一套客觀上正確的個人權利，而且我們有辦法找出這些權利是什麼、釐清它們之間的關係，還知道沒有人可以剝奪它們。

但既然個人權利就是在談社會的基本原則，這怎麼可能呢？人們對同胞的看法和作為，都深受社會基本原則所規範。因此我們有限的批判思考能力，很難去相信在權利是否不可剝奪、權利有哪些、什麼權利比較優先等問題上，會有任何算得上普世性共識的答案。就連人們是否該擁有平等的機會，乃至於擁有積極權利，都讓權宜與進步兩派自由主義產生徹底的分歧了，資訊充足、立意良善的公民，當然也會對墮胎權或平權運動有完全不同的看法。從這些跟美善人生有關的問題可以看出，我們實在不該指望能靠理性找出集體認同的真理。

接著，把權利當作政治制度的核心，就等於是說自由主義才是最理想的政治秩序。但如果沒有自由主義或準自由主義（quasi-liberal）國家存在，很難想像政治有辦法以權利為優先。政治自由主義有時會認為自由主義是唯一正當的政治秩序，因而對於反自由的群體或國家格外缺乏容忍。哈茨在《美國的自由傳統》中說過，這種信念在美國一直很流行。羅爾斯也在《萬民法》（*The Law of Peoples*）裡表明，理想的世界應該只有自由民主國家。[96]洛克則強調，自由主義社會無法容忍不遵守自由規則的群體。

所以當自由主義者討論不可剝奪的權利時，其實就是在定義美善人生——至少他們沒辦法在兩者之間劃出明顯的區別。但如果自由主義認為社會的基本原則沒有普世性共識，是一條有眼睛都看得出來的公理的話，就得接受個人權利也不會有放諸四海皆準的共識。

我在上一章指出過，政治自由主義存在悖論，因為其核心同時有著特殊論和普世論兩個面向。特殊論自然是因為自由主義認為美善人生沒有真理可言，而普世論則是來自不可剝奪的權利。我也特別提過這兩面之間的矛盾。不過有了此處的分析，這種矛盾就消失了，因為自由主義認真來說，其實是徹頭徹尾的特殊論。就像美善人生缺乏普世性共識一樣，個人權利也沒有普世性的共識，因為這兩種概念之間並不存在有意義的差別。

壓制權利

自由主義對權利的看法還有另一個理論上的漏洞：有些考量會讓權利變得比較次要。當權利跟政治穩定出現衝突時，人民通常都會以政治穩定為優先，因為這攸關個人的安全和福祉。舉例來說，如果權利、乃至於自由民主導致了秩序淪喪，就可能帶來貧困與死亡，這時就算個人權利原則上受到大眾的真心重視，實務上也會沒那麼重要。

這個邏輯比較適用於各個對立群體間有著深刻仇恨的多民族國家，於是乎在這些國家，很多人都比較期待有個威權領導人管好其他陣營。另外，如果國家因為某些原因陷入動盪，採用自由民主制度也只會讓問題更嚴重。而在面臨外來威脅時，個人權利也會退居次要位置。一旦長期面臨生死存亡，就很容易會形成頻頻踐踏個人權利的軍營國家（garrison state）或是警察國家。[97]

權利在理論上的最後一個問題，則牽涉到國族主義。根據自由主義的說法，無論什麼人、住在什麼地方，都擁有相同的權利。但是一遇到國族主義，這個主張就得灰飛煙滅了，因為主權這個概念意味著，國家可以任意決定哪些權利重要，以及有多重要。而既然民族國家會死命守護自決權，我們也很難想像各國可以達成共識，列出「正確」的權利。

還有，國族主義一定會優先為自身群體著想，才來考慮外人。當整個國際體系幾乎全都由民族國家所組成，多數人就會把同胞看得比外人重要。而在實務上，各國也不太可能讓外人擁有跟自家人民一樣的權利；一旦國族主義露出醜陋的一面，國家也很容易就會踐踏不受歡迎或遭到憎厭的外國人。簡而言之，由於國族主義的核心是特殊論，因此「不可剝奪的權利」這個概念一定會受到威脅。

在一個以民族國家為主的世界上，用普世權利的方式來思考無疑十分危險。這會讓人以為世上還有什麼國際體制之類的更高權威，可以保護自己的權利。但這種東西並不存在；保護個人權利的是國家，而不是某個無上權威。漢娜鄂蘭（Hannah Arendt）就看到了這個問題：「人們認為人權……『不可剝奪』，是因為他們以為人權獨立於所有政府；但事實證明一旦人們沒有了自己的政府，必須守護自己的最後一線權利時，就沒有任何權威，也沒有任何體制可以保障權利了。」[98]她認為人如果沒有國家，或是淪為民族國家裡不受歡迎的少數族群時，就會身處致命的危險，因為沒有任何執法機制可以保障他們的權利，甚至連生命權都會遭受攻擊。「失去人類以外的一切身分認同，就彷彿寸絲不掛一樣極其危險。」[99]

鄂蘭的解決方法是避談普世權利，強調「國家保障的權利」（nationally guaranteed rights）。她採取了和愛德蒙·柏克（Edmund Burke）一樣的立場，後者「反對法國大革命的《人權宣言》」，主張權利「來自國家之內」。鄂蘭同意柏克說的：「依靠像生命傳承一樣『必然傳承』給子女的權利，並且主張『身為英格蘭人的權利』而非生而為人不可剝奪的權利，是比較明智的作法。」[100]而她會這樣反對自由主義普世論的一面，很大一部分是考量到了生存的問題。

歷史與天賦人權

如果理性能告訴我們每個人都像自由主義所宣稱的一樣，擁有某些不可剝奪的權利的話，照理說就會有一些重要的前現代思想家發現這個關於人生的基本事實。然而並沒有。亞里斯多德、柏拉圖和馬基維利顯然都對天賦人權毫無概念。一直到十七世紀的霍布斯和洛克，自由主義才開始有了基礎。雖然班傑明．康斯坦（Benjamin Constant）、康德和孟德斯鳩等人追隨了他們的腳步，但也有很多政治哲學家不太在乎自由主義和個人權利，柏克和邊沁等人更是大張旗鼓挑戰這套觀念。所以就算退一步宣稱「只要思想領袖承認天賦人權的重要性，就能得出牢固的共識」，也還是不可能成立。權利不可剝奪，或權利是政治生活的基礎，這兩個主張從來都不是什麼普世性的共識。[101]

此外，自由主義者自己對於哪些權利最重要，還有權利有所衝突時如何權衡，也都莫衷一是。要是加上促進平等，這個問題又會變得格外複雜。[102]羅爾斯認為「自由原則的運用有一定的單純性」，不過這並非常態。[103]仇恨言論就是一個好例子。認為言論自由絕對不該受侵犯的自由主義者，會相信就算是可憎的言論也該得到容忍。但有些自由主義者卻認為應該禁止，因為仇恨言論會嚴重傷害被攻擊的對象，而不受言語傷害的權利，就和不受身體傷害的權利一樣應該受到保護。[104]沒有一套不容置疑的方針可以決定這些權利孰輕孰重。就像約翰．格雷說的一樣：「所有政權都是在體現如何擺平各種對立的自由。」[105]

霍布斯和洛克對個人權利的看法，很大一部分是出於歷史和偶然。當時英國充斥著天主教與新教徒之間的仇恨，社會經濟背景也正發生翻天覆地的巨變，這些都對自由主義的基礎概念產生了深遠的影響。簡單來說，創造政治意識型態的不只是理性而已，它們會出現常是因為歷史的轉捩點，自由主義也不例外。

就算是最支持個人權利的人，在高度緊急的狀況下也會願意限制甚至忽略一些權利。當個人或國家的生存遭受危害，人們就不會讓權利妨礙必要措施的執行。舉例來說，約翰．彌爾就認為：「只有為了保護自己，才可以正當地去干預任何個人或集體的行為自由。」[106]麥可．瓦爾澤（Michael Walzer）延續著彌爾的思想，主張國家作戰時應該遵守嚴格的道德行為準則。他在《正義與不正義的戰爭》（*Just and Unjust Wars*）這本關於「正義戰爭」（just war）理論的名著最後寫道，「如果我們所面對的不只是戰敗，而是會讓政治共同體陷入覆滅的慘敗」，那麼所有的規則都會失效。[107]羅爾斯同樣認為「政治自由主義允許在高度緊急之下有所例外。」[108]

比起建立自由民主體制，經歷嚴重動盪的國家或地區往往更渴望擁有安定的政治環境。舉例來說，中東最近有一份針對阿拉伯年輕人的調查指出，百分之五十三的受訪者相信「促進區域穩定比推動民主更重要。」不同意的人只有百分之二十八。[109]類似的例子還有盧安達總統保羅．卡加米（Paul Kagame），這位曾經歷一九九四年種族屠殺的威權領導人，就對國內的言論自由施以十分嚴厲的打壓。他主要的目標是限制發起大屠殺的胡圖人，和主要受害的圖西人之間的敵意。儘管卡加米施行了反自由的政策，但這些作法非常成功，他也不意外地當選了三次總統。[110]

俄國人同樣重視安定遠勝於民主，但考慮到一九九〇年代他們嘗試採納西方民主，最後卻一敗塗地，導致後來的大規模貪腐和失序，這發展也不令人意外。從二〇〇〇年代初期開始，俄國就一步一步走向威權，也逐步恢復了安定。全俄民意中心（All-Russian Public Opinion Center）在二〇一四年三月的調查中發現，「百分之七十一的俄國人表示他們願意為了維持穩定、秩序和個人福祉犧牲公民自由。」[111]

最後，如果幾乎所有人都認同且看重個人權利，向國外傳揚自由主義應該很容易才對。但實情並非如此。要說服人們重視自己的權利很容易，但要他們相信別人的權利也同樣重要，就是艱難的任務了。推行基本款的民主，舉行一場自由公平、票多者贏的選舉還比較容易。自由主義花了很長的時間才在它誕生的西方扎根，並且造成巨大的影響。[112]當然，這也是為什麼美國和歐洲盟邦會致力把這些價值傳播到西方世界之外。[113]

只是就算在西方，個人權利也不像多數人想的那麼受到看重。美國的領導人如果認為國家碰到了極端的緊急事態，也會侵犯個人權利。最有名的例子大概是林肯在南北戰爭期間的作為——包括了暫停人身保護令、審查郵件、成立軍事法庭、逮捕「被人指出正在或即將參與不忠與叛國罪行之人」。[114]另外，政治史學家克林頓．羅西爾（Clinton Rossiter）也在《憲政專制》（*Constitutional Dictatorship*）一書中指出，南北戰爭並非美國領導人在認為國家遭遇極端危機時對權利施加嚴重限制的唯一紀錄。有人可能以為美國人民在權利縮減時會發出怒吼，或者至少發起一些重大的抗議。但是沒有人抗議，因為美國大眾對個人權利的支持，有時其實非常彈性。

美國人對自由主義的彈性支持，最好的證據就是我們一直到南北戰爭都在容忍奴隸制，接著南方和北方又都對公開的種族歧視容忍到一九六〇年代中期。直到現在，種族歧視雖然比較不被社會接受，但也算不上消失殆盡。整個十九世紀到二十世紀裡，針對移民的歧視同樣屢見不鮮，直到今日才稍微藏到了檯面下。政治史學家亞利斯蒂德．佐伯格（Aristide Zolberg）形容美國在十九世紀後半對待中國移民的政策是「美國移民史上『種族清洗』唯一成功的例子」。[115]一八三〇年代開始大舉移民美國的歐洲人，在二十世紀後也碰到了明顯的歧視。[116]其中大概沒有人像愛爾蘭人一樣，這麼受到「白種昂格魯—薩克遜清教徒」（White Anglo-Saxon Protestant，簡稱WASP）的蔑視。也沒有哪個歐裔族群受到的歧視，比得過一戰期間德裔美國人所受的待遇。[117]照理說，美國從立國以來就該是個徹底的自由主義國家才對，但看看歷史，它其實算不太上自由主義的模範生。

幸好美國已經大致看不到針對非裔美人和移民的反自由措施了，它現在正努力當一個堂堂正正、貨真價實的自由主義國家。但對於個人權利的支持，其實還沒有真正深入美國大眾心中。儘管當代美國隨處可見關於權利的論述，但這幅光景也是一九五〇年代才開始的，在那之前，美國人並沒有特別重視個人權利。[118]

儘管現在人對權利這麼在乎，但根據政治學家傑拉德．羅森堡（Gerald Rosenberg）的說法，很多美國人都不太了解「不可剝奪的權利」到底在講什麼，也不知道它應該要澤被天下。[119]羅森堡指出，大部分的人都把權利等同於一己偏好，他們之所以主張權利，通常都是為了幫自己的利益找理由，對於不相干的權利則毫不關心。因此只要不礙到自己，美國人當然很願意縮限重要的權利。羅森堡看過各種民意調查後做出結論：「美國人認為新聞自由的權利就只是可以報導人民喜歡的東西。如果大眾不喜歡這些內容，報社就不該有權發表。」至於言論自由的部分，他發現「美國人既堅定致力於抽象的言論自由，又強烈反對不受歡迎的群體享有言論自由」。他認為這兩個狀況都「為『權利只是偏好』的想法，提供了大量實證性的依據」。[120]多數美國人很顯然沒有特別認同普世性權利的原則。如果這是真的，我們就很難想像有哪裡的人會熱衷於追求不可剝奪的權利了，畢竟沒有任何一個國家像美國一樣，有這麼豐厚的自由主義傳統。

最後的可能是，自由主義普世論的一面並不像支持者相信的那麼有力；也就是說自由主義對個人權利的重視，並不如自由派所相信的那麼令人信服，甚至有可能完全說錯了。這種認為權利意義有限的看法，會直接影響到自由社會裡維持和平繁榮的兩大機制：容忍和國家。公民愈尊重個人權利，就愈容易推行容忍，和平解決衝突，國家也就可以少花點功夫維持安定。但如果人們不太尊重權利，容忍就很難推行，國家力量對於維持內部和平也就更為重要。

威權主義的誘惑

反對自由主義的主張很多，但最嚴重的還是威權主義，若不加以處理就可能帶來災難。多年前，詹姆斯．麥迪遜（James Madison）就在《聯邦黨人文集》第十篇[121]中指出了這個敵人。我不認為這篇文章真有找出自由主義的致命弱點，但它的確解釋了為何自由主義政治要樹立並維持秩序會困難重重。

這個問題的根本原因在於，每個國家內部對於社會基本原則的看法，總會有些無法調和的差異，造成國內各個陣營會爭相競奪權力。前面提過誰來治理國家非常重要，因為掌權的陣營可以制定規則；不管在哪個社會裡，制定規則的人都可以決定好一部分美善人生的內容。國家不可能只充當各對立陣營之間的裁判。政府一定會由某個陣營或陣營聯盟來掌管，而掌管的過程就會對社會造成重大影響。

所以在自由民主體制下，每個陣營都有強烈的動機爭取執政，不讓對立陣營贏得權力。在中東地區，這現象常常變成「一人一票一生一世」（One man, one vote, one time）。[122]讓事情這樣發展的邏輯有二。首先最明顯的理由是，掌權的陣營可以制定規則，從此不必擔心對立陣營會在未來的選舉中贏得權利、重寫規則。此外，每個陣營都有好理由認為其他陣營了解這個邏輯，因此只要信任其他陣營，就可能會被吃乾抹淨。在其他陣營出手以前，先把國家力量永遠搶到手中方為上策。就算彼此對立的各個陣營對自由主義本身沒有敵意，這種行為也會摧毀自由民主的體制，而且它似乎無法避免。

不過，自由民主也未必會因為這種誘因結構就註定完蛋。只要運作完善，自由主義國家還是會有某些要素來防止崩潰。雖然這或許也只是陣營之間一觸即發的僵持，但以下五個條件結合起來，還是能緩解這個問題。

第一個要素是不同陣營之間平衡權力的行為。如果沒有哪個陣營特別強大，那麼對任何陣營來說，嘗試奪取國家都不是明智之舉，因為這幾乎一定會導致內戰。就算有個陣營特別強大，它也有本錢遵守規則、連選連任、以自己心中最好的方式長期治理國家，而不需要建立永久政權。唯一的危險局面，是有某個特別強大的陣營認為自己會逐漸失去實力。這會誘使他們在下台之前破壞自由民主體制，這個道理就像是所謂的「預防性戰爭」（preventive war）。不過就算發生這種事，對立陣營也一定會平衡這個衰落中的強大陣營。

第二個條件是各個族群之間要有身分認同交集（crosscutting cleavage），而這也是自由主義國家裡常見的現象。多數人對政治的看法都是來自錯綜複雜的利益。同時各式各樣的議題也會催生不同的陣營，因此社會上的陣營也不會都跟同一個議題有關。[123]這兩件事加在一起，意味著大家多少都會在某個議題上站在相同陣營，又在別的議題上站在衝突的陣營。結果就是不管哪個陣營想要奪取國家、終結自由民主，實行起來都會非常複雜。

第三點借用涂爾幹的話來說，就是有機連帶（organic solidarity）。[124]自由主義社會中的勞動多樣性，讓經濟變得高度相互依賴。所有人在經濟層面上都是徹底交織在一塊，必須仰靠其他公民才能舒服過活，最重要的生存也是同理。萬一有個陣營想要征服全國，就很可能爆發內戰，摧毀這種連帶並重創整個社會。

第四個條件是國族主義。自由民主國家說到底，還是擁有深度文化根基的民族國家，公民之間同樣的習俗和信念可以化解彼此之間的差異。其中最重要的信念，至少對多數人來說，一定是普遍堅信自由民主的價值，特別是屬於自己的自由民主國家。換句話說，自由也是民族認同的一部分。公民同胞對於社會的基本原則，仍然會有重大的差異，社會也不免分成許多陣營。但是把自由民主當成民族認同的一部分，這種信念也可以是一種社會的黏著劑，而這是自由民主之理論本身所辦不到的。

第五點是「深層政府」（deep state）。[125]自由民主國家跟所有現代國家一樣高度官僚化，有著眾多由永業文官組成的大型機構。有些官僚機構的主要任務是保護國家不受內憂外患所擾，因此必然會有可觀的權力，才能捍衛既有的政治秩序。這些機構多半能獨立運作，不受政治干預，所以多半不會支持特定陣營。比方說，英國公務員對保守黨和工黨政府就同樣忠誠。不過有時候官僚國家也會被某個陣營所把持，一九三〇年代的納粹德國就是一個例子。

最後，以上的制衡要素，至少有三個會隨著時間漸漸增強，因此成熟的自由民主國家應該會比初生者更為堅韌。時間愈久，社會的成員就會更加相互依賴、更受國族建構影響、深層政府也會更加有力。因此內部陣營之間的競爭，並不代表自由主義國家註定分崩離析。

然而放到國際層面上，就完全是另一回事了。

第五章

輸出自由主義

前兩章的重心是描述和分析政治自由主義如何運用於國內政治。接著我們要把討論切回本書的核心問題，也就是當強權國家採用自由主義的外交政策時，會發生什麼事？換句話說就是當一個致力於個人權利、並用社會工程來推動這些權利的國家把這套作法推向全世界，會發生什麼事？

這樣一個大國會開始追求自由主義霸權、不斷以外交手段干預他國，對各國發動戰爭、進行浩大的社會工程。它的戰略目標是傳揚自由民主體制，同時推翻威權政體，最終讓全世界都只剩下自由民主國家。也就是說，追求自由主義霸權的國家，是想要按照自己的形象重塑世界。此外，它還會致力於營造開放的全球經濟，以及建立國際體制來處理經濟與安全議題。

當自由主義國家遇上了可以追求自由主義霸權的局勢，幾乎必定會採取這種野心宏大的政策，因為這種政策看起來實在有莫大好處。它不只允諾要守護世界各地的人權，也宣稱可以讓世界更和平，並維持國內的自由不受外敵影響。另外，自由主義霸權也為外交界菁英提供了很多誘人的工作機會，畢竟統治世界是個非常勞力密集的產業。最後，社會菁英通常也覺得自己知道如何有效干預他國政治。預期中的好處加上對實現理想的自信，使得自由主義國家不可避免會追求自由主義霸權。

自由主義的核心是不可剝奪、普世性的權利，因此採取自由主義外交政策的國家，需要嚴密監督他國的人權表現。如果其他國家內部的個人權利受到威脅，自由主義國家就很有可能會不得不出手干預，以維護他國內部的個人權利。這樣的國家很容易就會相信，要讓世人的權利少受一點威脅，乃至於甚至免於威脅，最好的作法就是盡量讓更多人生活在自由民主之中，因為個人權利對自由民主非常重要。從這個邏輯出發，最合理的政策就是積極促進政權更替，推翻獨裁政權並以自由民主制度取而代之。

自由主義者熱衷傳揚自由民主的理由還有一個，就是他們相信這麼做可以促進和平。這個觀點認為，自由主義有助於養成對個人權利不分國界的珍重，進一步鼓勵各國人民彼此容忍，以和平的方式解決衝突。尊重權利將成為國際社會（international community）的基礎，各個國家都將會自認為是這個社會的一分子。這種強烈的共同體意識能夠限制國族主義的害處，幫助各個國家超越權力平衡的政治。以上的作法能讓世界更加和平，有效解決核武擴散和恐怖主義等問題。有些自由主義者主張，自由主義還能藉由活絡經濟，讓世界更為和平；當然，經濟繁榮也是自由主義的目標之一。[1]

自由民主國家想讓全世界各國都成為同道的最後一個理由，則是因為可以淘汰主要的意識形態競爭者，減少對於自身生存的威脅。用威爾遜總統的名言來說，就是「讓世界成為民主的安身之地」。雖然弘揚民主無疑是份難關重重的事業，但自由派相信這一切都值得。在他們看來，人們天生就愛護個人權利，而多數自由主義者對於在國內外執行社會工程，也都很有自信。

我對這番說法有兩個異議。首先，自由主義強權很少會處於有利於追求自由主義霸權的局勢。它們通常會面臨其他強權的競爭，因此不得不依循現實主義行事。這點符合基本的自由主義邏輯：既然沒有一個世界政府存在，致力求生的國家幾乎就只剩下追逐權力這條路。自由主義要能運作，必須要有像國內一樣的階層化政治體系來扮演守夜人。但國際體系沒有上下層級，而是無政府狀態。不管世界是雙極還是多極，各國都只能遵循現實主義的邏輯來應對彼此。

再者，某些情況下的權力平衡可能會對自由主義國家十分有利，讓它們可以放心尋求建立自由主義霸權。這種情況最有可能發生於單極世界，也就是整個世界體系只有一個強權，不會發生大國之間的軍備競賽。冷戰結束、蘇聯瓦解後的美國正是處於這種地位，而它也毫不意外地開始建立自由主義霸權。[2]但從美國的例子可以看到，儘管自由主義霸權政策的志氣不小，卻必定不會有什麼好下場，而且實行過程往往會付出極大代價。

要讓其他國家走向自由民主非常困難，一方面是因為每個國家的文化都有著深遠的根柢、難以操縱，另一方面則是因為世上很多人其實都不那麼重視個人權利。況且國族主義又推崇民族自決，導致各國也會抗拒他國插手自己的內政。最後，就算有國家真能建立自由主義霸權，其他國家也會依據權力平衡的邏輯行動，猛烈抵抗自由主義的傳教士。簡單來說，自由主義作為外交政策，根本就是亂源。

在國際政治上，自由主義完全不是國族主義和現實主義的對手。後兩者是塑造現代國際體系的主要推手，影響力至今仍未衰退。當然，如果出現一個世界政府，國際體系就會有上下層級，讓自由主義在國際政治上有更大的影響力。然而這種事不太可能發生，無政府狀態會像現在一樣，一直維持下去，自由主義不可能成為一國外交政策的堅實基礎。

自由主義霸權的理據

在政治自由主義的樂觀見解裡頭，外交政策最關鍵的角色是個人而非國家。強調個體性讓自由主義成了一種普世論的意識形態，也深深影響了自由主義者對國際關係的想法。具體來說，自由主義的核心假設是無論生活在哪個地方，每個人生來都擁有同一套權利，這使得自由主義者會採用普世主義的角度來看待世界。

想當然耳，自由主義國家會在國內執行許多社會工程，以保障和促進國內公民的權利。但既然在這些國家看來權利是普世性的，他們也會打從心裡認為自己有責任干預，甚至進攻其他顯然侵犯人權的國家。麥可．杜伊爾（Michael Doyle）甚至主張「非自由主義的政府形同是對自己國內的人民發動侵略」，這種觀點顯然是主張要出手干預每一個非自由民主國家的政治，但如此一來外交政策必定會不斷膨脹。[3]

自由主義對個人權利的重視，不可避免會讓支持者認為，最能夠捍衛這些權利的方式，就是每個國家都採用自由民主體制。要說促進和保障個人權利，確實沒有哪一種政治體系可以和自由主義相比；我們甚至很難想像，如果政治秩序中沒有某種程度的自由主義，權利如何能夠得到重視。因此我們可以料想到，自由主義國家的外交政策，當然會著重在推動自由民主。這份任務必定會牽涉到政權更替，有時候還必須動用武力，而執行社會工程協助目標國家轉型，同樣也是沉重的責任。仔細思考弘揚自由主義的最終目標，就會發現這種外交政策何止是野心勃勃，根本是滿腦子都想著干涉他國。

當然，自由主義國家同時也是民族國家，因此國族主義也會深深影響到它們應對世界的方針。國族主義的其中一個面向是強烈的民族優越感，這會讓自由主義國家更相信自己真能徹底改變整個世界。美國的決策者老愛說美國是多麼卓爾不凡，有能力指引和改變其他不幸的國家，就是反映了這種國族沙文和自由理想的結合。

締造和平

　　自由派宣揚自由民主不只是為了捍衛個人權利，更是因為相信這是締造和平的絕佳策略。道理很簡單：自由民主國家不會彼此開戰。根據自由派的說法，世界各國就像人一樣，有時也會產生無法協調的分歧。任何國家都可能會在某個時機，對某個雙方都重視的議題產生嚴重分歧，這樣的世界怎麼可能維持和平呢？國際體系和自由主義國家內部的不同在於，前者沒有更高的權威來維持秩序。沒有了守夜人，自由主義要如何安撫這個世界？

　　答案就是自由主義的核心概念：個人權利。人們不僅擁有天賦的權利，更普遍對他人的權利深懷敬重（至少在自由社會是這樣）。這種尊重和容忍的美德密不可分，而且不分國界。自由主義國家明白，除了自己的國民，其他國家的人也有不可剝奪的權利，必須時時尊重。[4]

　　這種對個人權利不分國界的尊重，會讓自由陣營國家產生強烈的共同體意識，易於相互信賴。「共同體」一詞在自由主義論述中簡直常見得令人咋舌。同樣常見的還有「國際共同體」，這個字眼常被用來指稱「跨大西洋共同體」（transatlantic community）、歐洲共同體（European Community，今歐盟），以及最常見的安全保障共同體（security community）。威爾遜在談到權力時，也會用到一個自由主義者常常避開的字眼：「權力共同體」（community of power）。[5]自由派也會使用國際社會、國際大家庭、全人類還有集體安全等詞彙來表達相同的意思。

自由社會發展出了一套有力的規範來和平解決衝突。彼此之間的不和，就算再怎麼嚴重，也不會以武力威脅或刀兵戰火來解決，而是依靠仲裁和妥協。克勞塞維茲說過戰爭是政治的延伸，但這句名言不適用於自由世界，因為自由主義國家不認為戰爭是解決爭端的正當手段。不過為了保護外國人的人權，以及弘揚自由民主體制，戰爭仍然是可以接受的作法。杜伊爾指出，自由民主國家傾向「在魯莽的怒火中」向非民主國家揮兵。[6]經濟史學家理查．陶尼（R. H. Tawney）也講過：「戰爭不是罪惡就是聖戰，沒有灰色地帶。」[7]

所以當世界由自由主義國家主導，現實主義的邏輯就會嚴重弱化。因為自由主義國家之間沒有彼此征伐的意願，不必擔心生存問題，也不需要彼此競奪權力。就像外交理論家約翰．伊肯伯里（John Ikenberry）說的一樣：「自由主義對國際關係有個樂觀的假設，認為國家可以克服阻礙，合作解決國家安全的兩難、集體行動創造一個開放又穩定的體系。」[8]

自由主義也可以控制國族主義。後者對個人權利有不同的看法，而且其黑暗面有時還會讓各國彼此憎惡殺伐。著迷國族主義的人會覺得其他民族的人沒有資格享受和其同胞一樣的權利。自由主義者排斥這種特殊論的觀點，強調普天之下的人都擁有平等的權利。重點在於全人類的權利，而非國家民族專屬的權利，前者比後者重要得多，這樣就可以有效消弭極端國族主義。

像是在羅爾斯討論國際關係的論文裡，就特別著重「人民」，他很明顯了解這世界分成許多不同的民族。（在他的文章裡，人民就是**民族**的委婉說法。）不過當自由主義世界的「人民」彼此來往，國族主義難堪的那面就幾乎完全消失了。他寫道：「人民如果知曉也遵循正義，就會對其他人展現平等的尊重與認同。」[9]人民之所以知曉也遵循正義，都是因為「彼此之間的同情」（common sympathies）壓倒了民族的優越感。[10]自由主義對國族主義的這種態度，清楚反映在羅素（Bertrand Russell）對兩者的看法中：「我一直以來都誠心相信自由主義能通往美好的未來。我希望，也期待看見議會民主、個人的政治自由與人身自由，能夠逐漸深入過去臣服於大不列顛等歐洲列強的國家之中。我希望有一天，每個人都能了解理查．科布登（Richard Cobden）議員推動自由貿易的智慧，並讓國族主義漸漸昇華成普世的人道主義。」[11]

這段話的最後提到自由主義將消滅國族主義和現實主義，其實牽涉到有關主權的重要觀念。在政治自由主義裡，國家的角色無疑十分重要，就算在羅爾斯那些討論人民或民族的著作裡也不例外。但相較於國族主義或現實主義，現代自由主義對於主權的看法，顯然要寬鬆得多。根據自由主義的看法，國界並非堅硬的甲殼，而是柔軟通透的肌膚，可以允許個人權利浸透。這不只是代表生活在不同國家的人，能夠締結深厚的紐帶和共同的利益，更意味著當其他國家侵犯自家公民的權利時，自由主義國家就有權利、也有責任出手干預。在自由主義國家的世界裡，個人權利是比國家主權更重要的規範。[12]

如果自由主義國家能形成有力的共同體，彼此容忍並且認真以和平的方式解決爭端，就能削減國族主義的危險，大幅減少戰爭和軍事競賽。各國幾乎不會再需要核武器，遏阻政策也將成為過時的觀念。恐怖主義的問題將會大幅減少，因為自由民主國家理當擁有國民所賦予的強烈正當性（legitimacy），而且各國既然都是同道，要合作解決恐怖主義的威脅，也應該沒有什麼困難。所以自由主義國家當然是多多益善，理想的世界應該要全部都是自由主義國家。[13]

捍衛國內的自由主義

吸引自由主義者推動政權更替的第三個理由是為了自保。正如第三章所說，自由主義的罩門之一，是在自由社會裡總會有一些排斥自由主義的人，這些人一有機會就想推翻當前的政治秩序。雖然威脅性可能有所差異，但自由主義國家向來不缺內鬼。如果國內的反自由人士和其他反自由主義國家聯手，這個問題就會惡化，對自由秩序形成更大的威脅。要是外敵和內鬼的意識形態接近，問題就會格外嚴重。因此自由主義國家有強烈的理由協助外敵轉型成自由民主體制，以便消除這種威脅。當然，如果所有國家都皈依自由主義，就沒有這個麻煩了。

國際關係學者約翰・歐文（John Owen）認為不只是自由民主國家會害怕內外敵人互相聯

擊，任何國家都會想幫意識形態對手「強制升級政權」。他還提到：「正因為這種威脅跨越國境兩端，政府可以從國內，也可以從國外進行打擊。既能夠打壓國外的敵對意識形態，也能夠消滅國內敵對思想的精神甚至物資支援。」[14]由於對立雙方都明白這個道理，又讓兩邊有了額外的動機，希望能盡快推翻敵對政權。

自由主義國家最起碼有三個理由去推動外國的政權更替：捍衛外國人的權利、促進世界和平，以及守護國內的自由主義。但這種充滿野心的戰略常常力有未逮。要持續執行這種戰略必須有堅實的國力，還要有足夠的資金來推翻他國政權，有時如果代價夠小，甚至會用上軍事力量。而且在廢黜原本的政權以後，還要建立穩定的自由民主體制來取而代之。但這些都絕非輕鬆的任務，必須有專業技術和耐心才能辦到。然而現代自由主義會這麼重視社會工程，不只是為了促進和捍衛個人權利，更是因為當代生活十分複雜，讓國家不得不下重本來經營社會。然而許多自由主義者都認為推動外國的政權可以收穫極大利益。[15]

雖然追求自由主義霸權的國家主要關心的是保護個人權利，以及將自由民主傳遍世界，但除此之外還有兩項事業也很重要，一是成立國際體制，二是推動國家之間的經濟交流。會追求這兩個目標，是因為另外兩個主張：國際體制和經濟相互依存能夠促進和平。我會在第七章花更多篇幅討論這個理論，還有自由民主國家不會彼此征戰的說法，並把重點放在這些主張是否有令人信服的例證。但在此處，我會先著重於解釋為何建立體制與促進國際經濟的開放，會被認為是自由主義外交政策的關鍵要素。

這兩項目標其實都是在增強推動政權更替的政策。國際體制本質上是在規定國家的行為應該依循哪些權利和義務，就算有國家認為這麼做不符合自身利益，也應該遵守這些規則。國際體制的設計除了推崇法治及捍衛權利以外，也是為了和平解決國家之間的爭端。這些鴻圖都是源於自由主義的教理。

所以自由主義外交政策也自然會傾向以市場經濟為基礎、呼籲增進國際貿易和投資。擁有和交易資產的權利是政治自由主義的基本信條之一，而全球化經濟會讓人們有大量機會追求自己的利益。此外，自由派也深信經濟手段可以限制政治紛爭所造成的傷害。開放的國際經濟可以帶來繁榮，而繁榮本身就會使人們嚮往和平與自由主義，但自由主義者還相信這樣能讓各國在經濟上彼此依賴，而貿易和投資能有效抑制戰爭的念頭：畢竟如果要依靠其他國家才能享受繁榮，為什麼還要對他國發動戰爭呢？

另外我還想稍微說說一個我很少關注，但不時會跟自由主義外交政策連在一起的目標。有些自由派和其他論者會主張，國家之間應該採取重新分配（redistribution）政策，減少各國之間嚴重的經濟不平等，以促進國際正義。用一個倡議者的話來說，各國應該「設法調整全球的資源和財富分配」，讓窮國能多一點優勢。[16]自由主義追求的是讓自由主義國家中的每個人之間擁有更平等的機會，和這個目標正好可以相輔相成。不過目前還沒有哪個自由主義國家真的有興趣單單為了對抗國際上的不公不義，就去幫助其他國家取得經濟優勢，而且我們也沒什麼理由認為有國家會這麼做。[17]

菁英、大眾與自由主義霸權

最後，關於自由主義霸權有一點很重要，就是這項政策主要是由社會菁英在推動的。在自由主義國家內，外交政策界的當權派多半傾向國際主義，而大眾則比較偏向國族主義。具體來說，外交政策菁英比一般公民更在乎國外的人權。這不是說大眾直覺上排斥自由主義，也不是說菁英沒有國族主義情懷。但是不可諱言，跟普羅大眾相比，還是外交界菁英比較在乎海外的自由發展。

這個現象有很多原因。最基本的是自由派菁英通常受過比一般大眾更多教育。他們多半長年待在高等學府，而學校在最近幾十年來，已經變得非常國際化，多數學校現在都有大量出生成長於國外的外籍生，國內學生也很有多機會出國學習。頂尖院校已然徹底成為自由主義的地盤，難以見到國族主義的影子。

再者，現代的社會菁英往往都和其他的外國菁英來往甚密。學者、專業人士、商業鉅子、新聞記者、決策高官和智庫團隊都整天飛來飛去，見到的人和身邊的朋友往往都是國外同行。因此，今日的外交政策菁英多半都以天下為家。杭亭頓（Samuel Huntington）嘲笑這些每年冬天到瑞士達沃斯參加世界經濟論壇（World Economic Forum）的男男女女「幾乎用不到國族忠誠」，才覺得「幸好國界這道障礙正冰消瓦解」。[18]倒不是說每個外交政策菁英都這樣，不過有些人確實相去不遠。

還有，外交政策也是國家的「空白授權領域」（*le domaine réservé*），執行時多半都沒什麼空間能供大眾參與。當然，公民群體可以對特定議題採取強烈立場、發起抗議或是向議員施壓，要求在表決外交政策時採取特定路線。不過整體上，平常的外交政策是真的沒多少空間讓大眾直接參與；這裡是菁英的世界，而執行自由主義霸權這樣的積極政策也比較能讓他們獲得實質利益。經營世界這麼大的野心可以在政府內外安排出許多高階職位，但較為縮限的外交政策能安排的就會少很多。就像史蒂芬．華特說的一樣，自由主義霸權就是「外交政策界當權派的充分就業政策」。[19]

自由主義霸權不但承諾可以守護世界人權、阻止戰爭和妨礙國內的反自由勢力，也承諾創造位高權重、薪資優渥的工作機會。這兩點加在一起，就有辦法解釋為什麼就算擴張型的外交政策會惹來嚴重的麻煩，自由派菁英還是這麼熱衷了。

既然外交政策界的菁英這麼熱衷建立自由主義霸權，他們自然就會打造出一套完整的說法，羅列出有哪些利益可以期待，並用智庫研究報告、公開演說、報章專欄和其他手法擴大同溫層。他們對這份野心充滿熱情，以為是高貴之舉，而他們也確實很擅長把這一套推銷給廣大民眾，以及志在加入外交當權派的年輕人。正如華特指出的，自由主義霸權的福音在為公務部門訓練未來領袖的公共政策系所中，流傳得特別廣泛。

總結下來，自由派外交政策主要的重點，是盡可能增加世界上的自由民主國家，並相應成立國際體制，促進國際經濟開放。但採取這種政策的國家究竟有何期望？實際採用起來又能否成功？

自由主義注定走向現實主義

通常，如果國際體系裡還有其他大國，就不可能有國家追求自由主義霸權。當體系呈現雙極或是多極化，強權一定會依據現實主義的原則行動。國家的外交政策不可能首重個人權利，因為在此時的世界上，保護其他國家的人權太過危險，還可能會賠上自身安全。說實話，如果適當解讀的話，自由主義也會同意彼此敵對的強權除了競奪權力，就沒有其他選擇，這一切都是為了在充滿威脅的世界中盡可能生存下來。自由主義只有靠國家這樣更高的權威來維持秩序才能運作，但國際體系中不存在這樣的權威。沒有了守夜人，自由主義就得讓位給現實主義。

接下來我會先說明現實主義的核心邏輯。這邊主要的目的是解釋為什麼沒有世界政府的話，國家之間就要爭奪權力，甚至走向戰爭。我也會解釋為何自由主義需要有上下層級，以及為何當全世界上有超過兩個強權就會走向現實主義。接著我會討論，萬一國際體系碰上了少見的單極狀態，而這唯一的強權又決定追求自由主義霸權時，會發生些什麼事。

現實主義的五個假設

現實主義認為國際政治十分凶險，而且由於權力愈大，就愈有可能活下來，各國都會爭相爭奪權力。有時這種競爭會激烈到爆發戰爭。而侵略戰爭背後的驅力，在於國際體系的結構讓國家別無選擇，只能互相犧牲以追求權力。[20]

現實主義的基本理論是建立在它對國際體系架構的五個假設上。[21]首先，國家是世界舞台上最重要的行動者，而且世界上沒有超越國家的權威核心。國際聯盟或聯合國等國際體制都很少有能力強制各國做些什麼，所以重要性只能排在第二甚至第三。各國就像撞球台上的球一樣，只是大小各有不同。因此「國際體系是無政府狀態」，並不是說它混沌無序，只是說它沒有一個終極的仲裁者。

第二個和第三個假設則牽涉到實力和意圖，也就是國家評估彼此的兩個要素。每個國家都多少擁有進攻的軍事能力，只不過強權的軍力顯然更大。現實主義者通常會把重點放在強權上，因為這些國家對國際政治的影響最大；但就算只看強權，還是有某些國家強大得多。第三個假設是國家永遠無法確知潛在對手的意圖到底是良性還是惡性的。雖然有時可以合理推測，但永遠無法肯定。[22]

這種不確定性是因為意圖存在於決策者腦中，無法觀察或是衡量。另一方面，實力通常都明顯可見，自然也容易推估。以冷戰期間為例，美國可以看見和計算蘇聯有多少戰車、攻擊潛艦以及核飛彈，卻不可能知道史達林或赫魯雪夫心裡在想些什麼。有人可能會反駁說，蘇聯或許是這樣，但美國一定深知最起碼從二戰以來，英國就沒有和美國為敵的意圖。的確，美國的決策者一直認為英國屬於友邦，但這是考量到其實力遠遠不足以威脅美國。它需要華盛頓的支援才能在二戰中對抗納粹德國，以及在冷戰時抗衡蘇聯。如果說英國這七十五年來的國力強個三、四倍，美國就會難以判斷其意圖，變得戒慎恐懼了。從這些例子可以知道，意圖是由實力推斷出來的。

有人會主張決策者可以把自己的意圖講清楚。然而口說無憑，當政者有時會歪曲自己的意圖，或是直接說謊。就算有信心可以確知他國當前的意圖，也不可能知道未來如何。包括自己的國家在內，我們都沒辦法知道哪個國家在未來幾年將由誰當政，更何況這些未來的當政者所面對的環境也會跟現在有所差別，甚至徹底不同。這並不是說他國一定有、或是一定會萌生敵意，只是我們永遠沒辦法確定。

第四點是每個國家最首要的目標都是生存。當然各國都會有別的目標（這也是一個難以知悉他國意圖的原因），但求生絕對是最優先的。如果無法生存，國家也無法追求其他目標了。那生存又是什麼意思呢？當然就是讓國家維持實體上的存在。沒有國家會願意像歷史上的韓國或波蘭一樣遭到征服或是消滅。這也代表國家會想維持主權和領土的完整。不讓他國有辦法像冷戰時期的蘇聯一樣，對東歐各國的對內或對外政策指指點點。

第五，國家有能力根據理性行動，制定戰略以便盡可能生存下去。換句話說，國家的行為符合工具理性。國際政治非常複雜，所以戰略有時會失敗，甚至帶來災難性的後果；但重點在於，國家會有意識地制定計劃、推進目標。不過這個假設只和國家生存有關，不能用來評斷其他目標是否合理。

以上幾個假設拆開來看的話，其實都不是在描繪那種常跟現實主義連在一起，競爭激烈、你死我活的世界觀，但只要把它們湊在一起就會呈現這種局面。由此可以知道，國家主要的行為共有三種。第一是它們通常會畏懼彼此。畏懼有大有小，但強權之間一定會多少彼此恐懼，這有部分也是因為每個國家都無法確定，他國是否擁有宣戰的實力和敵意。以美國看待現今崛起的中國，或是英國看待一戰前幾十年崛起的德國為例，美國的當政者沒有把握中國未來將有何意圖，英國的決策者在一九一四年以前也無法確定德國有何打算。這種狀況讓人們擔心麻煩就在不久之後。更複雜的是，中國同樣也畏懼美國會有侵略之意，而德國直到一戰爆發前，也都在懷疑英國的意圖。

國家還有一個理由彼此畏懼：當國家之間起了衝突，它們沒有更高的權威可以求助。遇到威脅的國家就算要撥九一一，電話另一頭也不會有人接，更不會有人來救。國際體系的無政府結構，讓國家隨時都要警戒會不會發生什麼大麻煩。

沒有九一一好打，代表各國都只能自立自強，盡一切所能保全己身。雖然國家之間還是會結盟，但沒有誰能完全肯定當麻煩降臨，盟邦是否真的會出手協助。國際上沒有永遠的朋友，再怎麼親密的盟邦也會漸行漸遠。[23]一八四八年，擔任外交大臣的帕默斯頓勳爵曾告訴英國國會：「不管假設英格蘭可以把哪一國當成是永遠的盟友或者敵人，都是狹隘的政策。我們沒有永遠的朋友，也沒有永遠的敵人。只有利益才是永遠的，吾等的職責是遵循這些利益。」[24]

最後，每個國家也都了解，要在一個永遠無法確定他國意圖的無政府體系中生存，最好的作法就是盡可能提昇與競爭者之間的相對國力。所以國家才會竭力增強麾下的軍事資產，確保自己不會成為其他國家富強路上的犧牲品，同時伺機將權力的天秤撥往自己這邊。這種零和的權力競賽有時會導致戰爭，也讓國際政治變得步步驚心。

國力鼎盛未必能保證生存，但是會讓國家更有機會嚇阻潛在的進犯，就算無法嚇阻也更容易獲勝。有時情勢也會讓強權覺得為了安全或其他理由，必須先發制人，這時強大的軍力就很重要。對於任何一個國家來說，最理想的情況還是稱霸，也就是成為國際體系中唯一的強權。[25] 換句話說，就是其他國家的軍力都無法在戰爭中壓制或擊敗的霸主。

簡而言之，強權的處境就像無處可逃的鐵籠格鬥，除了競奪權力別無選擇，因為要在隨時會爆發衝突的無政府體系裡生存，就只能依靠權力。

現實主義的用處廣泛

雖然跟現實主義關係最密的是大約五百年前才興起於歐洲的近代國家體系，但它也可以用來解釋古典時代和中世紀的國際關係。早在古希臘，人稱現實主義之父的修昔底德（Thucydides）就寫下了《伯羅奔尼撒戰爭史》，而歐洲第一個近代國家要等到十六世紀初才出現。[26] 馬庫斯・費舍（Markus Fischer）也用現實主義解釋過中世紀歐洲無數政治實體間往來的諸多重要面向。[27]

這種理論歷久彌新，因為國際體系永遠都是無政府狀態，沒有一個成員可以真確地了解他國意圖。

現實主義的邏輯也適用於國際政治以外的領域。只要當行動者有可能對他方使用暴力，又沒有更高的權威提供保護與秩序時，就可以用現實主義來解釋各種行為。舉例來說，它可以用來解釋全天下毒販的行為，也可以解釋美國禁酒時期走私犯的非法交易。無論毒販還是走私犯，被人陰了都不能報警，也不能提告。所以他們在交易的時候，自然就會把槍帶上，暴力和威脅也就成了日常生活的一部分。

現實主義的邏輯也適用於國家力量無法企及的邊荒地帶，因為此地的人們受到暴力威脅之時，同樣沒有九一一可以打。這種時候，人們攜槍佩彈就很合理，碰到有人來者不善就先開火再問話，也是理所當然的。各種政治實體的影響力從人類有史以來就不斷擴張，也差不多解釋了為何世界各地的暴力會隨著時間而減少。心理學家史蒂芬．平克更指出：「從人類學家的角度來看，政府控制能減少的兇殺，實在是多到不太會有人去算。」[28]

最後，霍布斯在《利維坦》一書中的寓言，也與結構現實主義（structural realism）十分契合。自然狀態就是無政府體系，處在其中的個體無法得知彼此意圖，偏偏大家又都有能力互相殘殺。這種基本結構讓人們很有理由彼此畏懼，有時還會靠殺人讓自己更能活下去。霍布斯認為，要防止人們互相殘殺，關鍵就在於創造強大的國家——創造巨獸利維坦，從上而下施加秩序。沒有國家，「沒有公權力讓人們保持敬畏」，無政府世界的生活就會「孤獨、貧困、污穢、野蠻又短暫」。[29]

現實主義、權利與國際社會

在現實主義理論中，權利並不重要；為了確保生存，國家會做出任何它認為必要的事情。但儘管在現實主義裡沒有什麼不可剝奪的權利，各國還是可以商討出哪些權利適用於所有國家。只不過在實務上，追求權力的極致，總是更優先於尊重這些權利。強權更往往只會在有利或無損於自身戰略時，才會尊重權利。如果符合自身利益，強權就會跟獨裁者交好；當民選領袖展露威脅，強權也會出手推翻。

有人會以為現實主義還是認同一種不可剝奪的權利，就是生存權。畢竟，維持生存是現實主義的核心前提。但一般來說，國家只會考慮自己的生存權，而不會考慮到其他國家的生存。倒不是說國家一定會威脅敵國生存，而是如果它認為這樣做有其必要，就會這麼做。不像自由主義，現實主義是徹頭徹尾的特殊論，完全不談什麼天賦人權。

有鑑於此，現實主義並不太重視所謂的國際社會，因為這個概念其實是以尊重不可剝奪的權利為基礎。對現實主義者來說，國際社會不過是強國在追求自身利益時沽名釣譽，以及弱國在求助無門時訴諸的修辭技倆而已。國家當然有可能締結某種軍事同盟或建立某些國際體制，以便互蒙其利。但這麼做是為了自己，而非認為其他國家也有共同的價值，或是什麼高貴的動機。

既然自由主義和現實主義對個人權利的看法這麼不同，兩者在國際層次上又有何差異呢？最大的差別在於，自由主義需要更高的權威或守夜人才能運作，但國際體系上沒有世界政府。國際體系是無政府狀態，各國除了競逐權力別無選擇。

自由主義和國際間的無政府狀態

政治自由主義的基本前提是，人們認為自然狀態危險致命，因為每個人對於社會的基本原則難免會有無法調和的爭議。自由主義者的解決方法是主張每個人都有一系列不可剝奪的權利，應該得到彼此的尊重，並且根據這種普世性的權利，推行和平解決爭端和容忍的社會規範。但權利與容忍尚不足以在自然的狀態下維持和平，個人的生存依然面臨很高的風險。為了解決這點，就有了社會契約，最後形成了維持秩序的國家。

如果把政治自由主義放到國際政治上，焦點就會從個人變成國家之間的互動。[30]不過就算分析的單位不是個人而是國家，基本的邏輯也同樣適用。

自由主義和現實主義所談的國家，有一個很重要的共通點。那就是支撐現實主義的五個關鍵假設，同樣適用於自由主義。兩套理論都假設，國家之間是處於無政府狀態，每個國家最核心的目標都是生存。兩者也都同意，每個國家都有進攻他國的軍事實力，且國家的行動會符合工具理性。而且，自由主義也同樣關心現實主義最重要的假設，也就是他國的意圖無法確定。說得具體一點就是，每個國家都無法確定其他國家不會為了自己的目標，而計劃與自己為敵。這一點在各自的目標或基本原則有所分歧時，又會格外明顯。[31]

自由主義不同於現實主義的地方在於它強調天賦人權、容忍和和平解決衝突的規範，並相信這些是讓世界更加和平的必要作為。但這套規矩並未按照自由主義的邏輯運作，說明只靠這幾招還不足以維持和平。在個體層次，所有人必須一起脫離自然狀態，建立一個國家，結束無政府狀態，設立上下層級。而在國際層次，這意味著除非有個世界政府，不然政治自由主義就無法按照期望運作。只要國際體系還是無政府狀態，自由主義就跟現實主義沒有什麼不同。沒有一個世界政府，自由主義再怎麼暢談權利、容忍、和平解決爭端，都沒辦法讓世界脫離權力平衡的政治。

一些卓越的自由主義思想家確實也想到了這點。像是洛克的《政府論次講》裡就簡明扼要地說了：「在一個共同體（commonwealth）裡頭，成員彼此之間仍是獨立的個人，只不過受到社會律法的約束；但對於世界上其餘的人類，他們是一個整體，和其他人類間的關係仍處於自然狀態，就像共同體建立之前一樣。」他又補充道，這個共同體「會有權力發動戰爭、締結和平、為了利益與合作結盟，以及處理一切與外部人士和社群有關的事務。」[32]當代的自由主義者史蒂芬・霍姆斯也寫過幾乎一模一樣的東西：「自由權利只在統治了領土、有力量實現權利、已然存在的國家之內才有意義。國境或國家政府之間沒有任何力量可以實現權利，自由權利在此毫無用處。」[33]這同時也是政治哲學家高迪・狄更生（Goldsworthy Lowes Dickinson）的中心思想，正是他把「無政府」（anarchy）這個詞引進了國際關係文獻之中。布柯揚尼斯有篇關於自由主義和現實主義的重要論文也以此為核心。[34]

除非權力遠勝於國際體系中的所有國家，不然在無政府的國際上，採取自由主義的外交政策就是愚昧的戰略。不過還有一個理由會讓這種政策失去意義。正如前一章的解釋，自由主義把權利的重要性誇大過頭了。幾乎沒有證據顯示多數人認為個人權利不可剝奪，或是極度重視平日的政治生活。權利確實有一定的重要性，但自由主義者誇大了它對政治的影響，讓宣揚民主變得格外困難。

我在前一章也指出過，人們對權利的重視程度，會直接影響到容忍、和平解決問題等規範，還有國家扮演的角色。不可剝奪的權利愈受輕視，就愈難培養出容忍、愈難要求人們和平解決爭端，也愈需要強而有力的國家來維持秩序。如果自由主義普世論的這一面，不像多數自由派想得那麼有力，那麼一個強大的世界政府就很重要了。然而，國際體制永遠都是無政府狀態。

總結下來，如果正確理解自由主義，就知道它是不可能贏過現實主義的。除非我們成立世界政府，不然任何致力於自由主義原則的思想家只要頭腦清楚，都會像現實主義者一樣處理國際政治。在國家內部，自由主義可以成為追求美善的強大力量，但當國家要應付更廣大的世界，就不是這麼回事了。[35]

社會工程的極限與國族主義

自由主義國家雖然必須根據現實主義的規章行事，但有時候它的處境也會安全到可以追求自由主義霸權，無須擔心權力的平衡。在單極世界裡，世界體系中唯一的強權無須畏懼其他強權的威脅，因為這種對手並不存在。較弱的自由主義國家也可以決定要加入自由主義單極強權（unipole）的陣營，試著向全世界弘揚民主。冷戰過後，美國和以英國為首的西方盟友，就發現自己身處這種得以共同追求自由主義霸權的有利局勢。

但要注意的是，單極強權無論是否奉行自由主義，都可以採用多種差異極大的外交政策。努諾・蒙泰羅（Nuno Monteiro）指出，支配世界的強權有三種基本選項：它可以退出世界舞台，因為它知道自己已經足夠強大與安全了；它也可以留在國際政治的中心，努力維持現狀；或是嘗試用有利於自己的方式改變現狀。[36]哪一種政策最適合並非由國際體系的結構決定，而是高度取決於強權國內政治的運作。強大的自由民主國家一旦成為唯一霸權，至少最初的反應就是追求自由主義霸權，因為按自己的形象改造世界是烙在它基因裡的反應，而且這麼做的代價也看似很好控制。

雙極或多極世界中還有其他大國，因此自由主義強權沒有辦法追求霸權。儘管如此，它有時仍會明知不可為卻無視權力平衡的政治，選擇性地採取自由主義政策。這種有限的自由主義干預，結果很可能就跟在單極世界中追求自由主義霸權一樣：失敗。讓其他國家走向自由民主和促進個人權利，都是極為艱鉅的任務，不但鮮有成功，還常會引火自焚。

原因之一是，任何被當成目標的國家都有著難以操縱和重塑的深厚文化。就算是當地菁英來領頭，沒有社會革命也很難徹底改革社會。一無所知的外國人就這麼闖進來，別說是推動民主轉型，就連阻止迫害公民權利都是難上加難。更何況大部分的人也不是那麼關注個人權利。在政治動盪的時節，人們更有可能在乎的是回歸安定。加上還有國族主義超級強大的力量，又讓傳揚自由主義的工作變得更為複雜。我前面主張過，自由主義和國族主義可以在國家內部有效合作，只不過國族主義幾乎都是占優勢的那一方。而當焦點從國內轉到國際體系，國族主義幾乎每次交鋒都能擊敗自由主義。

國族主義的重心主要是關於身分認同。在人們眼中，世界由各種不同的人民和民族組成，因此不可避免會對自己人產生特別的情感，遠遠超過和外國人民的連結。也因此，多數人比起尊重外國國民的權利，更會覺得同胞應該擁有平等權利。[37]在許多備受人民重視的事物上，外國人都明顯有很大的差異，有時即便無冤無仇也會遭受鄙視。國際體系的常態更加劇了這個問題。軍備競賽和國際間時不時爆發的戰爭，不只會加深差異感，也是極端國族主義的溫床。外國人即使能得到尊重，也很難獲得平等相待。

連在美國這個最標準的自由主義國家，都找得到這種想法的無數蹤跡。比如說奧斯汀．薩拉特（Austin Sarat）在研究美國人如何看待權利時，就發現他們「沒有意識到自己和別人的自由息息相關；他們重視自己的自由，卻不在乎別人的自由」。[38]要美國人單單為了保護其他人的權利獻身作戰，即便是為了最重要的生命權，也是相當困難。美軍單純為了人道因素參戰的例子，就只有一九九三年索馬利亞的摩加迪休之戰。在十八名美國人死於戰場後，柯林頓總統很快就撤離了所有兵力。索馬利亞的事件在他和身旁官員的心裡都留下了陰影，以致於當隔年盧安達發生種族滅絕時，即便不會有太多人員傷亡，他們還是拒絕出兵介入。[39]

當外國人殺害的不是他的同胞或其他外國人，而是美國人民時，也會得到更多一般美國人的關注。[40]二〇一四年，兩名美國記者遭到伊斯蘭國（ＩＳＩＳ）斬首，國內的群情激憤就成了讓歐巴馬總統決定出兵的關鍵之一。[41]伊斯蘭國四處屠殺破壞確實讓美國人驚恐，但他們最關心的還是自己同胞的死。相反地，如果是美國人殺了外國人，特別是外國的非白人，就很少像殺害美國公民一樣受到嚴厲對待。比如一九六八年三月在越南指揮美軍殘暴屠殺美萊村（Mỹ Lai massacre）的威廉・凱利（William Calley）中尉，只被判處了三年半的軟禁就重獲自由，而且當他的作為被媒體揭發後，仍受到壓倒性的輿論支持。即便地球另一邊有三百五十到五百個平民慘遭殺害，而且其中大部分是婦女和兒童，凱利的其他同袍也沒有獲罪。[42]如果凱利跟他的部屬殺了那麼多手無寸鐵的美國平民，絕不會受到如此禮遇。正如國際關係學者約翰・穆勒（John Mueller）說的：「雖然美國人對美國人的傷亡非常敏感，但他們對於外國人，包括未參戰的無辜平民所受的傷亡，似乎異常無感。」[43]深入研究此議題的政治理論學者約翰・蒂爾曼也認為：「美國所參與的戰爭中最讓人矚目的一面，就是人們幾乎不討論受害的非美國人。」[44]當然，這並不是美國才有的思維。所有民族都是這樣想的，這直接違背了自由主義普世論的一面。

世界上存在著彼此南轅北轍、互相猜疑的國家，嚴重影響了自由主義外交政策核心的社會工程事業。國族主義強調自決，而民族國家內的人民都會希望能掌控國內政治，不受外界勢力干預。就算這些干預勢力的意圖高貴，也沒有任何民族想讓外國人對自己的生活指手劃腳。大多時候，被干預的國家都會激烈抵抗自由主義的尖兵，甚至不惜採取恐怖主義的作法。自由主義從不是什麼好賣的外銷商品。

除了目標國家內部的阻礙，扮演自由尖兵的國家也可能會遭遇到其他國家抵抗。有些國家會有強烈的理由想阻止自由尖兵宣揚它的意識形態。不像自由尖兵，多數國家都會依循現實主義行動，因為他們面對的威脅可沒有這麼簡單。所以這些國家多半會擔心，如果讓自由尖兵完成使命，帶領其他國家走向自由民主的話，它就會贏得新盟友，權力的平衡也將對它更有利。比方說，俄國就十分忌憚美國在東歐主導的那些被稱為「顏色革命」的民主化行動。在二〇一四年的二月二十二日，美國協助了烏克蘭發動政變，推翻了原本親俄的領導人，也釀成了莫斯科和西方世界之間的重大危機。[45]

還有一些少數國家反對自由主義傳播，是因為它們原本就對自由主義懷抱敵意——羅爾斯把它們稱為「流氓國家」（outlaw state）。[46]羅爾斯承認，世界上有「很多人」反對自由主義。「對這些人來說，」他這樣寫，「政治自由主義所設想的社會世界（social world）就算談不上邪惡，也是一場破碎又滿是錯誤信條的惡夢」。[47]以上這些因素都讓弘揚自由民主的目標註定失敗多於成功。

那麼自由主義外交政策中另外兩個輔助性的任務，也就是建立國際體制和開放的國際經濟呢？這兩項比較容易成功，因為不像促進民主，這兩者同時符合現實主義和自由主義的外交政策。

現實主義相信體制是管理國家的重要工具。比方說美國就高度倚重北大西洋公約組織、歐洲共同體、國際貨幣基金、世界銀行和其他冷戰初期所建立的體制。促進經濟交流也大致符合現實主義。現實主義者在冷戰期間就熱烈支持全球化，因為這顯然對美國有利。自由主義和現實主義對國際體制和經濟互賴的看法，只在這些任務是否有助於促進世界和平上，有一些小小的爭論。自由主義相信這樣可以減少衝突，現實主義則否。[48]

改行權宜自由主義？

目前為止，我都假設進步自由主義比權宜自由主義更主流。也沒什麼理由覺得這種局面將會改變。這表示權宜自由主義不太有機會成為自由主義國家的外交政策標準。

但這樣講或許太過悲觀。正如我在第八章的主張，美國在經歷追求自由主義霸權導致的大敗後，外交政策確實不是絕無可能轉向較為克制的路線。這種較為有限、明智的戰略，將會以現實主義的邏輯為基礎，輔以對國族主義如何影響強權行為的充分認識。這將會和以權宜自由主義為基礎的外交政策非常相像。因此這種自由主義外交政策會是怎樣，還是值得談一談，因為它不只有克制的成分在，也和自由主義霸權大不相同。

以權宜自由主義為中心的外交政策，不會像進步派一樣積極介入。[49]當然，它仍然會首重不可剝奪的權利，因此當外國人的權利遭到嚴重威脅，仍然會有干預的動機。不過，權宜自由主義者原則上並不喜歡社會工程，認為這類政策往往會失敗。他們相信積極的政府對國內沒什麼好處，對外國更是無益，這種反感也就抵銷了干預外國的動機。因此，權宜自由主義者往往拒斥「自由主義國家應該促進世界各國的政權更替，以協助弘揚自由民主」的那一套。畢竟這種政策需要更大規模的社會工程。他們反而會強調應該注意民族自決的原則。

由於這種心態，除非其他國家的政府或叛軍大量屠殺人民，不然權宜自由主義者都不會願意介入外國的人權問題。而在少見的例外中，他們的目標也是盡可能快點解決問題就回國，不會把精力耗在幫該國的政治恢復秩序。當然，迅速抽身並不容易。留下來清理介入引發的混亂、解決一開始造成這一切的政治和社會問題，這種想法非常地誘人。權宜派很了解政治干預的雪球會愈滾愈大，這又讓他們更反對干預外國。

權宜派還有一個理由反對積極干預的外交政策。在自己國內，他們比較希望國家以維持秩序和保障個人自由為重。他們不希望有個強大的國家來處處介入日常生活，這也是他們這麼討厭社會工程，特別是促進積極權利的原因之一。當自由國家採取了積極干預的外交政策，最後難免會建立起強大的國家力量，然後逐漸介入公民社會。權宜自由主義者非常恐懼這樣的警察國家，因此他們希望軍事建設和外交政策都盡可能受到限制。雖然他們也認為自由主義是最好的政治秩序，不過他們比較偏好對世界上其他地方採取自由放任的政策，這也是為什麼他們會被叫做權宜自由主義。

然而超過一百年來，進步自由主義已經是政治自由主義裡的主流，推動著自由主義霸權。只不過在國際政治上，其影響力還是遠比不上國族主義和現實主義。而要呈現自由主義的力量相較於國族主義和現實主義是多麼薄弱，最好的方法應該是回頭研究過去五百年來，國際體系的基礎架構是如何轉變的。

現代國際體系的建立

在西元一五〇〇年以前，歐洲還沒有所謂的國家（state）。當時這片土地上，充斥著帝國、城邦、公國、親王國、城市同盟和宗教組織等各式各樣的政治實體。在歐洲，主權一詞可以扯上許多不同類型的政治單位。[50]而在歐洲之外，也沒有國家可言。

英國、法國、西班牙這些最初的國家誕生於十六世紀初期，這些王朝國家在往後的三百年間，一直是歐洲最主要的政治勢力。十九世紀過後，王朝國家的角色慢慢被民族國家所取代，後者最後遍及全球；直到今日，世界體系仍幾乎由民族國家所組成。正如大衛．阿米蒂奇所說：「過去五百年來，全球政治史上最重大的一件事，就是世界舞台上的行動者從帝國變成了民族國家。這件事的意義遠超過民主的傳播、國族主義、權利的語言，甚至遠超過全球化，徹底決定了我們所在的政治領域。」[51]

這場讓世界從異質體系走向同質體系的巨大改變，顯然有許多成因。不過最主要的兩股推力，還是國族主義和現實主義，兩者的互動方式對於現代國家體系的形成，有著重要的影響。兩種思想對國家力量和生存求生的重視，將它們互相連結在一起，使得民族國家不斷增加擴散。[52]

現實主義與現代國家之興起

想了解國族主義和現實主義是如何聯手塑造了國際體系，有個不錯的起點，是先解釋作為權力平衡政治的核心，生存這件要務是如何協助民族國家的誕生，並讓這種政治型態遍布全球的。在國家出現以前，歐洲的眾多政治實體一直在進行著軍備競賽，並且時不時引發戰爭。[53]當然在十六世紀初，國家也是從永無止境的衝突泥淖中誕生的。當時歐洲的所有政治單位都極其在乎生存問題，因為它們所面臨的，是永遠從地圖上消失的危險。

在競爭至死方休的世界裡，生存非常仰賴軍事表現，而能夠在戰爭中獲勝的，自然是最強盛的勢力。社會學家查爾斯・提利（Charles Tilly）有個著名的說法，解釋了為何說到軍力和取勝，國家的表現會比其他政治型態還要優越。[54]軍事成功很大一部分是取決於有沒有足夠的經費，以及有沒有足夠的人口來維持龐大有效的作戰部隊。但這些支援都必須從民間汲取，這代表人口是多多益善。國家比任何政治型態都善於從居民身上汲取資源，轉換成軍事力量。所以到最後，國家淘汰了所有歐洲體系裡的競爭對手，因為沒有一種政治型態能建立起足以在戰場上與國家比肩的軍力。人們也變得要擁有自己的國家才能生存。

這個邏輯深深影響了馬基維利的《君王論》。在他寫作的十六世紀初，義大利還不是統一的國家。當時的義大利半島到處都是小型城邦，頻頻互相征伐，因此經常成為奧地利和法國侵略的對象。馬基維利寫道：「野蠻的統治讓每個人散發臭氣」，讓義大利淪落到「奴役與恥辱」之中。他認為問題根源在於義大利的四分五裂：「我不相信分裂有任何好處；當敵人逼近，分裂的城邦只會立即敗亡，因為弱小的城邦總會先加入外敵，讓其他城邦無力統治。」[55]

馬基維利了解，要解決此問題最好的作法，就是超越城邦體系，組成單一的國家，才能抵擋奧地利和法國，不讓它們越雷池一步。他對某個未來的義大利君王提出正言直諫，盼望協助領導者統一義大利並「從野蠻人的兇殘與侵犯之中奪回她」。[56]義大利人如果想要生存，就必須學習那些強而有力的鄰居，建立自己的國家。然而一直到一八七〇年，義大利才終於統一。

馬基維利寫作之際，王朝國家方在歐洲現身。雖然早期的國家能從民間汲取大量資源，卻無法激發治下人民太多的忠誠。主權寄宿於王冠，而非人民，這也是為什麼馬基維利是向君王諫言，向他講授如何操縱人民。這種情形到了一七八九年的法國大革命讓法國成為歐洲第一個民族國家以後，就有了劇烈的變化。國族主義出現在法國，代表許多法國人開始對國家產生了強烈的忠誠，甚至願意為法蘭西拋頭顱灑熱血。這種精神讓革命政府和拿破崙時期的法國得以建立壯盛的大軍，席捲大半個歐洲。饒是其餘六大強權結為同盟，也花了二十三年（一七九二—一八一五）才能將它擊敗。[57]

最後，其他歐洲國家也理解到，如果想要留在歐洲的舞台上，就只能仿效法國成為民族國家。普魯士在拿破崙戰爭期間的作為就清楚說明了這個趨勢。一八〇六年十月，拿破崙軍隊在耶拿和奧爾施泰特的會戰中重挫普軍，讓普魯士的當政者領悟到，只有克服對國族主義的恐懼，用它大肆武裝麾下軍隊，才有希望擺脫拿破崙的枷鎖。他們跨出腳步，最後在擊敗拿破崙軍隊、終結他無止境侵略的戰役中，扮演了舉足輕重的角色。[58]

到了二十世紀初，歐洲的所有國家都成了實質上的民族國家。主權不再屬於王冠，而是寄宿於人民之間。[59]強調生存至上的權力政治思維，先是協助王朝國家超越所有對手，接著又幫民族國家淘汰了王朝國家。

民族與國家

國族主義對現代國際體系的形成，也有很大的重要性。大部分的過程都已經在第四章說過了，所以這裡就簡單提要。由於各種不在本書討論範圍之內的原因，雖然十九世紀後半的主要政治單位仍是王朝國家，不過歐洲和北美洲已經開始出現了民族。民族的特別之處在於它們是當代世界最高階的社會群體。它是求生的倚仗，協助成員合作確保生活的基本需求。不過民族本身也要擔心生存的問題，因為世界上還有其他對立民族會找到理由傷害它。

要保障民族的生存，最好的方式就是建立自己的國家，但這也不代表民族如果沒有掌握國家就註定會滅亡，只是建立國家肯定是生存機會最高的作法。所以民族只要一誕生，就無法抗拒建立自己國家的期待，這也促成了民族國家的崛起。除此之外，由於國家是在國際社會的無政府狀態下活動，每個民族都會希望自己的國家兵強馬壯，以便確保民族得以長存。現代世界從裡到外都誕生自現實主義的基本邏輯，而國族主義又從根本上強化了這套邏輯。

在歐洲之外，許多帝國主義的受害者也深切擔憂著自身文化能否長久存續，因此這套邏輯也同樣適用。過去受到壓迫的臣民逐漸明白，要解決這個威脅，最好的作法就是起身對抗、擺脫帝國的控制，建立自己的國家。這個過程在二十世紀的許多地方都發生過，也充分解釋了為何所有的歐洲殖民帝國，最終都迎來了黃昏，也解釋了為何當今世上的主權國家盡是民族國家。

不只是民族會想建立自己的國家，國家也有強烈的動機確保人民能形成一支民族。正如前面的討論，國家會受國族主義吸引，因為這是軍事力量必須的來源。但也有一些和軍事無關的理由，會讓各國中央政府希望培養出一個民族國家。擁有共同語言和教育體系的民族文化不只符合經濟效益，也符合行政效益。如果公民們有一套標準的文化，又能跟國家建立起牢固的紐帶，就會更容易治理。國家和民族之間互相需要，使得民族國家成了世界上最主要的政治型態。

我們也能從自由主義之外的普世論意識形態和國族主義相撞的後果，看出後者的力量是多麼強橫。就拿許多方面都與自由主義驚人相似的馬克思主義來說好了。正如約翰．格雷所言：「這兩者都是期盼建立普世文明的啟蒙式意識形態。」[60]馬克思的普世主義以階級分析為動力，其追隨者也堅信社會階級可以超越民族和國家的邊界。最重要的是，他們也主張不同國家的勞動階級之間都因為資本家的剝削而建立起了一條結實的紐帶。在一戰爆發時，這股思想讓一些馬克思主義者相信，歐洲各國的工人不會用武器指向彼此。當然，他們錯了。現實是有無以計數的工人為了各自的民族國家在戰場上死去。

蘇聯是二十世紀最典型的共產國家，其下統治著許多不同的民族。但無論政府再怎麼努力打擊它們，這些民族仍然屹立不搖，而國族主義在蘇聯的瓦解中，也扮演了關鍵的角色。[61]此外班納迪克．安德森也曾指出，「自從二戰以來，每一場成功的革命都是以**民族**為號召」，其中也包括了中國和越南等馬克思主義國家。安德森也強調，共產國家刀兵相向的例子並不在少數，而且「交戰的任何一方就算曾用過清晰的馬克思主義觀點來為殺戮辯護，也都僅只是表面文章而已」。根據馬克思主義理論，這些戰爭都不該發生，但卻還是發生了。安德森還引用了知名馬克思主義學者湯姆．奈恩（Tom Nairn）的話：「國族主義理論代表著馬克思主義嚴重的歷史錯誤。」[62]

總之，當代的民族國家體系，主要是來自國族主義和權力平衡的相互影響，這兩者會特別重視國家，也都是出於對生存的關注。自由主義對於建立現代社會的確功不可沒，但影響力充其量也只能算是二把手。

世界政府能否成真？

或許你認同我反對拿政治自由主義當作外交政策的觀點，但還是認為有個顯而易見的解決方式，那就是成立世界政府。有些學者主張我們正往這條路上走，主要理由是民族國家處理不來當今世界所面臨的許多經濟、監管、安全和環境挑戰。一旦新的政治秩序就位，現實主義就不再有力了，國族主義的黑暗面也將被掩蓋，[63]世界政府將會建立起自由主義的政治體系。

當國際體系有了上下層級、不再是無政府狀態，現實主義就會失效。[64]在有上下層級的世界裡，就有了守夜人來保護弱小的國家，因此權力平衡的邏輯將不再適用。國際政治將會變成大規模的國內政治，讓自由主義可以大肆盛放。世界上大部分的人當然都還是多少會忠於目前的民族，但從定義上來說，這些民族都不再擁有自己的國家。整個世界上只會有一個超級政府，所有人多半都會對這個政府有某種普世性的身分認同，讓一直以來的國族主義消失，或者最起碼減弱。但就算沒有這麼發展，超國家政府（überstate）仍然能防止對立的民族彼此開戰。

但短期看來，世界政府還不會出現。首先，擁有自己國家的民族根本不可能自願放棄國家。我們也很難想像努力爭取建國的民族會放棄這個目標。民族都渴望決定自己的命運，不太可能把它交給某個自己頂多只能勉強掌握的超級政府。

也有人會主張，全球化正讓各民族匯聚成某種普世文化，而這將成為世界政府的基石。但這個想法並沒有太多證據支持，倒是有很多證據指出即便在網路時代，許多深厚的文化仍保有各自的特色，廣為世人所知。此外，普世文化的產生也意味著，大部分的人類要能對美善人生需要哪些東西達成普遍的共識。但這樣的共識不可能形成，因此普世文化也不可能出現，所以要成立一個以自由主義政治體系運作的世界政府也不太可行。

另一種實現世界政府的可行作法，則是征服世界，由一個超級強大的民族國家出兵併吞其他國家。但這也不會發生。地球大到沒有哪個國家可以完全征服——考慮到跨洋投射軍力的難度，就連統治大部分地區也做不到。遭受進攻的人民會有強烈的理由結為盟友，極力抵抗、遏止征服者，最終摧毀他們的侵略野心。就連美國這個人類史上最強大的國家，也不曾動念要用武力建立世界政府，由美國來統治世界。原因很簡單：就是不可能。

就算我分析得不對，哪天世界政府真的實現，多半也不會是自由主義政府。自由主義不但和許多國度格格不入，要在新的土地成長也曠日費時、窒礙難行。世界政府內會有很多分離勢力，要阻止這些勢力，中央就得祭出鐵腕手段。即使如此也可能不足以防止嚴重的暴力衝突爆發。這也是自由主義者對世界政府沒什麼熱情的原因之一。比方說，康德和羅爾斯都反對這個主意，認為這樣不是變成反烏托邦，就是會跟羅爾斯說的一樣，變成「被頻繁內戰撕裂的脆弱帝國」。[65]

無政府狀態不會停止

如果未來不會出現世界政府，就代表國際間的無政府狀態將不會停止，強權也就只能根據現實主義來行動。求生的需求不會稍減。不過有時權力的平衡會傾斜，讓某個國家能追求自由主義霸權——雖然大概不會成功。自由主義當成政治制度有其優點，但一放上國際舞台，自由主義所推出的政策就是不會成功。

接下來，我們要更進一步批判自由主義，論述追求自由主義霸權不僅對於自由主義國家，對於目標國家也會造成巨大的代價。而且，根據自由主義信條行動的強國，最後很可能只會讓整個世界更不穩定。換句話說，自由主義的外交政策不只沒用，還可能會反噬己身。

第六章
自由主義是問題之源

自由主義霸權的代價源自於自由主義國家為了保護人權、弘揚自由民主體制，最後定會掀起無盡的戰爭。一旦在世界舞台上嚐到甜頭，自由單極強權很快就會對戰爭上癮。

自由主義霸權具有五個會讓軍國主義（militarism）更容易興起的因素。首先，全球民主化的野心提供了很多開戰的機會。第二，自由派決策者相信他們有權利、有責任，也知道如何用軍事力量達成目標。第三，這些人對完成使命常有宗教般的熱情。第四，追求自由主義霸權會損害外交，使得與要他國和平解決爭端更為困難。第五，這種野心宏大的戰略會侵蝕主權的概念，而主權在國際政治上，正是限制各國開戰最主要的規範。

一個容易不斷開戰的國家，會增加國際體系中的衝突，讓世界更不穩定。這些武裝衝突通常以失敗告終，有時還是災難性的慘敗，但主要付出代價的都是所謂「被自由主義巨人拯救」的國家。有些人會認為，自由派菁英會從這些失敗中學到教訓，開始排斥對外用兵，但這其實很少發生。

自由主義霸權還有其他會加劇不穩定的理由。強大的民主國家即便不發動戰爭，也會傾向採取野心強烈的政策，這些政策經常會適得其反，損害民主國家和目標國家之間的關係。舉例來說，民主國家常會干預他國的政治，在跟專制國家進行外交接觸時，也傾向忽略對方利益，認為自己知道什麼對該國最好。最後，在國外推行自由主義常會損害國內的自由主義，因為窮兵黷武的外交政策，必然會製造出頻頻侵犯公民自由的警察國家。

我的看法是，當國家開始追求自由主義霸權，最後對自身與他國，特別是它們原本打算幫助的國家，都是弊大於利。接下來我將以一九九二年十一月，柯林頓當選美國總統以降的外交政策，來說明我的看法。隨著冷戰在一九八九年落幕、蘇聯在一九九一年解體，美國就成了世界上最強盛的國家。而柯林頓政府也不出人所料，一上台就開始建立自由主義霸權，後來的布希和歐巴馬政府也一直延續這套政策。

在這段期間，美國也理所當然地投入了許多戰事，且這些戰事幾乎都沒有一場曾獲得有意義的戰果。對於整個大中東地區失去穩定，以及當地人民的嚴重損失，華盛頓可說是責無旁貸。身為這些戰爭裡忠實的跟班、同樣信奉自由主義的英國也得為這些美國惹出的麻煩負起部分責任。俄羅斯能在烏克蘭製造那麼大的危機，美國決策者同樣扮演了關鍵的角色。在本書寫作之際，這場危機仍沒有要降溫的跡象。這並不符合美國的利益，更不要說是烏克蘭的利益了。而在國內，日益強化的保防措施也侵蝕了美國人的公民自由。

自由軍國主義

自由主義常談論戰爭的邪惡，以及超越權力平衡對於世界和平的重要，所以說他們是軍國主義者似乎有點怪。但說實話，很多自由主義者都信仰軍國主義，一個比一個還熱衷那種如狼似虎的外交政策，也從不吝於動用軍事力量推展這份使命。[1]

自由主義的核心使命之一是保護人們的權利不受嚴重傷害。當有大量的外國人被殺害，就會引起自由主義國家干涉他國的強烈衝動。最清楚反映這份志業的，就是「國際社會」在沒能阻止一九九四年盧安達種族屠殺，以及一九九五年雪布尼查大屠殺（Srebrenica massacre）*後，所發展出來的「國家保護責任」（Responsibility to Protect, R2P）。[2]國家保護責任指的是，國家不只有責任保護自己的人民不受種族清洗和大屠殺等嚴重罪行所害，也有責任保護其他國家的人民不會遭受這些暴行。簡而言之，它要求各國隨時警戒世界上有沒有發生侵犯人權的重大罪行，並在第一時間出手阻止。一旦發生這種事情，軍力足以介入的自由主義強國就應該發動戰爭保護受害者。

這種維護個人權利的任務，很容易就會形成更強勢的策略：在其他國家積極推動自由民主，一勞永逸地解決問題根源。自由主義國家的職責追根究底就是保護公民的權利，所以這種策略可以讓世界更為和平，也有助於保護自由民主體制免受內部敵人的傷害。同時自由主義也被認為能促進經濟繁榮，這個結局不但本身就很正面，也對和平有幫助。總之，宣揚自由主義應該能讓世界更安全、更繁榮也更和平。

我們可以從美國無數的自由派評論中看出，支持這種世界觀的人都十分虔誠。比方說，曾於老羅斯福任內兼任國務卿與戰爭部長的外交官羅脫（Elihu Root），於一戰中就曾有云：「民主國家如欲久安，凡有良機便當盡誅寇仇。蓋民主與獨裁不能共天下。」越戰期間擔任國務卿的迪安．魯斯克（Dean Rusk）也說：「國際環境的意識形態倘若不夠安全，美國就也得不到安寧。」正如外交政策學家克里斯多福．雷恩（Christopher Layne）所說：「這些言論不是個案……一直以來，美國政治家就經常表達這種觀點。」[3]

這種傳教狂還不只是決策階層的毛病而已。比如羅爾斯就寫過：「自由主義者和正派的人民有一樣的特質，他們希望世界上所有人都能在奉行良序（well-order）的政權下生活……他們長遠的目標，是讓所有社會都奉行『屬於全人類的律法』（Law of Peoples），在一個人民遵循良序

* 譯註：南斯拉夫解體後，波士尼亞於一九九二年三月公投獨立，遭到境內的塞爾維亞人反對，雙方因此爆發內戰。一九九五年，塞族軍隊攻入以波士尼亞人居多的雪布尼查，並在四天之內屠殺了八千三百人。

的社會中擁有良好的聲譽。」[4]這種雄心壯志不會理所當然地走向戰爭，而羅爾斯也小心澄清，他不是要鼓吹成立弘揚自由民主的十字軍。[5]不過要傳揚自由主義，戰爭無疑是種可行，甚至極為誘人的選項。約翰．歐文也是有名的自由派干預主義者，他的著作中就顯露出這種以武力實現自由目標的傾向：「自由思想讓自由民主國家不易相互交戰……但同樣的思想也催促著自由主義國家向不自由的國家揮兵。」接著他又寫道：「和平是每個人共同的利益，所以人只該把戰爭當成實現和平的工具。」[6]

出現於二〇〇二年，為二〇〇三年三月入侵伊拉克鋪路的小布希主義（Bush Doctrine），或許就是這種自由派干預主義的典範。九一一事件過後，布希政府做出結論，認為要打贏他們口中的「全球反恐戰爭」，不只要打倒蓋達組織（al Qaeda），更要對付伊朗、伊拉克和敘利亞。他們認為統治這些「流氓國家」的政權，都跟蓋達等恐怖組織脫不了關係，甚至鐵了心要取得核武交給恐怖分子。[7]簡單來說，他們是美國的死敵。布希以為用武力可以讓這些國家、還有中東各國都走向自由民主。在二〇〇三年出兵伊拉克以前，他也明確提出了這一點：「有美國的決心與鬥志，有我們的朋友和盟邦，我們會締造一個進步與自由的時代。自由的人民將決定歷史的進程，自由的人民將維護世界的和平。」[8]

薩達姆．海珊是個踐踏人民權利的殘暴獨裁者，這無疑也是布希總統和幕僚想推翻他的理由之一。但這個問題的存在已經不是一時半刻，美國不可能單為了這點就打算廢黜海珊、換上民選的領導人。美國入侵伊拉克的動機，還是為了阻止核武擴散與恐怖主義。而布希的團隊認為最好的解方就是讓整個大中東的國家都走向自由民主。這樣不但能解除大中東的軍事競賽，促進區域合作，也能一口氣解決兩個問題。「傳揚民主價值顯然對全世界都有好處，」布希總統說，「因為穩定和自由的國家不會滋生出殺戮的意識形態，而是會鼓勵人們和平追求更好的生活。」[9]

自由主義霸權的特徵在這些行動中表露無遺。自由主義者只要有了強大的軍事力量，就非常容易發動戰爭。這些戰爭不僅是為了保護他國人民的權利，更是為了傳播自由民主體制，因為他們認為這是捍衛權利、抵抗重大安全威脅的最佳手段。有鑑於世界上從來不缺威權國家、嚴重的人權侵害，或是形成軍事威脅的國家，像美國這樣的強國一旦能恣意追求自由主義霸權，大概就會進入永不停歇的戰爭狀態。

自由主義讓外交更加艱難

另一個讓單極自由主義強權軍國化的因素，是自由主義霸權會妨礙與威權國家之間的外交，令戰爭風險升高。當兩個以上的國家為了某個看法不合的重要議題進行磋商，就是所謂的外交，這麼做是為了找出共識以便和平解決爭端。雖然未必對等，但外交要成功，各方都必須做出一些讓步。這就是為什麼亨利．季辛吉會說，外交是「限制權力行使的藝術」。[10]外交場上的各方沒有必要公平相待，只是若要外交手段管用，有再多深仇大恨也得給彼此一點尊重。

外交與戰爭是兩樣可以彼此替代的經世利器。一個是靠言詞和交涉解決爭端，另一個則是靠軍事力量。一般認為外交是比較安全、經濟的作法，一九五四年邱吉爾也在白宮講過：「吵一架好過打一架。」[11]儘管如此，外交和戰爭往往都是一搭一唱。外交手段如果輔以軍事威脅，通常會比較有效。戰爭也常是靠外交手段才得以結束。就算是「巨棒外交」（big stick diplomacy），*目的還是為了阻止或終結戰爭。當敵國拒絕外交手段，戰爭的可能性就會大為激增，一旦爆發也將更難終止。

當自由民主國家依循現實主義，和非自由主義國家進行外交時，很少會遇到什麼困難。這種時候，自由民主國家為了盡可能生存，會採取任何必要的手段，包括跟威權領導人談判，有時甚至會支持兇殘的獨裁者，或是與之結盟。比如美國在二戰時，就曾為了對抗納粹德國和史達林合作，也曾在一九七二年之後跟毛澤東合作圍堵蘇聯。有時它們甚至還會推翻可能懷抱敵意的民主政權。自由民主國家都會用自由主義修辭竭力粉飾這些行為，但老實說，它們就是違反了自己的原則，而這就是現實政治。

然而，當單極強權可以甩開權力平衡的邏輯，採取自由主義的外交政策，外交就不那麼受重視了。單極強國會不屑跟敵人進行外交，至於原因，你讀到現在想必也很了解了。雖然容忍是自由主義的核心原則，但碰到侵犯公民權利的敵人，自由主義國家通常會忘掉這回事。畢竟權利是不可剝奪的。既然威權國家往往會虧待，甚至踐踏人民的權利，自由主義國家就可以放心甩開現實主義的鐐銬，將對方當作是不配禮尚往來的罪惡政體。

追求自由主義霸權的國家，最後常會對非自由主義國家深惡痛絕，認為國際體系由善良和邪惡的國家組成，雙方幾無和解的空間。在這樣的觀點下，自由主義國家一有機會，就會祭出必要手段消滅威權國家。這種憎惡的結果之一，是自由主義國家面對非自由主義國家就很難只進行有限的戰爭，而是非贏得決定性勝利不可。無條件投降會成為固定目標，畢竟和邪惡妥協是不可容忍的。[12] 再加上國族主義往往會讓交戰的國家彼此憎恨，戰爭極端化的傾向又會更加嚴重。

最能反映這種除惡務盡之心的，應該就是威爾遜對於一戰後如何處置德國等戰敗國的想法。他認為既然「安排、妥協或是調整利益」都無法達成和平，就不可能「和中歐各國的政府進行磋

---

* 譯註：源自老羅斯福的名言：「溫言在口，大棒在手，你可以走得更遠。」意指恩威並施的外交政策，美國曾據此多次干預中南美洲國家的內政。

商或談判」。威爾遜認為妥協和權力平衡的政治是同一回事，並將後者蔑稱為「國際政治的舊秩序」，應該「徹底摧毀」。這麼做都是為了「擊潰邪惡，一勞永逸打倒妨礙和平的險惡勢力，讓它無法東山再起」。一九一九年底，他也如此評論《凡爾賽條約》：「我聽說該條約對德國非常嚴厲。當人犯了罪，就該受到嚴厲的懲罰，這種懲罰絕非不公不義。這整支民族都允許了敗德的統治者犯下戕害人類的罪行，自然應該受到懲罰。」[13]

總之，當自由民主國家可以依循自由主義的根本原則在國際上為所欲為，就很難讓他們用外交手段對付不自由的敵國，因此雙方將更有可能以暴力解決分歧。自由主義並沒有那麼容忍，這時只要加上對不自由的憎惡，不受權力平衡限制的單極自由主義強權就會投身永無止境的戰爭。

自由主義與主權的矛盾

還有一個理由會讓追求自由主義霸權的國家，最後紛紛走向窮兵黷武：自由主義會侵害主權。尊重主權是國際政治上最重要的規範，因為這樣才能盡可能減少戰爭，促進國家之間的和平關係。就拿《聯合國憲章》（United Nations Charter）為例，它的第一條第一點說，聯合國的目標是「維持國際和平與安全」。第二條的第一點則是：「本組織係基於各會員國主權平等之原則。」

主權代表國家對境內發生的一切擁有最高權威，外國勢力無權干預其政治。[14]在此原則下，每個國家都是平等的，這也代表國家不分強弱，都應當不受他國影響，任意實行自己的對內和對外政策。主權的概念是國際法的基石，換句話說，至少在沒有聯合國安全理事會的批准下，各國之間不應彼此侵略。

當然，這些規範對國家行為的影響很有限。主權其實常常會被冒犯。[15]任何現實主義者都會告訴你，只要扯上重大的國家安全事務，國家就會遵照自己的利益行事，哪怕這樣有可能觸犯什麼重要規範，或是國際體制上白紙黑字的規矩。[16]儘管如此，領導人還是會在乎自己的正當性，並仔細注意行之已久的規範，有些規則畢竟備受重視與支持，沒人想被其他國家覺得任性妄為、不識大體。這點在涉及主權時最為明顯，因為主權是國際政治的核心。至少當決策者不確定入侵他國是否有正面的戰略意義時，主權的規範就很可能會影響最後決定。

當國家在十六世紀初的歐洲形成之際，主權的規範也跟著出現，只是一直到《西發里亞和約》（Peace of Westphalia）簽署過後，主權才真正重要起來，彼時空前血腥的三十年戰爭（Thirty Years' War，一六一八—一六四八）也隨之落幕[17]——這場戰爭據估計犧牲了日耳曼地區三分之一的人口。[18]當時歐洲的衝突多是因為宗教差異。天主教和新教國家彼此征伐想讓對方改宗。主權的規範就是要禁止武力干預，終結這種行為。只是主權或許幫忙終結了殘忍的宗教戰爭，卻無法讓歐洲國家停止權力平衡的政治，因此每當切身利益受到威脅，他們還是會大方違反規範。當時的主權概念也不適用歐洲以外的地區，因此歐洲列強可以恣意建立起橫跨世界的帝國。所以在《西發里亞和約》簽訂後的大約兩百年間，主權對歐洲國家行為的影響並不大。[19]

隨著國族主義在十九世紀的歐洲，以及二十世紀的帝國殖民地成長茁壯，主權這個概念才變得比較有意義。國族主義強調自決，也就是生活在國家境內的人民有權決定自己的命運，任何外部勢力也無權將自己的觀點加諸於別的民族國家。自此，主權就和民族與國家密不可分了。國族主義可說是強化了《西發里亞和約》裡的主權。不過受國族主義影響最大的是，其實是歐洲以外的地方；民族自決和反對干預的原則，促成了殖民地在二十世紀紛紛從列強手中獨立（decolonization）。[20]換句話說，國族主義消滅了帝國的正當性。所以那些原本受歐洲帝國主義戕害的國度，現在自然會堅定支持主權的概念。

主權概念的影響力在一九八〇年代末，也就是冷戰即將結束時達到高峰。全球各地的國家紛紛響應，其中共鳴最強的，莫過於努力擺脫蘇聯宰制的東歐國家。冷戰終結後，原本在蘇維埃聯邦內的許多共和國都開始討論如何取回自身主權，而且最後也都成功了。但主權的規範卻在一九九〇年代中逐漸毀壞，主因出在美國介入他國政治的力道更甚於過往。成為單極強權後，美國除了擁有能往全球投射力量的顯赫軍力，更因為自由主義而有著強烈的動機干預他國事物。英國和多數西歐國家也積極協助華盛頓實現這份外交政策上的雄心壯志。

無論是為了保護外國人的權利，還是傳揚自由民主體制，自由主義都熱衷插手他國的政治。事實上，無論決策者還是學界，都普遍同意自由主義和主權的概念根本就水火難容。舉例來說，一九九九年四月，英國首相東尼．布萊爾（Tony Blair）曾在芝加哥發表過一場知名演說：「在這下一個千禧年的前夕，我們正活在一個全新的世界上……我們所面臨的外交政策問題中，最迫切的就是該在什麼情況下積極涉入其他人民的衝突。長久以來，不干預他國都被當成是國際秩序上的重要原則，我們也不準備輕易拋棄它。一個國家不該覺得自己有權改變其他國家的政治制度、煽動他國人民顛覆政權，或是奪取自認為應當據有的領土。但是在一些重要的層面上，不干預的原則也必須有所修正。」[21]

到了二〇〇四年三月，他又為了幫伊拉克戰爭找理由，而引用了之前的芝加哥演說：「在九一一事件以前，我就已經開始追尋另一種國際關係哲學；從一六四八年《西發里亞和約》簽訂以來，主流國際關係的傳統就是，一個國家的內部事務是它自己的問題，我們不該擅加干預，除非它威脅到我們、違反了某個條約，或是讓我們必須履行對盟友的義務。」[22]二〇〇〇年五月，德國外交部長約施卡．菲舍爾（Joschka Fischer）也告訴柏林的大眾：「一九四五年以後，『歐洲』這個概念的核心，就一直是要從歐洲大陸上剔除一六四八年《西發里亞和約》以來的權力平衡原則，以及個別國家稱霸的野心，而我們的作法，是更加緊密結合彼此的切身利益，將民族國家的主權交給一個超國家的歐洲體制。」[23]學術界對這個題目很有共鳴，比如《超越西發里亞：國家主權與國際干預》（*Beyond Westphalia? State Sovereignty and International Intervention*）和《主權的終結：收縮、破碎世界下的政治》（*The End of Sovereignty? The Politics of a Shrinking and Fragmenting World*）等書名，都反映了這種興趣。[24]

由於堅實的國力加上對自由主義深層的信仰，美國從冷戰期間就已經帶頭對主權發難了。當然，它還是謹而慎之地捍衛著自己的主權。[25]雖然華盛頓有時會自顧自地採取行動，不過通常都會盡力讓其他國家參與它的干涉行動，這樣就可以宣稱「國際社會」賦予了它的行為正當性。然而，打擊主權的後果之一就是美國的領導人變得更容易向他國宣戰。強國採取自由主義的外交政策後之所以會陷入無止境的戰爭，並讓軍國主義在國內茁壯，另一個原因就是主權的衰弱。

不穩定與代價高昂的失敗

自由主義霸權還會有其他代價。首先，就算此目標會使世界更和平，也會為整個體系帶來更多不穩定因素。換句話說，世界上的戰爭大概只會更多，不會變少；考慮到自由霸主的相對國力和固有的好戰，這樣的結果也不讓人意外。而且，一旦強權可以恣意採取自由主義的外交政策，最後必然會對自己、對同盟、對目標國家，以及對無端捲入交火的旁觀國家，都造成嚴重的問題。

與大國交惡：中俄的強力反擊

自由單極強權不太可能為了保護個人權利或促進政權更替，就向其他大國揮兵，主要是因為這樣的代價實在太高了。儘管如此，要干預對方還是有別的其他方式。可能的戰術包括了利用非政府組織支持目標國家內的特定團體或政治人物；從人權紀錄來決定是否對該大國提供國際援助、允許其加入國際機構、與其進行貿易；公布目標國家侵犯人權的紀錄羞辱對方。但這些手段都不太可能有效，因為這些大國必定會認為自由主義強權的行為，是在不正當干預他們的內政。當其認為自己的主權遭到侵犯，這些外交政策就會弄巧成拙，毒害兩國間的關係。

近年來美國在應對中國和俄羅斯時，就常出現這種行為模式。自從一九八九年中國政府鎮壓天安門的示威者以來，華盛頓就一直努力想讓中國落實人權與自由民主。一九九一年俄羅斯脫離蘇聯以來，美國也一直在對它做一樣的事情，不過自從符拉迪米爾・普丁在二〇〇〇年代初成為總統後，美國決策者又更為關注俄國人權了。美國領導人常告訴中國和俄國的群眾，說他們的家國應該變得更像美國。

在俄國的例子上，美國的心力不只用在對付俄國上，也努力想改變其周圍的國家。華盛頓大力推動了喬治亞的玫瑰革命、烏克蘭的橙色革命等各地所謂的「顏色革命」，希望讓它們走向自由民主。但這些國家畢竟都跟俄羅斯接壤，對莫斯科有很大的戰略意義。另外，美國也暗示過想在俄國內部引發顏色革命。比方說，由美國政府資助、專門在世界各地推動政權更替的「國家民主基金會」（National Endowment for Democracy）高層，就在二〇一三年九月的《華盛頓郵報》專欄上警告過普丁，說他在位的日子將不久矣。[26]

在擔任駐莫斯科大使的二〇一二年一月至二〇一四年二月間，麥可・麥克福爾（Michael McFaul）的行動與言詞就表明，他一直都致力於推動俄國的民主。所以可以想見，俄國政壇的當權派都很擔心他的一舉一動會傷害莫斯科與華盛頓之間的關係。而麥克福爾也承認，他的行動讓俄國媒體形容他是「歐巴馬派來推動顏色革命的代理人」。[27]說真的，這能怪媒體嗎？從二〇一六年俄國涉入總統大選的爭議中，就可以看出美國人也很討厭國內政治遭外國干涉。一旦成了別人的目標，美國人也是堅定擁護起自決原則。那俄國人會這樣有什麼好意外的呢？

說到維護主權，中國領導集團的作為也差不了多少。對於美國老是高談人權，他們也深感厭惡，認為美國唱這些高調的背後，都有個意在顛覆中國政權的祕密計劃。中國對美國意圖的疑心嚴重到香港一發生民主派抗爭，就咬定這是美國在背後搞鬼，即便這個想法沒有任何證據支持。[28] 為了反擊美國對中國人權的批評，中國也發行了自己的人權報告，痛批美國的人權紀錄。[29] 就像俄國的經驗一樣，華盛頓為了讓北京走向自由的努力，只是讓兩國關係更加惡化。而且，這兩國的人權也毫無進步，沒有任何證據指出它們在短期之內會成為自由民主國家。

面對像中俄這麼強大的國家，美國可以實行的社會工程就很有限。不能直接用兵阻止人權被侵犯，或是推進政權的更替；經濟制裁或其他外交策略也起不了多少效果，原因除了強國本來就比較能抵抗威逼，它們通常也有報復的手段，不像弱國缺乏保護自己的物質基礎，只能任人宰割。於是，追求自由主義霸權的強權為了減低代價、提高收益，自然會把最認真的社會工程都用在弱國上。

小國亦非軟柿子：大中東的悲劇

不過干預小國也常常失敗。最能說明社會工程效果有限的例子，就是從九一一以來，布希和歐巴馬兩屆政府試圖推翻大中東地區的威權統治者，以民主政權取而代之的作為。美國瞄準的目標共有五國：阿富汗、埃及、伊拉克、利比亞和敘利亞；僅憑一國軍力，就協助推翻了阿富汗、伊拉克和利比亞的政權，不過沒有攻入埃及和敘利亞。雖然埃及還是發生了兩次政權更替，卻沒有變得更好；至於敘利亞則爆發了血腥恐怖的內戰。

每一次，美國的決策者都以為可以建立穩定、親美的民主政權，讓它們協助處理核武擴散、恐怖攻擊等問題。華盛頓那些大人物對於改變這五國，甚至全中東政治的能力，簡直自信到令人咋舌。但他們每次都失敗了，整個大中東遍地都是他們帶來的殺戮與破壞，美國也被他們捲進阿富汗、伊拉克和敘利亞土地上彷彿永無止期的戰爭。

在九一一事件的一個月後，也就是二〇〇一年的十月中，美國就向阿富汗宣戰。十二月初，美軍似乎已大獲全勝。塔利班政權下台，美國在喀布爾安插了一名似乎志在民主的領導人哈米德・卡爾扎伊（Hamid Karzai）。這次明顯的成功讓布希政府認為他們可以在伊拉克複製相同的成果，最終推及其他中東國家。這也是小布希主義的開端。美國在二〇〇三年三月入侵伊拉克，很快就推翻海珊。華盛頓似乎找到了讓中東遍開民主花朵的神奇咒語。但是到了夏末，伊拉克便陷入內戰，美軍也將面對一場大型叛亂。

就在布希政府整顆心都放在伊拉克的同時，一切也在二〇〇四年開始失控——塔利班起死回生了。阿富汗也被內戰給吞噬。為了不讓塔利班和他們的同夥推翻卡爾扎伊政府、再度奪權，美國只好將大批部隊派入該國，同時在阿富汗和伊拉克兩面作戰。事情的發展都和先前的期望大相逕庭，華盛頓找不到辦法安撫大中東地區，還得想辦法挽救兩國的局勢。

然而兩場戰爭從現在看來都是註定會失敗。歐巴馬政府在二〇一一年十二月將所有美軍從伊拉克撤出，留下一個破敗的國家，任其陷入巴格達什葉派政府和伊斯蘭國的內戰之中——而讓什葉派與遜尼派內戰升溫的伊斯蘭國，正是一支布希政府為推翻海珊所扶持的遜尼派好戰分子。他們首先在伊拉克和敘利亞戰場上攻城掠地，甚至宣布自己已成為是實質上的（de facto）國家，讓美國又在二〇一四年八月對他們宣戰，只不過是以空襲為主。[30]另外，伊拉克的庫德族人也不想留在伊拉克，於是在北邊建立了實質上的國家。有這些庫德族和遜尼派的強大勢力，加上巴格達政府的虛弱，二〇〇三年的伊拉克已經不復存在了。而且美國又回到了這個飽受摧殘的國度。

二〇〇九年上任後的一個月，歐巴馬總統就宣布要在原本的三萬六千人之外，再派出一萬七千名軍人前往阿富汗。不久過後，他又決定要多派出三萬人。同時，歐巴馬也承諾這些軍力不會無限期駐留，在他二〇一七年一月卸任前就會完全撤離阿富汗。[31]這個計劃完全不切實際，因為塔利班早已站穩了腳跟，甚至比被美軍擊垮時占領了更多土地。另外，喀布爾親美政權所指揮的軍隊，也無法在缺乏援助的處境下抵擋塔利班，而伊斯蘭國的勢力也在國內逐漸增長。直到歐巴馬離開白宮，阿富汗仍駐有八千四百名美軍，[32]此後當地將領也不斷對川普總統施壓增兵，讓阿富汗戰爭成了美國史上最長的戰事。

無論川普政府在阿富汗採取何種政策都不可能擊敗塔利班，並讓整個國家走向穩定的民主體制。目前塔利班大約控制了百分之三十的阿富汗，而川普政府最多也只能拖延他們控制剩餘地區的腳步。簡單來說，儘管美軍已使出扛鼎之力，投入重建的金錢也超過二戰後的馬歇爾計劃（Marshall Plan），阿富汗戰場仍然註定失敗。[33]

利比亞則是另一場改變弱國政治的失敗嘗試。二〇一一年三月，美國和歐洲盟軍發起空襲，意圖推翻穆安瑪爾·格達費（Muammar Gaddafi）上校的統治。這名利比亞領導人當時正在對付一支強大的叛軍，西方列強便捏造藉口稱他將發動大規模屠殺，以結束他的統治。到了七月，有超過三十個國家承認叛軍領導的全國過渡委員會（National Transitional Council）為利比亞正當的政府。格達費在二〇一一年十月遭到殺害，利比亞也被血腥的內戰吞沒，至今還看不到結束的希望，也沒有什麼理由認為該國會在近期內成為穩定的民主國家。[34]

就在美國忙著推翻利比亞的格達費政權時，敘利亞也發生了反對威權統治者巴沙爾·阿薩德（Bashar al-Assad）的示威。政府反應過度，暴力鎮壓了示威，使得小衝突升級成延續至今的兇殘內戰。但在衝突的逐步升級中，美國雖然沒有直接介入，還是發揮了關鍵作用。[35]動盪發生幾個月後，歐巴馬政府在二〇一一年八月選擇支持反政府勢力，要求阿薩德下台。[36]遭到拒絕後，華盛頓就和卡達、沙烏地阿拉伯和土耳其試圖協力推翻他，向「溫和」反對派勢力提供支援；中央情報局和五角大廈最終提供了他們價值超過十五億的武裝和訓練。[37]

這些策略都徹底失敗了。阿薩德仍然在位，超過四十萬人（多為平民）死於敘利亞內戰中，將近一半的人口不得不逃離家園。[38]但就算阿薩德政府垮台，也大概會被和蓋達組織過從甚密的叛亂集團支援陣線（al-Nusra Front）給取代。如果他們或思想類似的集團掌權，幾乎必定會殘忍屠殺許多阿薩德政權的成員和支持者。此外，新政權大概也會對美國滿懷敵意。不過由於俄國、伊朗和真主黨（Hezbollah）都為了穩住阿薩德政權而直接介入，敘利亞政府垮台的機會並不大。而內戰大概還會拖上好幾年，帶來更多毀滅與浩劫。

敘利亞的衝突還造成了另一個嚴重的後果：大量的敘利亞人逃出家園，想在歐洲安頓下來，許多因為國內衝突不斷而逃出國的阿富汗、伊拉克與利比亞人也加入了他們。歐洲各國一開始很歡迎這些流亡人民，但他們的人數最後多到有些國家、甚至連歐盟本身，都拉起防線將他們拒於國門之外。這些舉措都和歐洲一直高舉的開放邊境原則，還有開明進步的庇護政策南轅北轍。大批難民湧入也讓極力反對移民與難民的極右翼政黨得以發展。簡而言之，美國在敘利亞戰爭背後推的這一把，不只對敘利亞人民造成了嚴重損失，可能也讓歐盟大為失血。

最後，埃及人則是在二〇一一年一月，發起了反對總統胡斯尼・穆巴拉克（Hosni Mubarak）的一系列抗爭。隨著抗爭的聲勢漸長，歐巴馬政府也湊了一腳，幫忙把這名埃及領導人趕下台。[39]歐巴馬讚許了埃及對民主的追求，儘管二〇一二年六月當選的新政府背後其實是穆斯林兄弟會（Muslim Brotherhood），美國仍表示支持。一年過後，埃及軍方和多數民眾強烈要求身為穆斯林兄弟會一員的總統穆罕默德．穆希（Mohamed Morsi）辭職。歐巴馬政府本來就對穆希沒有太多好感，這時也插手這場亂局，禮貌暗示穆希是時候下台了。這也促成了後來的政變。[40]接替他的是阿卜杜勒—法塔赫．塞西（Abdel-Fattah el-Sisi）將軍，跟穆巴拉克同樣是個軍事強人。

美國這次插手的結果是扶植了一場政變，推翻對美國沒有威脅的民選領導人。埃及的新任獨裁者一上台，就把矛頭指向穆斯林兄弟會和其支持者，殺害了超過一千人，穆希也被判處死刑，在本書寫作的同時仍身陷囹圄。這都是因為歐巴馬政府蹩腳地想防止血腥鎮壓，最後卻無功而返。明明美國法律就有明言，一旦任何國家「經正式選舉產生的政府領導人被軍事政變或政令罷黜」時，就可以中止援助，但歐巴馬政府仍不願扣住每年對埃及總共十五億美金的援助。[41]

華盛頓在阿富汗、埃及、伊拉克、利比亞和敘利亞的表現都很悽慘。美國不只沒能保護這些國家的人權和促進自由民主，反而在整個中東造成了無數的死亡和失序。[42]恐怖主義如今在該地變得更為嚴重；儘管伊朗簽署了核武協議，但面對美國強迫政權更替的外交政策，世界各國反而有了更強的動機想取得和保有核武。在那些和美國存在嚴重分歧的國家，決策者絕對會記得格達費上校曾在二〇〇三年十二月放棄了製造大規模毀滅性武器的計劃，換取華盛頓承諾不會逼他下台。[43]結果八年後，他遭到罷黜的關鍵因素正是歐巴馬政府，不久過後更慘遭殺害。如果他得到了核威懾能力，很可能至今仍統治著利比亞。

社會工程的限制與危險

這份不忍卒睹的成績單其實早就可以預見。就算在我們自己的社會，要執行大規模的社會工程都是極其複雜的任務。因此有這麼多美國的決策者和專家相信，我們可以徹底改變一堆中東國家的政治地景好讓它們走向民主，簡直不可思議。侵犯他國的自決權必定會引起憤恨，而美國甚至對它要干預的國家幾乎一無所知——連會講阿拉伯語的官員都沒有幾個，也沒人知道遜尼和什葉是伊斯蘭教的兩個支派。

更何況，這些國家本來就分成許多陣營，一旦政府垮台，就很可能會陷入動盪。要一邊用兵奪下別人的國家，還想一邊執行社會工程，根本就是不知天高地厚。

這個問題在美國入侵他國時尤為嚴重，因為占領的美軍不可避免要負責必需的民族建構和國家建設，才能建立正常運作的自由民主體制。然而，在國族主義的時代，占領永遠只會招來叛亂；早在入侵阿富汗和伊拉克之前許久，美國就已經在菲律賓和越南學到了教訓。占領一方必須不斷鎮壓叛亂，這代表的是曠日費時而且多半會失敗的血腥軍事行動。叛亂有多難鎮壓，從美國陸軍和海軍陸戰隊二〇〇六年十二月版的《平叛戰場手冊》（*Counterinsurgency Field Manual*

3-24）就可見一斑。裡頭不只警告「鎮壓叛亂本質上就曠日費時」，還告誡「政治和軍事領導者和策劃者永遠不該低估（平叛的）規模與複雜性」。[44]

歷史說得很明白，想強行對其他國家施加民主制度，通常都會失敗。[45]好比說，政治學家安德魯・英特萊（Andrew Enterline）和J・麥可・格里哥（J. Michael Greig）就檢視了一八〇〇到一九九四年間，總共四十三個被強行轉型的民主政權，發現將近有百分之六十三失敗了。[46]傑佛瑞・皮克林（Jeffrey Pickering）和馬克・佩切尼（Mark Peceny）也研究了一九四六到一九九六年間，自由主義國家干預他國的民主化成果，他們的結論是：「自由派的干預……對一九四五年以來的民主化，很少起到什麼關鍵作用。」[47]亞歷山大・多恩斯（Alexander Downes）和喬納森・蒙滕（Jonathan Monten）也指出，要成功把民主塞給其他國家，通常「該國內部要先存在適宜的條件。可惜在干預代價低廉的國家，這些條件相當罕見」。[48]像美國這樣的強權，除非代價低廉，否則是不會為了政權更替入侵他國的，然而這些國家都不存在自由民主體制所必需的先決條件。

可以想見，美國歷史上滿滿都是失敗的將民主加諸其他國家的紀錄。紐約大學教授布魯斯・德・馬士奎塔（Bruce Bueno de Mesquita）和喬治・道恩斯（George Downs）指出，從二戰到二〇〇四年之間，「美國對全世界的開發中國家，進行了超過三十五次干預……但只有哥倫比亞在美國一九八九年發動的毒品戰爭後，才在十年內建立起成熟、穩定的民主體制。也就是說成功率不到百分之三。」[49]皮克林和佩切尼認為，只有推翻巴拿馬的曼紐・諾瑞嘉（Manuel Noriega）那次，才算是美國介入後建立起相對民主體制的例子。[50]經濟學家威廉・伊斯特里（William Easterly）和兩名紐約大學同僚也研究了冷戰期間美國和蘇聯的干預，對建立民主政府的機會有何影響，發現「強權的介入總會讓民主大幅衰退，造成廣大的實質影響。」[51]

有人可能會覺得，一九八九年前後的東歐就是正面的先例。但這說法不對。當地的共產主義潰敗、獨裁者下台之際，民主確實冒出了新芽，但這些卻跟美國在大中東的嘗試沒什麼關係。東歐的民主並不是被人硬塞的，而是各自土生土長，而且這些國家早就滿足了民主化必需的先決條件。美國無疑協助扶植了這些新生的民主政體，但這些成功並不是像小布希主義講的那樣，由華盛頓向外國輸出普世規則。[52]

美國也不是完全不可能把自由民主體制塞給外國。但成功絕非慣例，而是異數，而且該國內部通常也有一系列特定的性質。舉例來說，如果目標國家的族裔和宗教同質性很高、有個強大的中央政府、經濟相當繁榮，且已經有一些民主經驗，就會大大提昇成功的可能。二戰後的德國和日本就符合這些準則，也常被拿來佐證美國可以向中東輸出自由民主。但這種國家絕非常態。

忽視地緣政治的代價

撇開要成功介入他國內部政治有多困難，還有個沒那麼國族主義，而是比較現實主義的問題。如果強權要追求自由主義霸權，其他國家就有可能遵循現實政治的規則。這會大幅增加失算的可能，引發危機甚至戰爭。舉例來說，自由主義國家也許真心相信自己採取的是有益，甚至動機純正的政策，但其他遵循現實主義原則的國家，可能會把同樣的政策當作威脅。而自由主義國家很可能會搞不懂這件事，因為它遵循的完全是另一套思想。這種狀況對自由主義強權最大的威脅是，多數國家在大多數時候都依從權力平衡的邏輯。雖然自由主義強權通常也是這麼行動，面對其他強權時更是如此，但萬一遇到可以恣意追求自由主義霸權的情勢，導致自由主義強權忘記了整個世界大致上還是遵照現實主義運作，就可能會對自己和其他國家造成許多麻煩。比如當前的烏克蘭危機就是一例。按照西方世界的主流看法，這場危機的主要肇因是俄國入侵。這些看法認為，普丁總統滿心想建立一個可和蘇聯比擬的大俄羅斯，這代表他需要控制烏克蘭、波羅的海諸國，甚至其他東歐「鄰近國家」的政府。二〇一四年二月二十二日，針對烏克蘭總統維克多．亞努科維奇（Viktor Yanukovych）的政變，正好讓普丁有了併吞克里米亞、進攻東烏克蘭的藉口。

這種解讀大錯特錯。要為這場危機負最大責任的，是美國和歐洲盟邦才對。[53]一切麻煩的根源是由於北約的擴張，而圍繞這步棋的大戰略則是將包括烏克蘭在內的所有東歐國家，從俄國的衛星軌道上摘下，整合進西方世界。有人會認為這項政策是為了牽制俄國侵略野心的典型嚇阻戰略，其實並非如此。[54]西方這套戰略是基於自由主義原則，策劃一切的首腦根本不覺得莫斯科會把這當成威脅。[55]他們是想將烏克蘭整合進冷戰期間發軔於西歐，從誕生以來就一直向東進逼的「安全共同體」（security community）。但俄國人玩的遊戲叫做現實主義，結果就造成了這場令西方領導人措手不及的危機。

朝烏克蘭下手

讓烏克蘭加入西方的策略包含三個互相牽連的環節：擴張北約、擴張歐盟和橙色革命，目標都是為了在烏克蘭培育民主和西方價值，這樣基輔想必就會出現親西方的領導人。從莫斯科的角度來看，這些策略中威脅最大的層面就是就是北約東進。

冷戰結束時，蘇聯表明希望美軍繼續駐守歐洲、維持北約。蘇聯領導人了解，這樣的安排一直讓德國維持著二戰以來的安分，也能在東西德統一變得更強大後繼續維持現狀。但莫斯科非常反對北約擴張。俄國人相信西方對手了解他們的恐懼，不會將同盟往東向前蘇聯世界推進。[56]但柯林頓政府卻有不同想法，並在一九九〇年代開始擴張北約。

第一次擴張是在一九九九年讓波蘭、匈牙利和捷克共和國加入聯盟。第二次發生在二〇〇四年，波羅的海三國、保加利亞、羅馬尼亞、斯洛伐克和斯洛維尼亞都加入了北約。俄國領導人首先是忿忿不平地抱怨。比如葉爾欽（Boris Yeltsin）就在一九九五年北約轟炸塞爾維亞時說過：「這預示了當北約推進到俄羅斯聯邦的國界以後會發生什麼……戰火將會橫掃整個歐洲。」[57]但俄國實在太過虛弱，無法阻止任何一次擴張。此外，除了波羅的海三國以外，北約的新成員也都沒有跟俄國接壤。

真正出事是因為二〇〇八年四月，北約在羅馬尼亞首都布加勒斯特（Bucharest）舉行的高峰會上，討論了是否讓烏克蘭和喬治亞加入。德法都反對此舉，擔心將會激怒俄羅斯；然而布希政府卻一心想讓兩國加入北約。僵持的結果是，北約並未啟動讓烏克蘭和喬治亞加入的必需程序，但委員會最後的聲明卻附上了這一段消息：「北約歡迎烏克蘭和喬治亞加入歐洲—大西洋同盟的意願。我們今天同意，兩國將會成為北約的成員。」[58]莫斯科立刻憤怒回擊；副外交部長警告：「讓喬治亞和烏克蘭加入貴同盟是嚴重的戰略錯誤，此舉將對整個歐洲的安全造成嚴重後果。」普丁則強硬表示，接受這兩國意味著對俄國的「直接威脅」。一份俄國報紙也報導，普丁直接與布希談話時「非常清楚地暗示，如果烏克蘭進入北約，將會不復存在」。[59]

如果有人懷疑俄國阻止烏克蘭和喬治亞加入北約的決心，這些懷疑都會在二〇〇八年八月的喬治亞戰爭（Russia-Georgia war）中消散。鐵了心想加入北約的喬治亞總統米哈伊・薩卡希維利（Mikheil Saakashvili）在布加勒斯特高峰會後，決定重新合併阿布卡薩（Abkhazia）和南奧塞梯（South Ossetia）兩個爭取獨立的地區。這兩地加起來大約占了喬治亞領土的百分之二十。加入北約需要先解決這些未竟的領土糾紛，但普丁不打算讓這件事情發生。他希望讓喬治亞保持虛弱分裂，並決心羞辱薩卡希維利。[60]在喬治亞和奧塞梯分離主義者間的戰爭爆發後，俄國就以「人道介入」為由入侵喬治亞，控制了阿布卡薩和南奧塞梯。西方世界幾乎沒有反應，讓薩卡希維利陷入了窘境。俄國把話說得很清楚了，但北約還是拒絕放棄讓烏克蘭和喬治亞加入同盟。

想要整合烏克蘭的還有歐盟，該組織也像北約一樣，在冷戰結束後積極東擴。奧地利、芬蘭、瑞典於一九九五年加入，捷克、愛沙尼亞、匈牙利、拉脫維亞、立陶宛、波蘭、斯洛伐克和斯洛維尼亞等八個中歐和東歐國家，也在二〇〇四年五月隨賽普勒斯和馬爾他一同加入。保加利亞和羅馬尼亞則於二〇〇七年加入。二〇〇九年五月，距離北約宣布烏克蘭將成為一員正好剛過一年，歐盟也開始倡議東部夥伴關係（Eastern Partnership），還說這是「歐盟與東歐鄰國關係鴻圖遠大的新篇章」。該倡議的目標是讓東歐各國更為繁榮穩定，並推動「與歐盟經濟的深度整合」。[61]俄國領導人也理所當然地認為這項倡議將有害俄羅斯的利益。當時的外交部長謝蓋爾・

拉夫羅夫（Sergei Lavrov）控訴歐盟是想在東歐劃下「勢力範圍」，並暗示其中有「威脅勒索」之嫌。[62]事實上，莫斯科認為歐盟的擴張根本只是掩飾北約東擴的障眼法。[63]歐盟領導人駁斥了這些說法，主張俄國也能從東部夥伴關係中獲益。

讓烏克蘭離開俄國的最後一招是推動橙色革命。美國和歐洲盟邦非常努力在過去由蘇聯掌控的國家推動社會和政治變革。它們的目標是傳揚西方價值和推行自由民主體制，這就意味著要支持這些國家裡親西方的個人和團體，並由官方機構和非政府組織來提供這些行動資金。[64]當然，俄國的政治領袖不只會擔憂這些社會工程對烏克蘭的意義，也會擔心俄國將成為下一個目標。

北約東進、歐盟擴張、推動民主這三個鑲嵌緊密的政策，只是為了將烏克蘭整合進西方世界，而非要對付俄羅斯，但與莫斯科為敵卻是不可避免的，因此也直接導致了烏克蘭危機。

危機的直接原因

危機於二〇一三年十一月展開，當時亞努科維奇總統拒絕了先前和歐盟談判的重大經濟協議，改為接受俄國的提議。這項決定引起了多起反政府示威，並在接下來的三個月裡逐步升級。二〇一四年一月二十二日，有兩名示威者遇害，二月中又有約百人喪身。西方各國的外交官立刻湧入基輔想要解決危機，並在二月二十一日簽署協議，允許亞努科維奇繼續留任，直到年底舉行大選。但示威者要求他立即下台，他只好在隔天逃往俄國。[65]

基輔的新政府大致由親西方派和反俄派組成。另外還有四名成員可以說是新法西斯主義者。最重要的是，美國政府背書了這場政變，不過實際上的參與程度猶未可知。比如歐洲和歐亞事務助卿盧嵐（Victoria Nuland）和參議員約翰·馬侃（John McCain）就參加了反政府示威遊行，而美國駐基輔大使則在政變後正式宣布「這天將會記在史書上」。[66]一份外流的電話錄音也揭露盧嵐支持政權更替，並希望親西方的阿爾謝尼·亞采尼克（Arseniy Yatsenyuk）能成為新政府的總理，後來發展也如她所願。所以俄國會堅信是西方奸細，特別是中央情報局協助推翻了亞努科維奇，真的不讓人意外。

在普丁看來，行動的時候到了。二月二十二日的政變後不久，他就派兵從烏克蘭手中奪下了克里米亞併入俄國。由於俄國已經在克里米亞塞瓦斯托波爾港口的海軍基地布署了上千名士兵，這並不是什麼難事。這支部隊據稱並不屬於俄羅斯，很多人也沒有穿軍服。之所以這麼容易拿下，是因為克里米亞大約有百分之六十的居民是俄裔，且大多希望成為俄羅斯的一部分。

普丁還對基輔政府施加許多壓力，讓它放棄與西方聯合對抗莫斯科。他還挑明就算要把烏克蘭打到整個社會無法運作，也不會讓在西方在俄國家門口建立據點。為此，他為東烏克蘭的俄裔分離主義者提供了武器和祕密部隊，欲將該國推入內戰。他也在烏俄邊境布署了強大的地面部隊，威脅一旦基輔鎮壓叛軍，就要入侵烏克蘭。最後，他又提高了俄國對烏克蘭的天然氣售價，要求立即繳清積欠的費用，並一度切斷對烏克蘭的天然氣供應。普丁對付烏克蘭的手段，就像對喬治亞一樣強硬，如果烏克蘭不放棄加入西方的計劃，他也有辦法就此顛覆該國。

自由主義的盲目

只要對地緣政治有基本的概念，就該料到這些事情的發生。西方世界的行為，等於是闖進俄國後院，威脅它最重要的戰略利益。歷史上，拿破崙帝國、德意志帝國和納粹德國都是先越過廣大的平原，才能攻入俄羅斯本土，因此烏克蘭對於俄國是至關緊要的戰略緩衝。當過去敵對的軍事同盟進駐烏克蘭，沒有哪個俄國領導人能夠容忍；當西方在基輔扶植一個鐵了心要加入該同盟的政府，也沒有哪個俄國領導人會傻傻站著挨打。

華盛頓也許不喜歡莫斯科的立場，但應該要理解這背後的邏輯。強權對自家領土附近的威脅永遠都很敏感。反過來看，美國也奉行將美洲大陸當成自家勢力範圍的門羅主義，絕不會容許遠方的列強在西半球展開任何軍事行動，更不用說在其邊境布署軍事力量了。試想如果中國建立了強大的軍事同盟，又在加拿大和墨西哥安插有心加入的政府，美國會有多憤怒。就算不談邏輯，俄國領導人也多次警告西方對手，絕不會忍受北約往烏克蘭和喬治亞擴張，也不會容忍挑撥這些國家對付俄羅斯的行為——二〇〇八年的喬治亞戰爭就是最清楚的警告。

西方世界的官員聲稱，他們一直想減輕歐洲人的「恐俄症」，莫斯科也應該理解北約對俄國並無敵意。除了解釋自己的擴張並非是為了圍堵俄國，北約也沒有在任何新成員國的領土上布署軍事力量。二〇〇二年，為了增進與莫斯科之間的合作，北約甚至創立了一個叫北約—俄羅斯理事會（NATO-Russia Council）的機構。為了進一步安撫俄國，美國還宣布新的飛彈防禦系統（最起碼一開始）將會布署在歐洲水域的戰艦，而非捷克或波蘭的領土上。但這些作法都沒有用；俄國仍堅決反對北約的擴張，尤其不能進入烏克蘭和喬治亞。能判斷誰會威脅到俄國的，終究是俄國而非西方。

西方菁英對國際政治的理解普遍有問題，所以他們都被烏克蘭事件嚇到了。他們以為二十一世紀已經可以告別現實主義和地緣政治，單靠自由主義原則為地基，就能建立「一體的自由歐洲」（Europe whole and free）。這些原則包括了法治、經濟互賴和民主化。按照這個劇本，最適合領導大家建立新世界的當然就是美國這個無意威脅俄國或其他國家的善良霸權。

將歐洲凝聚成單一安全共同體的鴻圖雖然是在烏克蘭踢到鐵板，但早在柯林頓政府開始推動北約擴張的一九九〇年代中期，災難的種子便已經撒下。[67]策士和決策者們提出了無數支持和反對擴張的理由，但從來沒有形成共識。美國大部分的東歐移民和其親戚都強烈支持擴張，這樣波蘭和匈牙利等國才能得到北約的保護。少數現實主義者也認同這項政策，因為他們認為嚇阻俄國仍有必要。但多數現實主義者都認為沒有必要去牽制一個人口老化、經濟偏食的衰落強權，這樣擴張反而會給莫斯科製造麻煩的誘因。一九九八年參議院通過北約的第一輪擴張後不久，美國傳奇外交官暨戰略思想家喬治・肯楠（George Kennan）就在訪問中說道：「我想俄國人的反應會愈來愈排斥，這會影響到他們的政策。我認為這是個悲劇的錯誤。這麼做毫無道理。根本沒有誰威脅到誰。」[68]

但包括柯林頓政府內許多關鍵人物，多數自由派都認同北約擴張。他們相信冷戰的終結已經改變了國際政治，在全新的「後國族秩序」下，數百年來主導國家行為的現實主義邏輯，已經不管用了。在這個新世界裡，美國不僅是馬德琳・歐布萊特（Madeleine Albright）國務卿口中「不可或缺的國家」，更是一股良善的力量，任何有理智的領導人心裡都不該恐懼美國。一名美國之聲記者在二〇〇四年二月的評論中寫道：「多數分析家都同意，北約和歐盟的擴張照理說並不會長期威脅到俄國的利益。他們指出，擁有穩定安全的鄰居，可能會讓俄國更為穩定繁榮，也有助於克服過去的冷戰陰影，鼓勵前蘇聯的衛星國家用更正面、合作的態度與俄國交流。」[69]

一九九〇年代末，柯林頓政府內的自由主義者贏得了這場北約擴張的論戰。在說服歐洲盟國支持擴張的過程中，也沒遇到多少阻礙。老實說，由於歐盟在一九九〇年代的成功，西歐菁英甚至比美國人更迷信地緣政治已不再重要，包容一切的自由主義秩序更能令歐洲長治久安。在二十世紀落幕之際，美國和歐洲自由同盟的目標，就是把民主推銷到東歐各國，促進它們之間的相互依賴，並協助它們嵌入國際體制。而終極目標，則是讓整片歐洲大陸都變得跟西歐一樣。

在二十一世紀的前十年，自由派徹底主宰了有關歐洲安全的討論，因此在西方世界，北約擴張，甚或是之後對會員資格採取徹底開放的政策，幾乎從未遭遇現實主義者或其他人的反對。[70]自由主義世界觀同樣主宰了布希和歐巴馬政府。比方說在二〇一四年三月針對烏克蘭危機的演說中，歐巴馬總統就不斷提及西方政策背後的「理想」，以及這些理想是如何「頻頻受到過去的傳統權力觀所威脅」。國務卿約翰．凱瑞（John Kerry）對俄國併吞克里米亞的回應，也反映出相同的觀點：「現在是二十一世紀，你不能像十九世紀一樣，拿些憑空捏造的藉口入侵其他國家。」[71]

總而言之，俄國和西方玩的全然是兩場不同的遊戲。普丁和俄國人的思考和行為，都是現實主義的路子，而西方領導人則是緊抱著標準的自由主義國際政治觀。結果就是美國和盟國不知不覺引發了這場看不到終點的大危機，最主要的原因就是自由民主國家實在很難和威權國家進行外交。

輸出自由主義有害國內的自由主義

當國家追求自由主義霸權，一定會傷害到國內自由主義的內涵。主要原因也很明顯：要對外採取這種野心勃勃的戰略就不能不建立強大的國家安全體系，才能應付永無止境的戰爭，以便按自己的形象來監控和塑造世界。但神通廣大的警察國家幾乎必定會威脅到國內的自由價值和體制。美國的開國先賢也很了解這個問題，詹姆斯·麥迪遜（James Madison）就說過：「在持續的戰火中，沒有一國能保有自由。」[72]

每當牽涉國家利益，軍事化的自由主義國家就得事事保密，甚至欺瞞人民；而在國安人員眼中，這種時刻從來沒有少過。只要國安人員認為有必要，就會為了自由主義的外交政策破壞法治及侵犯個人權利。頻繁投入戰事的自由主義國家，最後也往往會以不合自身法律、違背自由價值的粗暴政策，來對付國家的敵人。[73]

冷戰結束以來，美國一共發動了七場戰爭，而且戰事從九一一過後就不曾停歇，短期內也不見停止的跡象。在一九九一年蘇聯垮台時，美國就已經是可畏的警察國家，這一切衝突又更是火上澆油。

保密防諜

在國家內部，自由民主體制要有效運作就不能缺少透明公開。除了讓投票人有充分的資訊做出決定，還要允許媒體和外部專家批評政府的政策，以便實際、有效地交換想法。任何成功的自由民主體制，都少不了公開透明這個要件。這樣一來當決策者犯錯，或是參與犯罪時，公民才能追究他們的責任。而保密的定義正好相反，是要限制透明公開，所以保密一旦過頭，就很容易傷及自由民主政權。

不可諱言的是，各國的外交政策多少都需要保密。只是對自由民主國家來說，必須盡可能公開透明、減少保密，而追求自由主義霸權卻會引起反效果，部分原因是一旦國家這麼做，就會有強烈的理由避免讓對手取得有關自身政策、戰略和武器發展的資訊，有時甚至也需要對盟邦隱瞞資訊。外交政策的野心愈大，就愈有理由對友邦和敵國保密。另外，保密也有助於防止領導人遭受國內批評，這樣原本有可能遭到反對的政策，就會更容易執行。如果記者和學者對政策一無所知，也就很難批評乃至檢驗其內容。最後，如果決策者選的政策出了問題，或是執行過程會觸犯法律，他們也會想逃避究責。要達成這些目的，最好的辦法就是把大眾蒙在鼓裡。

布希和歐巴馬政府都深愛保密工作，最明顯的一點當然就是他們瞞著大眾、國會和法院監控美國公民，這些行為就算合法也十分可議。[74]歐巴馬總統鐵了心要懲處雀兒喜・曼寧（Chelsea Manning）*和愛德華・史諾登（Edward Snowden）†，並且史無前例地大肆攻擊記者和吹哨人，有部分也是因為這點。[75]他還竭力掩蓋美國涉入敘利亞內戰的程度，避免洩漏有關無人機攻擊的資訊。歐巴馬聲稱自己是「史上最透明的政府」。[76]但就算這是真的，也是因為有這些記者和吹哨人在對抗政府精細的保密工作。

積極干預的外交政策還有一個負面影響，就是會給領導人無數的理由去歪曲真相甚至說謊，以便引導大眾支持對外用兵。最明顯的就是在一戰時，威爾遜政府曾策劃了一系列完整的政治宣傳，慫恿大眾支持對抗德意志帝國的戰爭。在冷戰期間，誇大蘇聯的威脅也是家常便飯，而布希政府在二〇〇三年發動伊拉克戰爭前夕，也施展了一連串效果卓絕的宣傳詐術（deception campaign）。

宣傳詐術包含三種行為：說謊、扭曲事實和掩蓋真相。說謊是指決策者明知在發表假消息，卻希望其他人信以為真。扭曲事實更為常見，指的是領導人為了推銷或捍衛某個政策，不提供完整、精準的描述，而是故意強調特定事實，並忽視或省略其他事實。換句話說，扭曲事實雖然會誇張失真，但沒有捏造事態。掩蓋真相則是扣住資訊不讓大眾得知，以免傷害或打擊自己屬意的政策。這一種顯然也是跟保密防諜最有關係的詐術。[77]

自由主義國家的外交政策企圖如果野心太大，就很容易要用上宣傳詐術，因為要讓人民自願為戰爭奉獻生命並不容易。個人和國家一樣都渴望生存。而自由派的戰爭又更難讓人買單，畢竟這些戰爭不是為了保家衛國，只是為了保護外國人的權利，還有宣揚自由主義。要人民為了這些理念冒死作戰真的很難，所以領導人往往要設法欺騙大眾，讓他們自願參加戰爭。[78]

政府要隱瞞非法或有違憲疑慮的行動時，也會欺騙大眾。舉例來說，國家情報總監（Director of National Intelligence）詹姆斯．克拉珀（James Clapper）在二〇一三年三月十二日的國會聽證會上曾被問及：「美國國安局是否曾蒐集過任何類型、屬於上百萬甚或上億美國人的資料？」他回答沒有。但他很快就被發現是在說謊，不得不在六月對國會承認：「我的回應確實有誤，這點我道歉。」接著他又表示自己盡可能用了「絕非不誠實」的方式來回答那個問題。雖然欺瞞國會是重罪，但克拉珀並未遭到起訴，也沒有被解職。[79]

含糊曖昧一旦流行起來，必定會形成不誠實的有害文化，這對任何政治實體都是致命傷，但

---

* 譯註：舊名巴特利．曼寧（Bradley Manning），原美國陸軍上等兵。曾將許多美軍的戰爭罪行檔案交給維基解密，並於二〇一〇年五月被捕，遭軍事法庭判處三十五年徒刑，並於二〇一七年五月獲得總統特赦。

† 譯註：原中央情報局職員、國家安全局外包職員。於二〇一三年六月在香港將美國政府祕密監聽國民的「稜鏡計劃」曝光給《衛報》和《華盛頓郵報》，而遭英美通緝，隨即流亡俄羅斯。於二〇二〇年獲得俄國的永久居留權。

對於自由民主又特別致命。說謊不只會讓公民難以在選舉和議題上做出資訊充分的選擇，也會傷及政策的制定。政府官員若是無法信任彼此，處理政事的成本就會大幅提昇。此外，任何司法體系要有效運作，都需要大眾的誠實與信任，於是當事實與真相普遍遭到扭曲隱瞞，法治也會嚴重弱化。最後，如果說謊變成自由民主體制裡的常態，人民大眾就會彼此猜忌，最後對政治秩序失去信心，覺得威權統治也沒什麼不好。

侵蝕公民自由

一個窮兵黷武、歌頌戰爭的自由民主國家，最後很有可能會開始侵犯自由社會的核心：法治及個人權利。當國家碰到戰爭之類的緊急狀態，領導人可能會覺得他們有好理由限制言論和出版自由，壓制抨擊政策的聲音。他們很容易會擔心國內的敵人，包括不忠誠的公民甚或是外國僑民，變得終日惶惶不安。疑神疑鬼的氛圍必然會變成使用非自由手段來限制個人權利和監視公民，而這些舉措也常會得到廣大的民意支持。

會這樣做，並不是因為領導人邪惡。而是因為在嚴峻的時期，或是氣氛嚴峻的時期裡，決策者在國家安全和公民自由之間，幾乎永遠都會選擇國家安全。生存必定是一國的首要目標，因為一旦無法生存，就無法追求任何目標了。美國史上這類行為多得不勝枚舉，包括南北戰爭時林肯的反自由政策、一戰時消滅反戰聲浪、戰後惡名昭彰的「紅色恐慌」、二戰時監禁日裔美國公民，以及一九四〇年代末至一九五〇年代初的麥卡錫主義。

九一一事件以來，對國外威脅的誇張恐懼已然滲透了美國外交界的當權派，所以布希和歐巴馬兩任總統，都採取了縮減國內公民自由的政策，其實並不足為奇。這裡按順序舉三個政策為例。第一個政策牽涉到《憲法第四修正案》對搜索票的規定，侵犯了人民的隱私權。一般來說，政府若沒有法官授權，是不能蒐集美國公民資訊的。為了獲得搜索票，偵查人員通常得提出理由，說明某人可能從事非法活動。就算政府認為某人很危險，或是在從事不法行為，只要沒有法官的批准就不能採取行動。

但是從九一一後到二〇〇七年一月，布希政府都一直在未經授權下監控美國公民，這件事大概沒什麼人會懷疑。[80] 加上史諾登的協助，我們也知道政府，特別是國家安全局搜刮及儲存了大量公民的電子郵件和文字訊息。[81] 法令規定政府只能為了獲取國外情報而監控國際通訊，但國家安全局蒐集的卻是美國公民之間的國內通訊。政府還會定期蒐集數以百萬計美國人的電話紀錄，並持續追蹤「電話詮釋資料」（telephony metadata），包括通話方的電話號碼、通話長度、位置和時間點。奧勒岡參議員榮恩・魏登（Ron Wyden）說得不錯：「政府當局想要對奉公守法的美國公民蒐集資訊，基本上是不受任何限制。」[82]

要進行這種監控，政府通常要向祕密的「外國情報監控法院」（Foreign Intelligence Surveillance Court）申請許可。但這個程序的透明度和可信度都有嚴重的問題。外國情報監控法院實際上只是橡皮圖章：[83]在一九七九到二〇一二年間，該法院收到了將近三萬四千份在美國境內進行電子監控的申請，被駁回的只有十一件。[84]除此之外，要挑戰外國情報監控法院的判決也幾乎不可能；除了因為這些判決不公開，也因為訴訟的另一方是政府。當該法院的證據要用在聯邦刑事訴訟時，只要司法部長按慣例舉證解密將危及國家安全，被告或律師就沒辦法調閱搜索票聲請書。[85]國家安全局蒐集大量資料（bulk data）的行為被聯邦上訴法院（federal appeals court）認定違法後，歐巴馬政府就指示外國情報監控法院忽視該判決。[86]

第二個傷及公民自由的政策則是損害了正當程序，而正當程序不但是美國憲法保障的核心，也是法治的骨幹。在全球反恐戰爭中，傳統的正當程序觀一遇到所謂的「敵方戰鬥人員」幾乎就成了笑話。九一一過後，美國於二〇〇二年一月開始前往阿富汗等地掃蕩可能的恐怖分子，布希政府隨即在古巴的關塔那摩灣設立了一間勞改營般的監獄，並堅持拒絕讓俘虜取得正當的司法程序。自設立以來，該監獄總共拘押了七百七十九人。歐巴馬總統曾信誓旦旦要關閉關塔那摩，但一直沒能成功，而且該處也一直缺乏正當程序。二〇一七年一月，關塔那摩仍拘押著四十一人，其中五人已宣告無罪卻仍未獲釋，而這一直是該監獄的常態。有二十六名囚犯因證據不足無法起訴，但政府仍認為他們是國安威脅而拒絕釋放他們。[87]這種空前隨便的無限期拘留政策，很明顯違背了普遍的正當程序觀念。

更糟的是，布希政府還設計了惡名昭彰的「非常規引渡」（extraordinary rendition）政策，也就是把要犯引渡到埃及、敘利亞等比較不在乎人權的國家，以便刑訊逼供。中央情報局也會在歐洲的「祕密監獄」（black site），以及阿富汗的巴格拉姆空軍基地（Bagram Air Base）、伊拉克的阿布格萊布監獄（Abu Ghraib）等地刑求俘虜。[88]美國法律和國際法都禁止刑求，這項政策顯然兩者都違背了。根據開放社會基金會司法正義專案（Open Society Justice Initiative）中負責國家安全和反恐相關計劃的安姆利特・辛格（Amrit Singh）報導：「祕密拘留計劃和非常規引渡計劃都是高度機密，只在美國以外進行，目的是在法律的管轄之外審訊囚犯。」[89]非法拘留和非法刑求兩個政策加在一起，不只會破壞法治，更會妨礙未來的修復。

這種可恥的情況讓我想到了第三個政策。由於無法起訴又不能釋放關塔那摩的俘虜，歐巴馬政府也沒什麼興致逮捕並無限期拘留新的囚犯。總統和幕僚一發現疑似的敵方戰鬥人員，顯然寧願直接擊殺。[90]殺死嫌疑人當然比帶回關塔那摩，讓那邊的司法困境繼續延續下去來得容易，但新的政策又更狠毒了。

這些刺殺行動中的要角自然就是無人機。歐巴馬手上有一份叫做「生死籤筒」的獵殺名單，用來在每週的白宮會議上選出下一個犧牲者——這個會議又叫「恐怖星期二」。[91]從開始使用無人機襲擊的二〇〇二年十一月，到二〇一三年五月之間的架次分布，就可以看出歐巴馬政府有多喜歡這套作法。政治學家米卡．岑科（Micah Zenko）的報告中提到：「大約有四百二十五次擊殺發生在戰場之外（占了無人機架次的百分之九十五以上）。其中五十次發生於布希先生的任期，另外三百七十五次（增加中）則是在歐巴馬先生的任內。」[92]記者湯姆．英格哈（Tom Engelhardt）也寫道：「過去，不可告人的暗殺行動很稀有，而且總統可以否決，如今卻成了白宮和中情局的日常慣例。總統身兼刺客頭子幾乎公開成了政治上的加分點。」[93]

這種暗殺策略很難有什麼正當的法律程序。甚至有些年輕男子僅是有些可疑行為，尚未確認是恐怖分子，就被中央情報局不分青紅皂白地授權擊殺。而且在數千呎的高空，要清楚辨識目標相當困難，所以無人機殺害無辜平民的案例這麼多也不讓人意外。雖然準確的數字很難取得，但犧牲者中至少有百分之十到十五都是平民。前中央情報局長邁克．海登（Michael Hayden）在二〇一二年說的話，也指出歐巴馬的暗殺策略幫了多少倒忙：「目前世上除了阿富汗，也許還有以色列，還沒有哪個政府認同過我們這些行動的法律依據。」[94]在一個維持強力大軍、沉迷戰爭的國家裡，法治與個人權利是無法伸張的。[95]

極端現代主義式的意識形態

在《國家的視角》（*Seeing Like a State*）中，詹姆斯·史考特試圖了解「為什麼這麼多立意良善、意圖改變人類處境的計劃會一敗塗地？」[96]他著眼的是像中國的大躍進（一九五八—一九六二）和蘇俄的農業集體化（一九二八—一九四〇）這些災難性的國內計劃。不過我相信史考特的觀點也可以放在國際政治上。[97]我敢說，自由主義霸權失敗的可能性更大，因為它的社會工程不是在國內，而是在國外進行。

史考特認為現代史上許多的大災難，都是因為秉著「極端現代主義式的意識形態」（high-modernist ideology）實施「大型的烏托邦式社會工程計劃」。自由主義霸權似乎也滿足這兩點。如果在世界各地執行社會工程還不算打造烏托邦，大概也沒有什麼算得上了。根據史考特的說法，極端現代主義的意識形態「準確說來，就是強烈，甚至非常僵化的，信任科技進步、生產力擴張、相信人類的需求將會逐漸被滿足，以及對於自然和人性的控制。而最重要的是，它相信人可以理性地設計社會秩序，使之符合科學理解的自然法則」。自由主義霸權深信自由民主和開放市場的美好、深信靠國際體制設立一致的指標可以讓每個國家互相理解，不就正好符合這些描述嗎？

照史考特的說法，災難性的失敗還需要兩個條件：「有能力和意願傾盡所有強制能力，以實現這些極端現代主義規劃的威權國家」，還有「缺乏能力抗拒這些計劃的順民社會」。自由民主國家和威權國家的政治型態南轅北轍，但兩者在國際社會上幾乎沒有分別。強大的自由主義國家只要覺得自己的作法不僅占據道德高地，又對國家安全有利，就可以一意孤行強迫他國遵照奉行。自由民主國家感受到嚴重威脅時，就可能宣布進入緊急狀態，允許自己變得更像威權國家。

此外，國際上也沒有公民社會這回事。那些關於「國際社會」、關於全世界的公民能團結組成強大力量的說法，全部都只是空洞的修辭。國際社會從一開始就很鬆散。自由主義強權如果要把它那極端現代主義的意識形態強加給弱國，實在不太可能因為國際民眾的反對就停止。當然，發動自由聖戰可能會招來其他國家反彈，但這還不足以遏止它的野心，它仍會繼續改造世界，使之有利自由民主的生存。

九一一事件的塵埃落定後，美國就正式備齊史考特所說的條件了。儘管大中東地區幾乎沒有民主經驗，布希政府仍決心用美國的軍力推翻當地政權，建立民主體制。美國史上從來沒有像小布希主義這麼激進的戰略。繼任的歐巴馬總統雖然比較謹慎，仍然延續了布希政府推翻非自由政權的政策，努力在整個中東推行民主。兩位總統的政策不但幾乎全部失敗，還讓整個中東地區烽火連天。

我們已經知道自由派的外交政策難以成功，一旦失敗又會造成極高的代價。不過就算承認這些風險，他們有時仍會主張這些努力有其意義。

第七章

自由主義的和平理論

自由主義霸權有三大任務：增加世界上的自由民主國家、推動開放的經濟秩序、建立國際體制。它假設只要達成這些任務，特別是第一項，就能自然實現國際和平。但我前面兩章已經論證過，這樣的政策不只對國內還是國外都代價高昂，也大有可能失敗。採取自由主義外交政策的國家，處境總會愈來愈慘。

在這一章，我將檢視自由主義霸權所廣告的功效：帶來和平與繁榮，並有效終結核武擴散、恐怖主義等問題。有些人會認為只要能實現這些目標，就算付出高昂的代價也很合理，因為這些成果的好處更大。為了知道這是不是真的，我會檢視三種主要的自由主義國際關係理論——民主和平論（democratic peace theory）、經濟相互依賴理論（economic interdependence theory）、自由體制主義（liberal institutionalism）——看看它們的成效如何。這三種理論分別對應著自由主義外交政策的三大任務，而我的結論是，它們沒有一個稱得上追求和平的公式。自由主義霸權不只很容易走向代價高昂的失敗，也不會消滅世上的戰爭，就算它完成了這些任務也一樣。

從現實主義來看，每個自由主義理論都是死路一條，只會造成強權之間的軍事競賽，讓戰爭成為國際體系裡的家常便飯。自由派理論家想要一個強而有力的說法，以淘汰現實主義並締造更和平的世界，然而沒有任何理論提到世界政府。但既然根據政治自由主義，一國之內要有更高的權威來維持秩序才能運作，那建立世界政府應該是很合理的提議。相反地，每個理論都假設現有的國家體系能夠長存，我們只需要一套能在國際無政府狀態下創造和平的策略就可以了。

此外，這三個理論也不假設國家會失去開戰的理由。他們設想的世界，並不像福山的名作〈歷史的終結？〉那樣。每個理論都承認國家之間有時會出現重大的政治分歧，讓他們考慮採取軍事行動。自由主義的支持者認為，當戰爭機率大增時，會有其他更有力的因素來妨礙現實主義的邏輯，並在最後勝出。雖然國家之間難免會碰到一些拔劍相向的誘惑，但最起碼也會有一種自由主義思維能抵擋誘惑，所以戰爭不會爆發。

民主和平論認為，自由民主國家之間不會發生戰爭，但它並不認為民主和非民主國家之間的戰爭會減少。這種和平能夠實現，主要是因為自由民主國家對個人權利有著根深柢固的尊重，再加上強調容忍與和平解決衝突，就能排除一切發動戰爭的理由。另一種解釋則認為，阻止自由民主國家交戰的不是自由權利，而是民主制度中某些體制性和規範性的特徵。

經濟相互依賴理論，則是從自由主義強調擁有和交易財產的權利所推論出來的，如果要發揚這些權利，就一定要增進國家之間的投資和貿易。貿易帶來的經濟交流會讓參與其中的國家更繁榮，各國也會為了自身的繁榮更依賴彼此。根據此一理論，經濟上的相互依賴將會遏止戰爭，因為開戰的代價將大到無法承受。最後，對經濟繁榮的重視，將會勝過政治和國防的考量。

自由主義重視按規則行事，要求個人的權利及義務有清楚的規範，這就催生了自由體制主義。根據這個理論，各國會自願共同建立國際體制，同意遵守一系列的規則，就算碰到誘惑也不會忽視規則做出攻擊行為。就算到了最後關頭，對法治的推崇也能抑制這些讓國家開戰的誘惑。

無論學術界還是政策界，都對這些理論耳熟能詳。自由派的理論家和決策者常三者並用，主張它們可以相輔相成，共同促進和平。比方說康德就認為，最有可能實現「永續和平」的方法，就是「促進貿易讓戰爭無利可圖、推動共和體制、建立共和國邦聯催生國際體制」。[1]比較晚近的例子也有自由主義學者布魯斯．魯塞特（Bruce Russett）和約翰．歐尼爾（John Oneal），兩人合著的《三角和平：民主、相互依賴與國際組織》（*Triangulating Peace: Democracy, Interdependence, and International Organizations*），從書名就表明了揉合三種理論的努力。[2]這些學者認為，自由主義的每一隻腳都能彼此扶持，增加和平的可能性。兩隻腳比一隻腳更能支撐和平，三隻腳並行自然更為有力。不過另一位知名的自由主義理論家麥可．杜伊爾有不同看法：他認為必須同時用上三種理論，自由主義才能帶來和平；[3]若是少了一個理論，或是其中一個沒能如預期運作，自由主義下的和平就會崩潰。不過在魯塞特和歐尼爾看來，只有三種理論都出局，才能主張自由主義無法成就和平。

自由派決策者也喜歡把這些理論結合在一起。柯林頓政府推動北約擴張和與中國交往的方式，就是很好的例子。他的副國務卿史卓普．塔伯特（Strobe Talbott）曾在一九九五年主張，讓東歐國家進入北約和歐盟，是讓當地局勢穩定的關鍵。他寫道：「擴大北約將會促進歐洲新興民主國家之內和之間的法治。」此外，這麼做還能「促進並強化民主及自由市場的價值觀」，進一步深化和平。[4] 同一時間，國務卿馬德琳．歐布萊特也主張，要和崛起的中國維持和平關係，關鍵就是和它交往，不能像冷戰時期對待蘇聯一樣圍堵它。交往政策有助於中國民主化，將它整合進美國所領導的經濟秩序，成為重要世界性體制的一員。一旦成為國際體系中「負有責任的利害關係人」（responsible stakeholder），中國就會有強烈的動機和他國維持和平的關係。[5]

但我不認為這些自由主義理論能成為這世界追求和平的公式。這些理論全都有致命的缺陷，就算結合在一起也解決不了問題。為了解釋我的理由，我會仔細檢視每一條理論，並問它們兩個問題：首先，這些預測符合實際觀察紀錄嗎？有沒有好證據可以證明，這些理論真的締造過和平？其次，這些理論背後的因果邏輯正確嗎？它們是否曾對和平從何而來，提出過有力的說法？

但在開始審視各個理論之前，我要先討論它們之間的兩個共通點：一是都要滿足特定條件才能生效，二是把和平講得太過篤定。這麼做是為了指出，就算對這些理論照單全收，它們也無法提供擺脫現實主義的公式。因為包含這三個理論在內，自由主義的論證結構都不可能減少各國對於生存的重視，而生存正是現實主義的核心。

生存第一

根據現實主義的說法，國家最擔心的就是各自的生存，這足以令它們不惜犧牲其他國家也要追求權力。因此，自由主義理論想取代現實主義，就必須提出在決策者心中能比生存更重要的另一種考量。根據民主和平論，尊重個人權利、容忍以及和平解決衝突的規範，都比擔心生存還重要。經濟相互依賴理論則認為，繁榮的利益樹大根深，足以掩蓋對生存的擔憂；自由體制主義則認為只要體制完善，就能減輕這些恐懼。

然而這些因素都無法消除人們對生存的擔憂，遑論消滅現實主義的邏輯。原因有二，都和自由主義理論的限制有關。首先，這些理論的適用範圍都很侷限，一旦缺乏必要的條件就無法生效。比如國際體制如果不存在，就無法促進和平；經濟上若不先形成相互依賴，繁榮的重要性也無法超過安全。但這些條件都未必能夠長存。民主從來不是這世界的主流，所以民主和平論的適用範圍也非常有限。如果像杜伊爾這些論者主張的一樣，三種理論必須並行才能達成和平，能夠運用這些理論的地方又更少了。沒有國際體制和經濟相互依賴，國家當然就會遵循現實政治的規矩，就像民主國家面對非民主國家的作為一樣。

最簡單的例子是，這些理論都和冷戰時期的強權爭霸無關。蘇聯不是民主國家，兩邊的經濟很少交流，成員來自雙方陣營的國際組織也很少。大多數自由派對中國和平崛起的討論也值得一提。現在的中國並不民主，看起來也不太可能民主化。我很少聽到有人說民主和平論可以為亞洲提供和平的基礎，不過倒是常聽說經濟相互依賴理論能解釋中國為何能和平崛起。中國和其他對手的經濟關係密切，這些關係不只是代表中國和貿易夥伴要互相依靠才能維持繁榮，也代表繁榮需要依靠彼此的和平關係。若是跟中國打仗就等於是經濟層面的相互保證毀滅。所以經濟相互依賴才能在中國崛起的同時，維持亞洲的和平。

我們可以假設一個普遍適用某些自由理論的世界，也可以假設一個都不適用的世界。但這兩個都不是我們的世界。在我們的世界，這些理論可以解釋某些情形，但並非無所不能。比如說，如果美國從歐洲撤軍、解散北約，那民主和平論會變成怎樣呢？這樣的話，歐洲大陸就會有德、法、俄三個主要勢力。根據民主和平論，德法不會互相交戰，因為它們都是自由民主國家，不會互相競爭權力。但它們跟非民主的俄國，關係就截然不同了：由於強烈的求生意志，它們會遵循現實主義的邏輯。這樣一來，三國就會試著盡量增強自己在國際權力平衡中的分量。

再假設俄國成為民主國家好了，這樣一來三大國就能適用民主和平論。但民主俄國就必須恐懼中國的崛起，因為對方不是民主國家，又跟俄國的南境接壤，因此在面對中國時，俄國就必須遵守權力平衡的邏輯。法國和德國的國境並未與中國相交，但還是必須擔憂中國成為超級強權的可能性。只要整個國際體系還有一個強大的非民主國家，民主國家就無法避免按照現實主義邏輯行動。亞歷山大・溫特（Alexander Wendt）說得好：「一個掠食者能讓一百個和平主義者枕戈待旦，因為無政府狀態下沒有任何保證。這個主張聽來強烈，但從某方面來說也很弱：它沒有強到假設所有國家都必然追求權力……而是假設只要有一個追求，其他就必須跟著一起追求，不然在無政府狀態下，追求權力的國家就能為所欲為。」[6]根據民主和平論，國際體系中的民主國家或許可以和平相待，但溫特這段話依然說得通。

這三種自由主義理論還有一個更根本的問題，就是它們怎麼看和平的可能性；為了贏過現實主義，這些理論不能只說自己可以強化國家之間的合作，或是降低戰爭發生的機率，而是要主張可以讓戰爭不再發生。有人可能覺得我把標準設得太高了。但只要在國際體系裡還有兩個國家之間可能發生戰爭，各國就不得不遵循現實主義的原則，以生存大局為重。就算判斷戰爭的可能性只有百分之一或二，國家仍必須根據權力平衡的邏輯來思考和行動，因為輸掉大戰的後果還是很可怕，這讓各國仍必須擔憂各自的生存。這種狀況跟核威懾很像。擁有核武的國家不太可能動用這些極端的毀滅性武器，但一旦使用了後果就不堪設想，於是核武器就成了終極的威懾手段。

合作可以減緩衝突，這當然不是問題。但合作也可能增加戰爭的機率，因為兩個國家可以合作對第三國開戰，比如一九三九年德國和蘇聯侵略波蘭，以及一九七三年埃及和敘利亞發兵以色列。此外，強國之間有時也會合作剝削弱國資源，像是英法在一戰中就曾於一九一六年簽訂《塞克斯．皮科協定》（Sykes-Picot agreement），密約瓜分中東。合作與和平確實有關，但並非同一回事。自由主義理論支持者必須解釋的，不是這些理論為何能促成更多合作，而是為何能減少戰爭的可能性。

但是幾乎沒有自由主義理論家認為，只要實踐他們的理論，戰爭就能完全消失。他們的主張雖然大膽，卻沒有否認戰爭會發生。頂多只是說可以增強國家之間的合作，或是說戰爭爆發的機率將變得微乎其微。就算最大膽的民主和平論者，也只是強調民主國家「很少」或「幾乎不會交戰」。[7]杜伊爾也說過：「沒有人會說戰爭不可能發生，但有初步的證據明顯指出，自由主義國家強烈傾向排斥彼此交戰。」[8]換句話說還是無法保證和平。就算再怎麼腳踏實地，單單大步走向和平還是不夠的。只要戰爭仍然確有可能發生，每個國家就只能把權利、繁榮或規則都擺在兩邊，優先考慮生存。

以上都是完全採納自由主義理論，假設它們會像自由派宣傳的一樣運作。接下來該來檢驗這些假設了。

民主和平論

「民主和平論」一詞暗示這套說法是關於民主，而非自由主義如何帶來和平。但其實它取錯名字了，因為支持民主和平論的論述對自由主義和民主同樣看重。有些這派的學者甚至會說「自由和平論」。比較精確的說法其實是「自由民主和平論」。另外，自由主義國家幾乎也都是民主國家，因為以個人自由和不可剝奪的權利為本，顯然表示每個公民都有權利決定由誰來治理。就像我在第一章強調的一樣，這就是為什麼我要關注自由民主國家，而不只是自由主義國家。因此我將同時探討民主和平論背後，基於民主和基於自由的兩套邏輯。

在冷戰結束後的二十年間，民主和平論大為風行。一九八三年，杜伊爾用兩篇開創性的論文向學術界和政策界介紹了這個理論。[9]另一個強權在一九八九年終結之際，人們普遍相信自由民主體制就要一步步席捲全球，拓展和平的邊界。這個願景也是福山〈歷史的終結？〉一文的主旨。但時代並不贊同福山的主張。威權主義變得更受歡迎，沒有徵兆顯示在短期內世界會被自由民主體制給收服。自由之家（Freedom House）發現在二〇〇六到二〇一六年間，全世界民主國家的比例還減少了，而此一理論所適用的範圍，自然也跟著減少了。[10]

然而，就算自由民主體制變多，也不會提高和平的可能，因為這個理論有著嚴重的漏洞。仔細想想它最核心的主張就知道了。有些支持者說民主國家之間從來不曾發生戰爭。錯了，和他們說的正好相反，現代至少有四場戰爭發生在民主國家之間。第一次世界大戰（一九一四—一八）時的德國就是自由民主國家，而它的對手則是英國、法國、義大利和美國四個自由民主國家。[11]在波耳戰爭（**Boer War**，一八九九—一九〇二）中，英國的對手是南非共和國（**South African Republic**）和奧蘭治自由邦（**Orange Free State**），兩者都是民主國家。[12]一八九八年的美西戰爭、一九九九年印度與巴基斯坦的卡吉爾戰爭（**Kargil War**），也都是民主國家彼此征戰的例子。[13]

還有一些例子也可以算是民主國家之間的戰爭。[14]雖然南北戰爭通常被當成是內戰，而非國家之間的戰爭，但我們也可以說這個差別的意義不大。南方邦聯建立於一八六一年二月四日，但戰爭一直到四月才開打，所以在此之前南方邦聯也可以算是一個主權國家。而且我也要指出，民主國家之間還是有一大堆軍事糾紛，有些也爆發衝突並釀成死傷，只是時間短到算不上戰爭而已。[15]民主國家，特別是美國也曾多次出手推翻他國的民選領導人，這跟「民主國家會和平相待」的主張好像也兜不起來。但我們還是先回到那四場真正的戰爭上。有些人也許會同意我的話，但仍然主張這少數幾場戰爭不足以真正挑戰民主和平論。然而，民主和平論本身就給出了清晰的理由，證明這種想法是錯的。

詹姆斯．瑞伊（**James L. Ray**）說過：「在統計上，國與國之間的戰爭本來就不多……如果比較歷史上發生在兩個民主國家之間的戰爭，和發生在任意兩個國家之間的戰爭，前者就算只有寥寥幾場，也可以徹底改變統計結果，形成十分顯著的差異。」[16]換句話說，這四場戰爭就能摧毀民主和平論的核心主張。該理論還有一個大問題，是它並沒有確實解釋到，為什麼自由民主國家不太會交戰。持民主和平論的人提出過很多解釋，有些是著重於民主的制度與規範，還有一些是強調自由主義的規範。但是沒有一個可以說服人。

民主制度與和平

關於自由民主國家為何不會彼此交戰，共有三種解釋。第一種是強調大眾本質上追求和平，如果問他們想不想發動戰爭，答案幾乎一定是「不」。康德在《永久和平論》（*Perpetual Peace*）中清楚論述了這個主張：「如果發動戰爭與否需要公民的共識……他們對於是否要展開這麼糟糕的賽局、承擔一切戰爭的風險，自然而然會分外謹慎。」[17]冷戰時期的新保守主義者也很常提起這個主張，他們認為自由民主國家傾向於姑息威權國家，因為民主制度下的人民可以投票，他們雖然軟弱，卻可以影響社會群體的走向。[18]

這個論證的致命傷，是它會得出其他不合理的結論。如果自由民主國家的公民這麼反對戰爭，他們對非民主國家開戰的意願，應該會跟對民主國家開戰一樣低，不會願意打任何戰爭才對。然而從歷史看來就知道完全不是這樣。比如美國在冷戰時期就打了七場戰爭，而且七場都是它發起的。當時每三年裡頭就有兩年在打仗，說美國已經對戰爭成癮也不誇張。另一個自由民主國家英國，在這些戰爭中也跟美國寸步不離。這也有助於解釋，為什麼民主和平論無法支持「民主國家通常比非民主國家愛好和平」這個說法。

還有些因素解釋了，為何民主國家的人民有時更喜歡發動戰爭。首先，有時候戰爭在戰略上確實很合理，多數公民也會意識到這點。而且就算戰爭沒有必要，民主國家的領導人也很懂怎麼讓沉默的大眾相信開戰的必要性。[19]有時後甚至不必說服，因為更有可能的是，不管需不需要，人民強烈的愛國心都會敦促領導人開戰。[20]最後，戰爭必定會讓大眾付出極大代價，也是錯誤的假設。富國的軍隊通常資本密度都很高，因此軍人其實只占了一小部分的人口。此外，自由民主國家通常也會設法減少犧牲——比如說用無人機對付敵人。至於財務花費的部分，國家也有很多方法應付戰爭支出，又不會對人民造成嚴重負擔。[21]

第二個體制面的解釋是，自由主義國家的政府領導人比較難動員整個國家開戰。這種滯礙的決策過程有部分是因為要獲得大眾的同意，而既然大眾本來就不願意冒命上戰場，自然會耗費很多時間。而制衡原則等民主國家內建的制度性阻礙，又會拖慢整個程序。除了開戰，這些問題也讓制定和執行聰明的外交政策顯得困難重重。

如果這些說法是真的，民主國家也不會對非民主國家宣戰。但事實不然。民主的低效率有時的確能阻止統治菁英把國家帶往戰爭，但就像前文所述，這種例子並不多。而且，體制面的障礙也不太能妨礙領導人發動戰爭，因為開戰通常都是在重大危機之下決定的，此時一切都由行政權指揮，制衡原則和個人權利都會為了國家安全而淪為次要。一旦進入緊急狀態，自由民主國家完全可以快速果斷地反應，必要時也能發動戰爭。

最後，還有些主張認為「聽眾成本」（audience cost）是解釋民主和平論的關鍵。[22]這種主張的基礎是相信民選領導人特別善於在危機中展現決心，因為他們會公開承諾要在特定的情境下採取行動，並且有義務遵守這些承諾。換句話說就是他們會受到自己牽制，如果他們違背承諾，大眾就會投票讓他們下台以為懲戒。按照這個主張，領導人一旦跨過紅線，「聽眾」就會向他施壓。因此，兩個民主國家可以彼此講明，什麼狀況會導致戰爭，這樣就能避免誤判並協商解決。

聽眾成本的說法乍聽之下很吸引人，但實證研究顯示它其實沒什麼說服力。[23]幾乎沒有證據指出，聽眾成本曾在真正的危機中發揮它宣稱的作用。而且這套理論背後的邏輯也有很多值得懷疑的地方。比方說，領導人在畫紅線的時候通常都很小心，盡可能做出空泛的威脅以求最大商榷空間。這時聽眾成本就完全無法生效。即便領導人把紅線畫得很清楚，又不小心跨了過去，只要他最後以有利的方式解決危機，大眾也不太可能懲罰他。況且，我們也不該低估政治領袖食言時，往往有本事扭曲事實讓自己看起來並沒有背棄承諾。何況就算領導人真的展現決心，也無法保證對方會正確解讀。

總而言之，民主制度下的機制完全無法好好解釋，為何民主國家之間不容易交戰。[24]有些民主和平論的支持者承認這些體制面的解釋有其侷限，因此改從民主與自由的規範來立論。[25]

規範性邏輯

民主制度和自由主義背後的規範性邏輯有不少重疊之處。兩者都強調四個關鍵概念：和平解決衝突、互相尊重、容忍與信賴。不過，民主制度和自由主義是基於不同的理由而強調這些概念，比重也有所差異。

民主制度最核心的特點，是公民們藉由選舉程序來解決歧異，並找出誰對政治秩序的看法受到比較多人贊同。這種處事方針確實有助於和平解決衝突。魯塞特說過：「自由民主理論的基礎規範，是可以不經暴力，而是用民主的政治程序解決爭端。」[26]另外他也認為：「民主國家在和其他國家處理國際政治事務時，也會展現出有規則的政治競爭、以妥協解決政治衝突、和平移交權力等規範。」最重要的是，「當兩個民主國家因利益發生衝突，它們也能在互動中運用民主規範。」[27]

如果和平解決尖銳的爭端成為慣例，各國就不用擔心對手會動用暴力對付自己，也就有機會產生深度信賴。而在劇烈的政治對決中，對立各方也多少會產生一些尊重。只要各方都願意接受投票結果，也就代表他們願意容忍競爭對手有可能獲勝。而如果要和對手妥協以解決問題，雙方就必須各自展現一些尊重，不然就很難取得共識了。所以除了一起用投票來解決歧見，民主國家裡的個人也會傾向彼此保持忠實、容忍和尊重。這個主張認為，這些共同的信念也能延伸到民主國家之間的關係上。

民主制度著重投票的重要性，自由主義則強調個人權利。這部分各位讀者現在已經很熟悉了。政治自由主義者堅持，權利和容忍結合起來，就能鼓勵人們即便在重大的歧異下，也要彼此尊重並和平解決歧異。在自由主義的世界裡，暴力應該派不上什麼用場。

由於個人權利的普世性，自由主義的邏輯不只適用於自由民主國家內的日常生活，也適用於這些國家之間的互動。借用麥可．杜伊爾的話來說：「自由主義國際關係理論的基本假設認為，國家有權免於外界干預。既然能夠道德自主的公民就擁有自由權，國家作為其公民的代表，也就有權保持政治運作的個體性。互相尊重這些權利，就成了自由主義國際關係理論的基石。」[28]不可剝奪的權利還包括了生命權，這將阻礙自由主義國家向彼此宣戰，因為戰爭會剝奪其他自由人民的生命。

同樣地，容忍也適用在自由主義國家互相打交道的時候。自由主義國家應該互相信賴、尊重，絕不用戰爭來解決歧異。杜伊爾寫道：「這些相互尊重的君子之約，為自由民主國家之間的合作關係，奠定了非常有效的基礎。」[29] 換句話說，自由主義的規範可以解釋民主如何帶來和平。約翰．歐文（John Owen）將這些基本論述總結為：「自由主義者相信，天底下的人基本上都是一樣的，也都想讓自己更安全、追求更好的物質生活。要追求這些必須先擁有自由，而想要自由必須先擁有和平；強迫和暴力都只會帶來反效果。因此和平是每個人的共同利益，戰爭只該被當成一種締造和平的工具。」[30]

至此，關於自由民主國家就算有了足以引起重大危機的歧異，也不會彼此交戰的理由，民主制度和自由主義都提供了清晰的邏輯，這些邏輯各有不同，但也彼此互補。根據民主和平論，這些邏輯在獨自運作或是相輔相成之下，都能促成一系列有助於和平解決衝突、彼此尊重、容忍、信賴的優秀規範。

規範為何無效

自由民主規範能有效推動和平的主張，總共有四個問題。一如我在第五章的論述，沒有更高的權威來維持秩序，自由主義就無法如其所宣稱的一般運作。理由很簡單：自由主義同意人們有時會對社會的基本原則產生嚴重分歧，也承認就算尊重權利和彼此容忍，也無法保證其中一方或是雙方不會採取暴力。

衝突無法保證一定能和平解決。因此包括最相信容忍有魔力的羅爾斯在內，基本上每個自由主義者都承認國家需要存在。民主制度也面臨一樣的問題。它同樣是以「公民們對於核心的政治和社會議題，有時會產生激烈分歧」為基礎假設。在民主制度下，公民從小就不斷學習要用投票箱來解決歧見，但這樣的社會化過程還是有其限制，民主國家仍然得維持大量的警力以維持秩序。只憑和平解決衝突的規範，不能保證民主制度下的和平；因此它跟自由主義一樣需要有強大的國家，才能應付那些覺得自己不得不使用暴力來捍衛自己觀點的人民。

但是當國家受到其他國家威脅時，國際體系上卻沒有更高的權威可以求助，因為世界政府並不存在。有這種無奈的現實，再加上自由民主國家不盡然能彼此容忍、尊重、和平相待，意味著就算是自由民主國家之間在打交道，也必須擔心自身的生存。一旦這個邏輯開始運作，國家之間就別無選擇，只能接受權力平衡的政治。

自由民主規範的主張還會碰到一個問題，就是國族主義。這種影響力超群的意識形態會讓各國分外重視彼此的分歧。每個民族國家都傾向認為自己比其他國家更優越，有時還會引起強烈的恩怨。這種恩怨就是我所謂的極端國族主義，它的存在是因為民族國家有時會在基本原則上徹底迴異，並且不時引發激烈的軍備競賽，甚而通往戰爭。自由民主國家很難沒有國族主義，而國族主義可能會損害容忍與互信，甚至讓各國用暴力解決分歧。至於不可剝奪的權利雖然被自由主義奉為圭臬，但自由派太誇大它的重要性了，這世界並沒有那麼堅定地尊崇它。特別是一旦碰到國族主義，自由主義普世論的一面總不如自由派想的那麼有影響力。

最後，大量的經驗證據也不同意自由民主的規範有那麼大的力量可以維持和平。比方說美國顛覆民選政府的經歷就很豐富，在冷戰時期尤為頻繁。比較有名的例子包括一九五三年的伊朗、一九五四年的瓜地馬拉、一九六四年的巴西，以及一九七三年的智利。[31]二〇〇六年一月的巴勒斯坦大選，美國支持的法塔赫（Fatah，巴勒斯坦民族解放運動）輸給了哈馬斯（Hamas，伊斯蘭抵抗運動），美國和以色列（又一個民主國家）旋即對新政府下手，邊緣化了哈馬斯。即便法塔赫落選，美國仍將其視為巴勒斯坦人民的合法代表。[32]前面我們也看到，二〇一三年埃及人民選出的穆斯林兄弟會被推翻時，美國在其中扮演了什麼角色。塞巴斯蒂安·羅薩托說得好：「美國干預開發中世界的紀錄指出，對民主的信賴與尊重，常常不如國防和經濟利益重要。」[33]

對自由民主規範最不利的證據，也許來自克里斯多福·雷恩的研究，他仔細檢視了四個自由民主國家走向戰爭邊緣，最後由一方退讓結束危機的例子。他探究了一八六一年特倫特號事件（Trent Affair）和一八九五年委內瑞拉危機時英美雙方、一八九八年法碩達事件（Fashoda Crisis）時英法雙方，以及一九二三年占領魯爾（Ruhr Crisis）時德法雙方各自的決策過程後，提出了有力的主張：在這些危機的解決過程中，自由主義的規範幾乎沒派上用場。當時每一邊都有強烈的國族主義情緒，而四場危機的結果主要也都是由涉及權力平衡的戰略考量所決定。[34]

最後，儘管是間接理由，但自由民主國家之間的戰爭沒有特別正直，也足以讓人懷疑自由主義規範在國際政治中沒有太多的功能。既然自由主義強調不可剝奪的權利，照理說可以期待自由民主國家會盡力避免殺害平民，至少也要做得比威權國家好。這也是另一個以個人權利為核心的自由主義理論「正義戰爭論」（just war theory）的中心信條。[35]比如杜伊爾就呼籲衝突各方「嚴格遵守戰爭法」。[36]

但亞歷山大・多恩斯對戰爭中平民受害者的研究，卻有空前的發現：「民主國家稍微比非民主國家更容易對平民下手。」[37]政治理論家約翰・泰爾曼（John Tirman）對美國的戰爭手段做過詳盡的分析，指出美國殺害的平民多達數百萬，其中許多都是刻意為之。[38]雖然傑弗瑞・華勒斯（Geoffrey Wallace）指出獨裁國家比民主國家更容易虐待戰俘，但他也提出了大量民主國家苛待戰俘的證據。[39]美國在九一一事件後大量的刑求即是一例。多恩斯和華勒斯兩人都指出，國家只要在戰時陷入窘迫，很快就會忘記敵人也有人性，把作戰效率看得比人權更重要。自由民主國家也不例外。

簡而言之，自由民主國家的規範並不能有效解釋，為什麼它們不容易彼此征戰。沒有一種制度性或規範性的說法可以有效撐起民主和平論。

質疑此理論的另一個理由是國家也會背棄民主。民主國家永遠都有可能變成威權國家。[40]這種事情發生過很多次，我前面也提過自由之家的報告顯示，近年來民主正從世界各地退潮。再怎麼穩固，民主都難保可以屹立不搖。[41]比方說，要是中國在未來十年成了民主國家，我們也不會太相信它可以長期維持這種政治制度。美國必須準備面對中國撐不下去的可能性，這代表為了安全起見，美國還是必須盡可能增強自己相對於中國的實力。

有自由的民主往往比缺乏自由的民主更牢固，因為前者同時有自由與民主價值相輔相成在支撐。不過，這也無法保障自由民主可以永垂不朽。德國的威瑪政府也是自由民主國家，但它不過維持了十多年，就在一九三三年讓位給史上最窮凶極惡的政權之一了。因此，即便是自由民主國家之間的交往，也必須準備好面對他國背棄民主的可能，這就意味著打交道時要依循現實主義的教範。

經濟相互依賴理論

根據經濟相互依賴理論，高度依賴的兩國為了彼此的經濟好，就算政治上有嚴重的歧見也不會開戰。即便從戰略上來看有很多好理由開戰，兩國也會避免戰爭，因為戰爭對雙方的經濟都是災難。即使算上潛在的戰略收益，打仗要付出的經濟代價基本上還是高於政治獲利。這個理論的假設是，繁榮才是國家的首要目標，而非生存。換句話說，經濟考量可以勝過戰略考量。

此一理論著重於繁榮的依據，是相信大眾會要求領導人提昇和保護人民的經濟福祉；如果做不到，領導人就會被趕下台，甚至有可能出現更大的動盪。創造財富的迫切性意味著領導人只要還有理智就不太可能發動戰爭。利益團體也會傾向於反戰，因為戰爭會妨礙賺錢。[42]比方說有的學者就主張，銀行家必定是維持和平的重要力量，因為想要繼續掌權的領導人都不太可能去招惹他們。這一切都表示，當世界各國的經濟都相互依賴，領導人就會對衝突強烈反感，因為衝突會危及繁榮，也會危及他們的政治生涯。這些國家之間甚至連軍備競賽都不會太激烈，原因除了領導人寧願把心思用在增加國內財富，激烈的對抗也可能不經意引發戰爭和經濟災難。

這套邏輯經過很多學者的修改。在早期的版本中，它把經濟相互依賴描述為各國之間的貿易關係。諾曼．安傑爾（Norman Angell）正是因此觀點而出名的，即便他在一九一〇年的名作《大幻覺》（*The Great Illusion*）一書中，提出了比較不同的觀點。[43]近期一點的則有理查．羅塞克倫斯（Richard Rosecrance），他在一九八六年出版的《貿易國家之興起》（*The Rise of the Trading State*）中論述了貿易締造和平的力量。[44]不過，艾利克．賈茲柯（Erik Gartzke）不以為然，他認為在評估經濟相互依賴的程度時，貿易並非正確的著眼點，而是應該關注資本市場。[45]他認為「整合為一的資本市場」能促進國家間和平的關係。另一方面，派翠克・麥唐納（Patrick McDonald）則主張要有「自由的經濟體制……促進市場活絡的體制」才能維持貿易。他強調「國內經濟由私有財產制和競爭性的市場結構主導……能夠帶來和平」。[46]

但也不是每個經濟相互依賴理論家都相信，靠著貿易和資本流動就可以阻撓武裝衝突。舉例來說，史蒂芬・布魯克（Stephen Brooks）就主張，在當今的全球化世界中，和平的關鍵在於跨國企業的生產設備遍布全球，這代表每個主要國家所消費的產品，基本上都要依賴他國。[47]因此任何已開發國家都承受不起戰爭，否則它們的跨國企業，乃至於整個經濟都會癱瘓。最後，素來被認為是現實主義者的戴爾・柯佩蘭（Dale Copeland），也提出了一個自由主義和現實主義參半的主張。[48]他認為兩個國家如果預期可以維持高度貿易往來，經濟相互依賴的基本邏輯就能營造和平的關係。但如果雙方預期貿易無法長期維繫，現實主義的邏輯就會接手，並有可能將雙方推向戰爭。

最後，經濟相互依賴理論的支持者也主張，征服他國在現代並不划算。在工業革命以前，擴張領土確實能帶來經濟利益，但在現代，征服其他國家很難帶來經濟利益。這正是安傑爾寫《大幻覺》的重點，也是《貿易國家之興起》的一大主題。把這個主張也算進來的話，整個經濟相互依賴理論的主張就是：相互依賴使得戰爭的代價過於高昂，征服所得的利益又很少。我主要的重點會放在「經濟相互依賴會拉高戰爭的代價，繼而帶來和平」這一點上，這也是本理論最核心的主張。

經濟相互依賴理論的限制

經濟上的相互依賴不能說不重要，它一定曾為避免戰爭發揮過決定性的作用，特別是當戰爭的代價太高，政治利益卻不然的時候。儘管如此，在很多情況下，決策者都不會為此動搖，所以它也未必能保證經濟相互依賴的國家之間一定會保持和平。但想宣告現實政治過時，就是要有這種保證。

經濟相互理論一共有三大問題。首先，經濟相互依賴的國家之間開戰，代價不一定很高；通常會發現代價很高，都是因為開戰之前低估了。而且戰爭有時還能帶來經濟利益。其次，就算國家知道代價高昂，開戰的政治意義也常高於經濟利益，特別是牽扯到核心安全利益的時候。最後，也沒有太多證據可以佐證經濟相互依賴是維持國際和平的主要力量。

經濟相互依賴的兩國有時就算在打仗，也可以避免嚴重的經濟代價。比如只針對一個對手、使用聰明的軍事戰略，並快速贏取決定性的勝利。或是挑選比自己弱的對手，以便輕易、快速擊敗對方。大部分的國家發動戰爭都會希望迅速取勝，不過未必會如願。[49]只是一旦成功，經濟代價通常都很小。[50]代價最高的戰爭往往參雜多方、曠日費時，好比說兩次世界大戰就屬於這種。不過多數領導人帶著國家走向戰爭時，指望的都不是這種結果。

此外，核子武器也讓當代強權不太可能發動二戰那種大型的常規衝突。強權之間的戰爭，無論手段和目標多半都很有限。比如說，我們很難想像中國和美國會在亞洲爆發全面戰爭；但說到雙方都認為在南中國海或台灣發生一場有限衝突，並認為這種戰爭的代價很好控制，倒是不難想像。

還有很多證據指出，互相交戰的國家不見得會中斷經濟關係。有時各方都會相信維持往來有好處，而在戰時與敵人貿易。傑克．李維（Jack Levy）和凱瑟琳．巴別里（Katherine Barbieri）是這個領域的兩大專家，他們曾寫道：「與敵人貿易顯然經常發生，例子多到足以反駁『戰爭會嚴重、系統性地破壞敵對國之間的貿易』這種常見的看法。」他們也提到：「無論是爭取民族獨立或全球支配權的全面戰爭，還是較為侷限的軍事遭遇中，都存在與敵人貿易的現象。」[51]簡單來說，一個國家可以同時和對手交戰，又和它保持經濟相互依賴，不威脅到自身的繁榮。[52]

最後，彼得．李伯曼（Peter Liberman）也在他的巨著《征服是否值得？》（*Does Conquest Pay?*）中解釋過，有時的確值得。[53]比方說，如果中國發動戰爭，贏得了南中國海的支配權，就能坐擁海床下豐富的自然資源，這一定有助於推動中國的經濟成長。國家有時發動戰爭的原因，就是期望戰爭帶來的經濟和戰略利益，能超過破壞相互依賴的代價。

政治優先於經濟

但就算兩個經濟相互依賴的國家發生戰爭會有很大代價，戰爭還是有可能發生。本理論的支持者不會同意這個說法。他們相信戰爭的代價一定會高於期望中的政治利益。他們認為國家最主要的目標其實是創造繁榮，而非生存。但是他們錯了。政治盤算通常都會贏過經濟考量，特別是牽扯到國家安全的時候，因為生存終究比繁榮重要。如果無法生存，就不存在繁榮，但是被戰火摧殘的國家還是可以復興過來、再次富裕。一九一四年以前的歐洲曾非常繁榮，直到第一次世界大戰發生。德國會成為最大的戰犯，也是為了抵禦不斷壯大、亟欲稱霸歐洲的俄國。[54]因為政治考量比經濟活動更重要。

有人會辯稱，並不是每一場牽涉安全的爭端，都攸關國家存亡，也不是每一場戰爭，都跟一九一四年的七月危機一樣。這麼說當然沒錯，這也是經濟相互依賴的邏輯有時能如廣告發揮功效的原因之一。但這個主張還是不夠有力，最大的原因在於「缺了一根鐵釘」（**want of a nail**）的邏輯。國家通常會擔心，如果沒能處理好微小的國安問題，敵人就會繼續利用這點，最後權力的平衡將會徹底倒向對方。問題最好是在萌芽階段就要斬草除根，免得釀成存亡之災。愈是攸關生存，這個邏輯的影響就愈大。[55]

我也要稍微評論一下柯佩蘭的論點。他主張如果對立國家在未來可以維持貿易，經濟相互依賴就會比現實政治更有力。這完全說不通。第一個問題是，互相依賴可以維持多久是不可能確定的，因此國家總得為終結那天做好準備。按照柯佩蘭的說法，貿易一旦停止，國家就會回歸現實主義，而根據現實主義的指導，最好的準備就是未雨綢繆。此外他本人也強調，國家未來的意圖是不可知的。[56]無法知悉未來，意味著就算是現在致力於和平和繁榮的國家，有一天也可能會找到理由，不計經濟代價發動戰爭。因此未雨綢繆仍是最佳行動方針。[57]

國族主義也會讓政治比經濟更重要，這點可以參考北京對台灣的立場。中國領導人一直反覆強調，如果台灣宣布獨立，就會武力解放台灣，即便這對中國經濟的代價極高。中國對台灣的看法深受國族主義影響；幾乎每個中國人都認為，這塊島嶼是他們神聖不可分割的領土，終究會回歸大陸。[58]我也要指出歷史上從來不缺內戰，而幾乎在每一場內戰爆發前，雙方在經濟上都曾相互依賴。儘管如此，最後有影響力的還是政治盤算。

回頭看看經濟制裁的效果，就能見到更清晰的證據。歷史清楚告訴我們，制裁多半無法達成目標。失敗的原因之一，是目標國家有能力承受大量的懲罰，不屈服於施壓國家的要求。[59]這種倔強有一大部分，是因為國族主義會讓目標國家的人民和領導人團結一致，而非揭竿而起。英國和美國在二戰期間就發現，在德國和日本投宣傳彈無法刺激當地的人民起義。[60]所以西方為了烏克蘭危機制裁俄羅斯後，俄國人民的反應是跟普丁團結一心，這也不讓人意外。

烏克蘭危機也指出碰到政治或戰略盤算時，制裁往往會失敗的另一個原因。對俄國而言，烏克蘭屬於核心戰略利益，西方將烏克蘭拉出莫斯科勢力範圍、併入西方體制的作為，莫斯科絕對無法接受。從普丁眼中看來，美國和其歐洲盟友的政策，就是在威脅俄國的生存。這個看法讓俄國拚盡全力也要阻止烏克蘭加入西方。[61]

一個缺乏歷史支持的理論，會輸給權力平衡的邏輯還有國族主義，也不令人意外。雖然確實有些研究宣稱，經濟相互依賴可以減少衝突的可能性，但沒有任何支持者會主張，它可以徹底防止經濟連結緊密的國家之間發生戰爭。[62]不過也有研究顯示這套根本沒用。[63]有些學者甚至主張，經濟相互依賴反讓戰爭**更容易**發生，因為當經濟陷入困境，貿易夥伴之間的關係可能會因此更形緊張。[64]比如說讓國族主義在歐洲各國抬頭的，正是歐元危機。伊拉克和科威特的經濟也曾經緊密相連，但一九九〇年八月的科威特戰爭會發生，有一大部分原因就是科威特違反了石油輸出國組織（Organization of Petroleum Exporting States, OPEC）的產量限制，妨礙了伊拉克的石油利益。

總之，雖然經濟相互依賴有時可以及時防止戰爭，但我們還是沒理由相信它可以成為國際和平的基石。

自由體制主義

自由體制主義或許是自由主義三大理論中最弱的一個。[65]主要支持者對於國際體制到底能為世界和平做些什麼，都只能提出缺乏力道的主張，而歷史也清楚顯示，如果有任何強權想要發動戰爭，國際體制頂多也只能拖延它們的腳步。這些強權也包含了英美等自由民主國家。

體制是一套規則，用來描述國家之間應該如何競爭和合作，規定哪些行為能被接受、哪些不能。這些規則是由各個國家協議出來的，而非強行加之。強權主導了規則的制定，並宣誓即便認為這些規則不符自身利益，也一樣會遵守。也就是說，加入國際體制，就是自願受到拘束。這些規則通常都是書面的國際協議，並由擁有專屬人員和預算的組織來管理。然而很重要的一點是，這些組織本身無法強迫國家遵守規則。國際體制並非握有權力的實體，它們獨立於組成體制的國家，卻又無法強迫國家遵從，必須由國家自己選擇遵守自己制定的規則。簡單來說，體制只能呼籲「個別主權國家達到去中心化的合作，缺乏有效的指揮機制」。[66]因此它算不上是一種世界政府。

國際法的運作也仰賴自願遵從，這表示在國際層級上，體制和法律沒有真正的差異。國際體制有時也被稱為「國際建制」（International regime），許多學者也會把兩個詞交換著用。所以此處對國際體制的分析，同時適用於國際法和國際建制。[67]

終極目標：跨國合作

自由體制主義的支持者很少主張國際體制能有效維持和平。他們的主張野心較小，只認為體制可以促進國際合作，有助於和平解決爭端。強調合作這點在羅伯特・基歐漢（Robert Keohane）的《霸權之後：世界政治經濟中的合作與紛爭》（*After Hegemony: Cooperation and Discord in the World Political Economy*）中就有清楚的證據，這本書或許也是國際體制方面最有影響力的著作。[68]但就如書名所示，基歐漢只集中於解釋如何提昇國家之間的經濟合作，對於戰爭與和平談得不多。確實有些自由體制主義者會直接處理國際安全議題，但主要也是討論這些安全體制如何促進合作。[69]所有自由體制主義文獻都集中在討論合作，很多重要著作的標題就有「合作」兩字，但卻幾乎沒有人進一步討論怎麼靠合作締造和平。[70]

弄清楚體制在哪些情境可以促進合作也很重要。只有當國家有共通利益，卻沒能意識到時，體制才能發揮作用，因為此時的形勢才讓它們有互相利用的動機。這種問題的一個例子是典型的囚徒困境（prisoner's dilemma），也就是兩個人合作最有利，但彼此都害怕被對方占便宜。結果就是雙方都會想利用對方，導致結局比合作更糟糕。另一個例子是集體行動（collective action），它背後的邏輯是人們因為互占便宜的誘因太過強烈，而不知道彼此擁有共同利益。這套理論認為，體制可以幫助個體在這種情境下，理解到彼此的共同利益。

但是當利益衝突的兩國都不認為合作會有收穫時，這套理論就派不上用場。在這種形勢下，國家幾乎一定會占對方便宜，有時還會動用暴力。換句話說，如果歧異太深，又牽涉到重要議題，國家就會以成王敗寇的方式思考，這必定會走向激烈的軍備競賽甚至戰爭。國際體制很難影響處在這種情境的國家，最主要的原因是此一理論沒有討論體制如何解決、甚至減少強權之間的深刻衝突。[71]這也難怪自由體制主義很少討論戰爭與和平的成因。

還有另一個角度可以看出體制的侷限。有些自由體制主義者主張，國際政治可以分成政治經濟與國際安全兩個領域，而他們的理論主要適用於前者。比如查爾斯・李普森（Charles Lipson）就曾寫道：「國際經濟和安全議題這兩方面的體制安排，存在著極大差別。」[72]而且這兩個領域裡，合作的可能性也落差很大。如果牽涉的是經濟關係，「各求己利的國家之間就可以維持合作」，但在「國際安全方面……就比較缺乏」合作機會。[73]

基歐漢的《霸權之後》也反映了同樣的思維，他強調他的重點在於「在採取市場經濟的先進國家之間……存在大量的共同利益，國際合作的好處也更容易被注意到。」[74]這個重大區別還有一個例子，就是聯合國解決不了強權間的政治分歧，而國際貨幣組織與世界銀行卻能促進大國之間的經濟合作。這意味著自由體制主義其實把重心放在促進經濟和環境方面的合作，因為在這些領域上，國家最需要體制的協助，才能理解到彼此的共同利益。而對於國際安全建制，自由體制主義的著墨就少很多。

有人會主張軍事同盟也是一種國際安全體制，而它對國際政治絕對有重大的影響。軍事同盟在戰爭與和平兩方面，都有助於協調成員國的行動，增強集體行動的效果與效率，這點毫無疑問。北約就是一個例子。西方能在冷戰期間抵擋蘇聯對歐洲的野心，北約功不可沒。但它是屬於一群有強烈動機合作面對威脅的國家，而非存在重大分歧的國家。所以整體來說，自由體制主義對於戰爭與和平的問題，依然著墨甚少。

有人會說約翰・伊肯伯里（John Ikenberry）是例外，他或許也是基歐漢之外最重要的自由體制主義者。他研究了一套真正適用於國際範圍的理論，並且能解釋經濟和安全兩個領域的合作要如何達成。在《勝利之後：體制、戰略約束與戰後秩序重建》（*After Victory: Institutions, Strategic Restraint, and the Rebuilding of Order after Major Wars*）這本開創性的著作中，他解釋了各國在怎樣的情境下可以建立國際秩序，而這裡的「國際秩序」，顯然是在指全球的秩序。[75]伊肯伯里最感興趣的，是二戰後的國際秩序如何在以美國為樞紐的力量下成形。當然，這份秩序也是由體制來建立的。

不過如果仔細檢查，就會發現伊肯伯里的說法都圍繞著冷戰時期的西方世界，這裡的主要國家間少有嚴重分歧。對於美蘇之間的軍事競爭，他幾乎沒有著墨。他也不怎麼討論聯合國——一個貨真價實，卻幾乎管不動各大強權的國際體制。也就是說，伊肯伯里處理的不是國際秩序，而是西方先進工業化國家之間的經濟和軍事關係而已。他的焦點和基歐漢的《霸權之後》差不多，兩人的理論雖然多少有些差異，但都解釋不了軍事競爭和戰爭的成因，也無法說明體制要如何防止對立的強權開戰。

無政府狀態的難題

說來也許令人意外，但自由體制主義的主要思想家，至少在大多時候都不曾宣稱要提供清楚的方案來取代現實主義。他們似乎想在論點中維持現實政治的重要元素，又想超越現實政治。比方說，伊肯伯里就說過他的理論「兼取現實主義和自由主義理論之長」，基歐漢也說過「我們需要超越現實主義，而非拋棄它。」[76] 海嘉・哈符滕冬（Helga Haftendorn）、基歐漢和瑟蕾絲特・沃蘭德（Celeste Wallander）曾合編過一本直接探討國際安全體制的書，書中寫道：「正如我們所見，現實主義雖是國際安全研究的主流，但如果結合體制主義的方法，將能大有裨益。」[77]但是一套建立在現實主義邏輯上的理論，如何能拋棄背後的權力平衡政治？不過且讓我們暫時忽略這點，專心解釋為什麼就算國際體制可以提高合作的機會，也很難大幅增加和平的希望。

自由體制主義的前提是相信國際合作最大的阻礙在於欺詐，而欺詐主要源自國際間難解的不確定性。其他國家未來會怎麼想、怎麼做，是永遠無法知道的。因此這個理論認為，體制可以從四個方向緩解此問題。

第一，隨著體制運作，讓各國之間的往來次數也會變多。重複往來（iteration）愈多次，欺詐的代價就會提高，因為合作更能創造未來獲益。這種「未來的陰影」可以制止當下的作弊，因為被抓到作弊會危及從未來合作中獲利的機會。重複往來讓受騙的一方有機會報復，而以牙還牙的策略能防止犯規的一方逃過懲罰。國家無論是採取作弊還是遵守協議都會人盡皆知，形成一種獎懲機制。

第二，規則可以將不同領域的國際互動連結在一起。連結不同議題的目的，是讓國家之間產生更強的相互依賴，這樣它們就會更加避免欺詐，因為它們擔心在一個領域欺詐，受害國甚至別的國家，就會在其他領域報復。連結議題和重複往來一樣，都可以提高不誠實的代價，並讓受害國有辦法可以報復加害國。

第三，系統化的規則能讓參與合作協議的國家獲得更多資訊，各國也能互相緊密監督。提高能取得的資訊層級，也會讓作弊更容易被抓到，致使各國打消念頭。這也能讓受害國提早警戒對方欺詐，並在嚴重受害之前就採取保護措施。

最後，規則可以降低個別協議的往來成本。只要體制用上述的方式執行任務，國家就能少投注一些精力在談判和監督協議，以及防範可能的背叛上。藉著提昇效率，體制讓國際合作變得更有利可圖，也更吸引人。

擔心對立國家或明或暗地違反規則，確實是現實主義理論的一大核心元素，也是軍備競賽和戰爭背後的一大驅力。[78]每個國家都極其重視權力的平衡，因為沒有誰能肯定自己不會被他國欺詐傷害。畢竟如果受害，也沒有守夜人可以求助。而我們要問的是，國際體制是否能用任何挑戰基本現實主義邏輯的方式，來解決欺詐的問題？答案幾乎可以肯定是不能。

最核心的問題當然還是沒有更高的權威負責懲處，以威脅各國不得違反規則。國際體制缺乏自主權，就算有國家認為遵守規則不符合自身利益，也無法強迫它們遵守。也沒有證據指出，有任何體制能逼強權違反現實主義的教範來行動。體制只能指望成員國認為規則有利於自身的長期利益，於是自動自發遵守而已。根據體制主義的說法，成員國必須自己維護規則。[79]

但只要看歷史就知道，一旦國家覺得遵守規則不符合自身利益，就會欺詐或是違規。比如美國這個最典型的自由民主國家，就在一九九九年和二〇〇三年違反國際法，向塞爾維亞及伊拉克宣戰。[80]華盛頓發動這兩次戰爭，都沒有取得聯合國安全理事會的批准決議。但這兩次美國都認為是出於強烈的道德和戰略必要性，於是決定忽視國際法，結果當然也沒有受到任何懲罰。類似的例子層出不窮，比如德國和法國也因為相信對自身有利，而違反既有的歐盟規定，[81]它們同樣沒受到懲罰。要想出國際體制什麼時候懲罰過嚴重違反規則的強權，可真是件難事。

鑑於國家之間有時會產生重大分歧，而國際體制又無法祭出有意義的限制，各國都會同意這世界就是天助自助者，需要盡可能控制更多世界上的權力，至於控制的過程有沒有遵守規則，倒不用管太多。畢竟，如果為了守法而犧牲國家安全，被敵國攻擊時有誰會來救援呢？很可能沒有。這個邏輯解釋了為何體制主義很少討論戰爭與和平，以及為何它不認真挑戰現實主義。

關於欺詐，我還要再補充一點。每當牽涉到安全議題，對欺詐的擔憂常被認為是對於合作的一大阻礙；[82]因為在這種時候，背叛可能會帶來災難性的軍事失敗。正如李普森所言，國際經濟上完全沒有「快速、突然的背叛」這種威脅。但在軍事上，「背叛的代價」就格外致命，所以自由體制主義對於國際安全事務的著墨遠遠不及經濟和環境合作，也就不奇怪了。前面也討論過，自由體制主義著重經濟領域的另一個原因，是體制通常可以幫忙國家理解到這方面的共同利益。而在安全領域，對立的國家通常都有著重大歧見，因此除了軍事同盟以外，體制多半幫不上忙。

總結下來，當國家之間需要協助才能意識到共同利益時，國際體制就是處理國家事務的好工具。它可以促進國家間的合作，儘管合作未必是以和平為目的。不過更重要的一點是，我們沒有理由認為，國際體制能讓各國遠離戰爭。

我選擇現實主義的理由

以上對自由主義三大國際政治理論的探討，讓我想起自己選擇現實主義的理由，以及我為何認為國家，特別是強權，非常傾向依據權力平衡的邏輯行動。簡單來說，任何國家都無法肯定潛在敵人在處理嚴重分歧時會不會遵守自由主義的教條，如果考慮國族主義的力量就更是如此了。一旦敵國選擇發動戰爭，世界上可沒有無上權威來解救自己免於慘敗。國家只能自求多福，所以想要生存下來，最好的辦法就是即便採取殘忍無情的政策，也要盡可能攢積更多權力。這聽起來不怎麼美好，但如果國家把生存當成最高目標，就沒有別的作法可以取代。

第八章

自我克制的理由

本書最主要的目標，是檢視當強國追求自由主義霸權時會發生什麼。讓我想探究這點的原因，當然是美國在後冷戰時期所採取的外交政策。但是要了解自由主義在國際政治上的作用，就必須先了解它和國族主義及現實主義的關聯，因為這兩者都對國家之間的互動有極深的影響。因此，本書的核心就是在討論這三種思想之間的關係。

從前面幾章的分析中，我們可以整理出幾條對於美國未來規劃外交政策的建議。首先，美國應該揚棄建立自由主義霸權的蓬勃野心。這種政策不僅很難成功，也會把美國軍隊捲入終將失敗的昂貴戰爭之中。其次，華盛頓應根據現實主義，採取更為「克制」（restrained）的外交政策，並清楚了解國族主義對強權的謀算會造成哪些限制。雖然現實主義無法保障和平能夠永續，但根據它制定外交政策，比遵循自由主義更能幫美國減少戰爭、贏取更多外交勝利。國族主義也會減少對外採取野心遠大之政策的必要性。簡單說，美國需要學習自我克制的美德。

美國擺脫自由主義霸權，採取現實主義外交政策的可能性有多少呢？這個問題的答案關乎兩個密切相連的考量：一是未來的國際體系架構，說得更具體一點就是全球的權力分配；二是自由主義國家在選擇外交政策時，擁有多少能動性或是自由。

只有在單極體系裡，強權才能追求自由主義霸權，因為這時它無須擔心來自其他強權的威脅。當世界走向雙極或是多極，強權就沒有其他選擇；面對對立強權的出現，只能依循現實主義的指導。由於中國驚人的崛起，我們已經有充分的理由認為，單極體系即將結束。如果真是這樣，美國的決策者就必須放棄自由主義霸權了。但這將有一個嚴重的問題：美國必須和一個潛在的敵手競爭。

中國或許會碰到嚴重的經濟問題，導致經濟成長嚴重趨緩，這樣一來世界體系就會維持單極。如果發生這種事，美國就很難擺脫自由主義霸權了。自由民主國家的內心深處都有一股發動聖戰的衝動，這在菁英身上尤其嚴重，要它們放棄按自己的形象改造世界並不容易。換句話說，只要出現追求自由主義霸權的機會，自由主義政權就沒有什麼能動性了。儘管如此，等到自由主義霸權下的政策一個接著一個失敗，我們或許就能合理期待，單極強權可以聰明起來，放棄這種充滿缺陷的戰略，轉而以現實主義為基礎，加上對國族主義的正確理解，採取較為自我克制的戰略。有時候，國家就是得從失敗中學習。

輸出自由主義的不智

我在本書的開頭強調過，我相信自由民主是最好的政治秩序。相比其他政治秩序，自由民主雖然不完美但還是遙遙領先。然而在國際政治上，自由主義只會不斷製造問題。追求自由主義霸權的強國無論在國內還是國外都將寸步難行，而且最後還會傷害其他國家，包括它原本想要幫助的那些。自由主義無力促進國家之間的和平，這點和西方世界的傳統看法大相逕庭。儘管自由主義當成一國內部政治制度的好處不可勝數，卻不適合當作設計外交政策的指南。

最大的問題根源是自由主義的核心有著濃濃的人權運動精神——也就是相信人人皆有一些不可剝奪的權利，保護這些權利比任何考量都重要；這種信仰讓自由主義國家一看到他國公民的權利遭到侵犯，就會亟欲介入——儘管侵犯個人權利在很多國家都是家常便飯。有些自由派相信，國家如果不自由，就等於是在對自己的人民宣戰。這種邏輯更讓自由主義國家喜歡用蠻力把威權國家扯向民主自由，這麼做除了可以確保該國的個人權利不再被踐踏，也是因為自由派相信，自由民主國家不會互相開戰。因此，無論是保衛國內人權還是締造國際和平，關鍵都是讓全世界只剩下自由民主國家。自由主義也呼籲要建立國際體制、發展開放的國際經濟，這些措施都被認為有益於世界和平。

但自由主義的另一個重要派別，卻認為自由民主國家不應介入其他國家的政治，更不可入侵他國。多數自由派都認為，人類不可能對社會基本原則達成普世性的共識，所以應該盡量放任人們自己決定美善生活要有些什麼，並按照自己的想法生活。這個基本信念也是自由主義重視容忍的理由，因為容忍就是尊重他人有權隨自己的心意思考和行動，哪怕我們認為那些方式大錯特錯。

有些人認為這些基本概念放在國際政治也適用，所以自由主義國家最好別插手他國內政。也就是說，自由主義強權也該尊重非自由主義國家的主權。但自由派並沒有這樣做，主要是他們堅決相信自己對至善的真諦完全了然於胸，只不過他們不承認或者沒有意識到自己是這樣想而已。他們要按照自由主義的旨意，在全世界建立穩定的自由主義國家，畢竟不自由的國家絕無可能遵旨給予個人權利至高的地位和應有的保護。實際上，自由派的思維無異於主張他們對於美善人生的組成內容，有個四海通行、顛撲不破的答案：建立一個保障所有公民的不可剝奪的權利的自由主義國家。有這種信念，無怪強大的自由主義國家都會採取積極干預外國的政策。[1]

但是，一旦開始追求自由主義霸權，國家就會不斷碰壁。原因之一是，大多數國家的文化對於個人權利都沒有那麼深厚的認同，所以要以自由民主取代獨裁政體通常都不是容易的任務。自由主義的外交政策往往也會跟國族主義，還有權力平衡的政策牴觸。一旦有所衝突，自由主義絕非兩者的對手，因為這兩種思想都比自由主義更符合人性。以政治意識型態而言，國族主義的影響力要比自由主義強多了。國際體系由民族國家、而非自由民主國家組成並不是意外。況且，主宰國際體系的強權通常都遵循現實主義的原則，這對想輸出自由價值的國家來說又是更大的難題。

所以說只有傻子才會拿著自由主義指導強權要怎麼在世界舞台上演戲。以自由主義霸權為基礎的外交政策的效果真的很差，放棄它並改用比較克制的對外政策，對美國才是上策。說得具體一點，就是要擁抱現實主義。

現實主義與自我克制

大部分國際政治的研究者都把現實主義跟國與國的對抗與衝突劃上等號。這的確是現實主義在自由社會裡不受歡迎的原因之一。[2] 現實主義者認為戰爭是正當的治國工具，可以用來維持或是往有利的方向改變權力平衡。另外，現實政治的擁護者也不認為國際合作有多大的裨益，他們認為既然世界上沒有更高的權威提供保護，國家就必須為自己的安全打算。為了擁有最大的生存機會，每個國家都不得不競逐權力，整個過程很可能會殘忍又血腥。現實主義可沒辦法讓人們對未來充滿希望。

儘管如此，現實主義者通常沒有自由主義者好戰，後者雖然痛斥把戰爭當成正當的治國工具，卻非常愛用武力來推動國際和平。政治學者瓦樂莉．馬克維奇斯（Valerie Morkevičius）的觀察正說明了這一點。她比較過兩派理論，發現多數現實主義者都反對美國在二〇〇三年入侵伊拉克，而美國的正義戰爭論三巨頭，即珍・艾斯坦（Jean Elshtain）、詹姆斯・強生（James Turner Johnson）和麥可・瓦爾澤，對此都「持較為樂觀的看法」。她的結論是：「傳統上認為現實主義者比正義戰爭論者更支持訴諸戰爭。但我得說真相正好相反：正義戰爭論比現實主義更喜歡戰爭。」[3]

很多現實主義者都相信，如果根據國家權力平衡的邏輯行事，強權之間就很難掀起戰火。這些「守勢現實主義」（defensive realism）論者認為，國際體系的結構通常會懲罰侵略國，因此推動戰爭的通常是國內的政治力量。換句話說，驅使強權走向戰爭的理由多半無關現實主義。查爾斯・葛拉瑟（Charles Glaser）的傑出論文〈樂觀的現實主義者〉（*Realists as Optimists*）之文章標題就準確表現了這種觀點。[4]其他優秀的守勢現實主義者還包括傑克・史耐德（Jack Snyder）、史蒂芬・凡埃維拉（Stephen Van Evera）與肯尼斯・華爾滋（Kenneth Waltz），他們常被誤解成是在主張國際上的無政府狀態導致國家會想要侵略性地積極獲取權力。[5]另外兩名現實主義者塞巴斯蒂安・羅薩托和約翰・舒斯勒（John Schuessler）則提倡美國應採取現實主義的外交政策，這才是「無需戰爭即可享有國家安全的秘方」。[6]

歷史學家馬克・崔登堡（Marc Trachtenberg）就從守勢現實主義的角度來看待世界，他直言不諱地主張，遵守現實主義的教導可以讓世界和平得多，而若依循他所謂「不切實際的理想主義」行事，只會帶來永無止境的紛紛擾擾。他對歷史的解讀告訴他，「只有當國家的行為違反權力平衡，才會導致嚴重的差錯」。一旦國家「把權力浪費在道德信念、帝國顏面或意識形態上」，衝突就會發生。他認為，現實主義「究其精神其實是一種和平理論，承認這點很重要」。簡單來說，「權力並非不穩定」。[7]

我對現實主義的看法沒有這麼樂觀。國際體系的結構常讓強權不得不展開激烈的軍事競賽，甚至不時發動戰爭。國際政治這麼野蠻兇殘，不只是因為有搞錯方向的自由主義思想和其他心懷不軌的國內政治力量在影響外交政策。強權有時也會因為徹底的現實主義理由而開戰。

不過就算採取像我這麼殘酷的現實主義，國家之間發生的戰爭還是會比遵循自由主義還要少。那為什麼我這種強硬的攻勢現實主義（**offensive realism**）論者，也不會像自由派那麼容易訴諸戰爭呢？原因有三。首先是因為，遵循現實主義行動的強權，原則上最關心的是盡可能獲取更多的國際權力並使之最大化，但是會讓它們願意冒上戰爭風險的地區並不多。這些地區包括強權各自的周邊地區、其他強權的地盤，或是關鍵資源的產地。對美國來說，目前在西半球以外共有三個戰略意義至關重大的地區：其他強權所在的歐洲和東亞，以及石油這種超重要資源的主要產地波斯灣。

這代表美國根本不該跑去非洲、中亞，或是遠離波斯灣的中東地區打仗。舉例來說，冷戰期間的現實主義者就堅持，美國決策者應避開發生在「第三世界」或「開發中世界」的戰爭，因為這些地方只有一堆戰略意義很低的小國家。[8]幾乎每個現實主義者都反對越南戰爭，因為越南的命運對全球的權力平衡，幾乎沒有戰略性的影響。[9]

另一方面，自由派卻傾向認為世界上每個地方都可以成為戰場，因為他們執迷於保護每個地方的人權，以及弘揚自由民主的使命。他們當然希望不動干戈就能實現這些目標，但如果有必要，他們通常也願意動用軍隊。簡單來說，現實主義者願意動武的地方很有限，但自由主義者就沒有這種限制。對他們來說，重大利益遍地都是。

第二是現實主義者傾向謹慎使用武力，甚至於連威脅要使用武力都得戒慎恐懼，因為他們知道權力平衡的邏輯會迫使其他國家嚇阻侵略者，無論對方是不是自由民主國家。當然，平衡不是一定有用，所以戰爭難免會發生。強權對自己的安全總是特別警戒，一旦感受到威脅，就必定會採取措施保護自己。這種戒心也解釋了為何俄國領導人會強硬抵抗一九九〇年代中期以來的北約擴張，以及為何美國的現實主義者都反對這件事。但自由主義者卻傾向認為權力平衡的邏輯已經不適用於二十一世紀了。這種思維讓自由主義者在使用軍事力量時，也比現實主義者更不自我克制。

第三點則是，現實主義者跟克勞塞維茲一樣都認為，戰爭會為國家帶來無法預料的後果。[10]

有時這些後果簡直就是災難。幾乎每位現實主義者都同意這個無法改變的事實，因為對戰爭的深入研究讓他們了解到，帶著國家走向戰爭的領導人有時也會被結果給嚇到。[11]戰爭結果之難測讓現實主義者對開戰素來謹而慎之，但這不代表戰爭一定不合理。有些局勢就是非兵戎相見不可。相反地，自由主義者通常沒有那麼認真鑽研戰爭，也許是因為他們並不把戰爭當成一般的治國工具。他們的閱讀書單上很少會出現克勞塞維茲的《戰爭論》。所以他們常常不清楚戰爭有多複雜，也不知道戰爭的結果可能會令人失望。

不過持平而論，現實主義也不是和平的秘方。它不過是認為日常生活的種種無奈裡頭也包含了戰爭的可能性。另外按照現實主義，美國還是應該盡力保持全球最強的實力，維持住西半球的霸權，並確保沒有其他強權可以獨霸一方，和美國分庭抗禮。不過，根據現實主義制定的外交政策，還是不會像自由主義那麼好戰。

最後，正確理解國族主義對強權的限制，特別是對它們跟小國間關係的限制，會讓美國更有理由採取自我克制的政策。只要簡單分析一下冷戰期間，美國決策者怎麼看待跟小國之間的互動，就知道他們不只不清楚國族主義會限制華盛頓對其他國家的干預能力，也不了解這種思想對美國利益有何影響。如果美國必須再打一場冷戰，或是在未來面對一場類似的軍事競賽，用另一套大為不同的方式來遏制對手會更有效。[12]

國族主義與自我克制

冷戰的大部分日子裡，美國領導人都在擔心世界上各個地區的小國會被誰統治。他們最大的恐懼是，任何國家只要被共產黨統治，都會幫忙向鄰國輸出共產主義，導致更多國家起而效尤。而這個劇本裡的大反派當然就是蘇聯。當時的人們認為，這個強權如此處心積慮利用共產國際（Cominterm）等體制，或許很容易就能將共產主義傳遍全球。共產主義又是一種很吸引人的普世論意識形態。有了蘇聯的援助，就會有愈來愈多國家加入這股浪潮，總有一天莫斯科將會支配整個國際體系。這個現象就是骨牌理論（domino theory）。[13]

察覺到這個威脅後，美國的反應就是竭盡全力阻止小國「共產化」。華府幾乎干預了每一個政治出現左傾趨勢的國家，這讓美國一頭栽入了全球規模的社會工程之中。干預手段具體來說有：（一）提供友好政府金錢、武器和其他資源以穩定政權；（二）醞釀政變對付美國眼中的敵人——包括民選統治者；以及（三）直接派軍干預。

這些戰略都註定失敗。就算在自己國內，社會工程都相當艱難，會碰到千絲萬縷的問題，遭致反對總是免不了，而且總是會有意想不到的結果，有些還很糟糕。在其他國家推動社會工程的難處又更多了，當地人民一定會因為國族主義而希望能決定自己的命運，不讓外國人干預其政治。干預勢力對目標國家內部的文化和政治幾乎一無所知，也會讓干預難有成效——很多時候這些外國人連當地的語言都不會說。如果是用軍事力量去改變其他國家的社會和政治結構，困難就會更大；美國在阿富汗及伊拉克，還有冷戰時期在越南，都碰到一樣的困境。伴隨戰爭而來的暴力，會讓入侵國被當成壓迫者，結果就是即使是推動正面的改革也會淪為名不正言不順。

這不是要否認美國在冷戰時期也有成功干預過小國政治的案例。但就連這些成功，也會反過來困擾美國的領導人。舉例來說，一九五三年發動政變把伊朗沙王（shah）送回王位上，就讓美國多了一個大概二十五年的重要盟友。但是一九七九年沙王被推翻，大阿亞圖拉何梅尼（Ayatollah Khomeini）上台後，德黑蘭與華盛頓之間的關係也因此受到傷害。* 說實話，直到六十年後的今天，一九五三年的政變依然傷害著兩國的關係。這還是成功的例子！正如琳賽．歐洛科（Lindsey O'Rourke）所言，美國發動的政變很多甚至沒能實現短期目標。[14] 這些干預也對目標國家造成了嚴重損失。美國和盟邦在冷戰期間所殺害的他國平民，簡直多得嚇人。[15]

最糟的是，這些干預根本沒有必要。骨牌理論沒有指明美國會遭到任何嚴重的威脅，它只是假設像馬克思主義這樣的普世論意識形態，可以超越地方認同和自決的期望。但實際上它們辦不到。支持骨牌理論的人不理解，國族主義這種意識形態的威力，遠比共產主義、也比自由主義強大多了。國族主義重視自決。它讓民族想要掌握自己的命運，因此政治領導人在主權所及之處就是善妒的神明。它讓民族想追求心裡認定的國家利益，不受其他國家擺布，哪怕是有著同樣意識形態的國家。所以冷戰期間，東歐的共產國家會極度抗拒來自莫斯科的命令，這完全不令人意外。中國也是如此。蘇聯的解體決非偶然，烏克蘭、亞塞拜然、亞美尼亞、喬治亞、愛沙尼亞以及諸多渴望獨立的國家都推了一把。即便小國也會抵抗強權的影響力並採取獨立的外交政策，除非順從聽話正好符合國家利益，這種事偶爾會發生，但絕非常態。「傀儡政權」（puppet states）通常只是表面的服從，而非完全乖乖聽話。

美國冷戰時期過度干預小國內政的政策，完全是錯誤的戰略。華盛頓不該嘗試控制它們的政治取向，而是應該袖手不管。國家領導人的意識形態取向幾乎不會影響到和他們之間的合作或對抗。真正有影響的是雙方利益是否一致。在冷戰期間，美國幾乎每一次認真跟小國打交道時，最明智的戰略都是少對誰會上台插手，唯有專心跟當政者合作才能促進美國的利益。面對控制嚴密的共產主義，這種戰略才有可能達成數十年的武力對抗都無法實現的成果：讓民心傾向美國。

總之，美國在冷戰時期應該多試著跟共產國家友好來往，正如有時候跟民主國家關係搞差也

---

* 譯註：shah為波斯文的「王」之意，此處指最後一任沙王穆罕默德．李查．巴勒維（Mohammad Reza Pahlavi）。什葉派部分支派允許學者獨立解釋教法，有權解釋教法的高階學者稱作Ayatollah，意為「真主的象徵」。何梅尼為最高階的Ayatollah al-Uzma。

不是壞事。說實話，華府在冷戰時期確實跟少數共產國家關係不錯，因為當時這麼做對雙方都有意義。中美關係就是最好的例子。美國跟共產中國在冷戰前期當了二十幾年的死敵，但一九七〇年代初的中蘇決裂改變了一切，蘇聯成了北京和華盛頓的共同敵人，於是雙方就有了攜手的理由。美國跟這塊之前被共產黨推倒的骨牌，後來合作得很不錯。

越南的例子也證明了共產主義這些普世論意識形態的極限，以及國家利益的力量，而後者和國族主義當然是牢不可分。當時的越南領導人胡志明除了是共產主義者，也是狂熱的國族主義者。二戰過後，他本來很有意願跟美國結交，但杜魯門政府卻只因為他是共產黨，就愚蠢地拒絕了這份提議。美國會跟越南打了那麼漫長且血流成河的戰爭，主因就是骨牌理論導致的無端恐懼。[16]美國被這場毫無必要的戰爭重挫以後，越南又跟紅色高棉及共產中國打了起來。而且冷戰一結束，華盛頓跟河內的關係就飛快進展，如今更因擔心中國崛起而愈發緊密。

如果美國不要對開發中國家介入這麼深，蘇聯會大舉入侵小國，把它們變成傀儡政權嗎？也許會有少數幾個小國遭到蘇聯進攻，但共產主義也不會連戰皆捷，反而是蘇聯會被拖入一個又一個的戰爭泥淖之中。這點只須看看一九七九年蘇聯進軍阿富汗的結果就知道了。他們被困了整整十年，最後還是輸得顏面盡失。如果蘇聯多打幾場阿富汗戰爭，美國就會大大得利，正如美國要是多打幾場越戰，獲利的就是莫斯科一樣。對超級強權來說，引誘敵對方陷入無止境的戰場是最聰明的戰略。[17]

但要美國的決策者這麼思考還是不容易。他們多數人都不懂國族主義的威力，又高估了共產主義和自由主義這些普世論意識形態。儘管如此，歷史告訴我們，強權和小國打交道時最好的策略，就是避免干預對方內政，如果沒有絕對的必要性更不要入侵和占領對方。強權應該盡量引誘對手進行侵略性的干預。如果美中之間的軍事競賽持續升溫，美國的決策者最好要牢記這點。

正確了解自由主義、國族主義和現實主義之間的關係，就會知道即便是包含美國在內的列強，也應該採取自我克制的外交政策。任何國家只要沒搞懂這個基本觀念，想按自己的形象改造世界，就可能面臨無止境的麻煩。

美國該往何處去？

美國的外交政策當權派一定不願意放棄自由主義霸權，轉向依循現實主義制定政策。無論民主黨還是共和黨都亟欲外銷自由主義，卻不去面對這些政策幾乎每次都失敗的歷史教訓。[18] 雖然美國大眾比較贊同自我克制，統治菁英制定外交政策時若非不得已，對民意都不甚在乎。

不過基於一些超出當權派控制的理由，我們還是可以認為情況將有轉機。國際體系的結構顯然正因中國驚人的崛起還有俄羅斯的復活，走向多極的趨勢，很可能讓現實主義重回華盛頓，因為當國際體系中有其他強權的存在，就不可能追求自由主義霸權。美國決策者在冷戰落幕、蘇聯解體後就不必再關心權力的平衡，但既然單極體系看來時日無多，美國也得再次為其他強權操心了。實際上，川普政府的態度就很清楚。國防部長詹姆斯．馬提斯（James Mattis）就說過：「國家間的強權競爭再度成為現實」，還有「現今美國國家安全戰略最重要的焦點，是強權競爭而非恐怖主義」。[19]

當世界上有了三個強權，特別是考慮到中國潛在的軍事力量，軍事競賽甚至戰爭一定會發生。[20]美國沒有別的選擇，只能採取現實主義的外交政策，才能防止中國成為亞洲的區域霸權。如果中國的經濟和軍事實力不斷增長，這就絕非輕易的任務。不過，自由主義還是非常可能會持續在小地方影響美國的對外政策，因為宣揚民主的衝動已經寫在外交當權派的基因裡了。雖然強權間的競爭會讓華盛頓無法全心追求自由主義霸權，但採行自由主義對外政策的誘惑仍不會消褪。

除了一邊以現實主義外交政策為主，一邊忍不住採取自由主義戰略之外，另一個危險則是美國的決策者無法徹底了解到，國族主義會限制他們干預其他國家內部社會的能力，也會限制對手征服他國的能力。他們無法領略國族主義在冷戰和後冷戰世界中發揮的影響，也很難保證他們以後會搞懂。就算放棄自由主義霸權，改行現實主義，我們還是得時時警戒自由主義外交政策的危險，並了解到國族主義會如何限制強權行動的能力。

當然還有另外一種劇本。中國經濟也許會碰到嚴重的問題，導致長期的成長遲緩，同時間美國經濟則穩定成長。[21]這樣一來，目前的有利於美國的國力落差，就會進一步增大，讓中國失去挑戰美國的希望。也許有人會好奇，就算少了中國，俄國以後是否會對美國形成挑戰？美國在二十世紀的三大對手——德國、日本和俄國——都面臨人口減少的問題，相比之下美國的國力在未來十幾二十年內，還是會繼續增強。[22]中國是全球唯一有可能真正挑戰美國的國家，而如果這份可能沒有實現，美國就仍會是國際體系中最強大的國家。換句話說，多極體系無法維持太久，就會回到單極世界。

這樣一來，美國的決策者就沒有理由要擔憂美國在全球權力平衡中的地位，而得以放心繼續追求自由主義霸權。就算這些外交政策必定會導致更多災難，也不會危及美國的安全，因為可以威脅美國的強權並不存在。萬一上演的是這個劇本，華盛頓有沒有可能放棄自由主義霸權，採取強調自我克制而非不斷開戰的外交政策？

要美國停止自由主義外交政策，無疑十分困難，因為打造只有自由主義國家的世界本是自由民主體制的天性。歐巴馬的故事在這裡就有重大的意義。二〇〇八年競選總統時，他一再重申會讓美國從阿富汗和伊拉克戰爭中抽身，避免捲入新的衝突，並專心致力於對內而非對外的國族建設。但他還是無法真正改變美國的外交政策。直到他卸任，美軍依然在阿富汗作戰；他也看著美國參與了埃及、利比亞及敘利亞的政權更替。美軍在二〇一一年撤出伊拉克，卻又在二〇一四年回到當地，對付蹂躪伊拉克和敘利亞大半部分的伊斯蘭國。他在二〇一七年一月卸任前接受過《大西洋雜誌》（*Atlantic*）的一系列專訪，惆悵地表示他知道「華盛頓的遊戲規則」有很大的缺陷，但他仍得照著這規則和戰略辦事。[23]他終究不是外交當權派的對手。

不過，我們還是有一線希望，可以說服獨霸世界的美國遠離自由主義霸權。強大的自由主義國家有其能動性，即便壓力沉重，也並非註定要承襲走入歧途的戰略。[24]我之所以認為美國可以超越自由主義霸權，主要是因為美國決定採取這種戰略時，機會才剛出現，但如今美國看到了它的長期後果，就有可能決定放棄它。一旦自由主義國家首次有機會成為單極強權，幾乎不可能阻止它擁抱這些宏圖偉業。自由主義霸權看起來利益豐沛，代價又尚不為人知。但嘗試過這套戰略、了解它的缺陷過後，就有機會讓它改弦易轍了。

二〇一六年的總統大選就突顯了自由主義霸權的脆弱。

川普幾乎挑戰了此戰略的每一個面向，一次又一次提醒選民這對美國的傷害。最重要的是，他承諾只要當選總統，美國就會放下弘揚民主的事業。他強調自己的政府會與威權領導人打好關係，就連外交界自由主義當權派最痛恨的普丁也不利外。他也痛批國際體制，甚至宣稱北約已然過時。他還反對美國從二戰以來率領的開放國際秩序，提倡起保護主義。另一方面，希拉蕊則是極力捍衛自由主義霸權，全心全意要維持現狀。雖然外交政策並非這次選舉的核心議題，但川普反對自由主義霸權的姿態，無疑為他贏得許多選民的心。

有人覺得川普的競選修辭無關緊要，外交界菁英還是會馴服他，就像馴服他的前任一樣。畢竟，歐巴馬參選時也挑戰過自由主義霸權，但當了總統也不得不遵守華盛頓的遊戲規則。川普也會碰到一樣的事情。的確已經有證據顯示，當權派馴服川普的心力，已經多少有所成果，他提出的政策也和前任有所延續。[25]

萬一中國或俄國最後都成不了夠格的對手，以防止美國走回自由主義霸權的老路，就得找出一套不必依賴川普或特定後繼者的作戰策略。首先，消解自由主義霸權最好的辦法，就是建立一派能為現實主義外交政策說話的新菁英，跟當權派打對台。[26]好消息是這群人數雖少但聲勢浩大、足以成為發展核心的克制派早已出現了。[27]不過贏得外交政策當權派的支持還是很重要。這點應該有機會，因為照多數人的學習能力來看，全球規模的社會工程應該已經很明顯是行不通的。我們試過一次，發現它失敗了。有能力學習的人起碼應該敞開心胸考慮看看其他外交政策。雖然很多菁英一定會堅持自由主義霸權，想要做得更完滿，但究其根本，自由主義霸權的缺陷是無法克服的。

歷史告訴我們，多數外交界當權派都有機會被現實主義和自我克制政策的好處給說服。畢竟就像知名記者史蒂芬・金澤（Stephen Kinzer）說的一樣，美國菁英階層本來就不缺克制派思想。他在《真正的國旗》（*The True Flag*）這本著作裡，討論了十九世紀末美國帝國主義者與反帝國主義者間的大辯論。[28]雖然現在占上風的是擴張主義者，但他們尚未大獲全勝；整個二十世紀裡，克制派在美國外交政策的論戰中仍有不少份量。正如金澤所言：「我們這些試著讓美國外交政策更為謹慎克制的人，是站在巨人的肩膀上——站在美國史上最先闡述這種觀點的大人物肩上。而繼續傳頌他們的主張，就是真正的美國精神。」[29]

爭取有可能進入當權派的年輕人支持也很重要。這點也有可能辦到，因為這些新人還沒為自由主義霸權付出太多，比他們的前輩更能接受新觀點。

新菁英想要駕馭美國的外交政策，最優先的任務就是建立起強大的組織，才有底氣可以服人，也能讓政治人物、決策者，以及大眾得知他們的主張，特別是社會大眾，因為他們更容易接受克制派的看法。美國人多半比較重視國內的問題，對無盡的戰爭和統治世界興趣缺缺。不像外交界的當權派，他們並不迷戀自由主義霸權，所以要說服更多人放棄它並非難事。最能佐證大眾對其不滿的，就是過去三任美國總統在競選時，都以反對自由主義霸權為號召。[30]相反地，堅決捍衛自由主義霸權的希拉蕊，則是先後在二〇〇八和二〇一六年，輸給了歐巴馬和川普。

克制派最應該傳達的訊息是，自由主義霸權無法滿足外交政策最重要的條件，它不符合美國的國家利益。換句話說，推廣現實主義外交政策，需要訴諸國族主義，也就是要美國人仔細思考什麼對自己和同胞最有意義？這不是要宣傳那種把其他群體和國家妖魔化的極端國族主義，而是強調外交政策應該完全從一個明確的標準出發：什麼對美國人民最好？要達成這個目標，克制派應該強調三個重點。第一，美國是有史以來最堅實的強權，不需要去干預地球上每個國家的政治。大西洋與太平洋的屏障，讓我們可以遠離東亞和歐洲——這些地區各自有歷史悠久的強權——獨霸西半球。我們有數以千計的核武，而在目前所討論的劇本中，我們又是國際體系中唯一的強權。

第二，自由主義霸權就是不管用。二十五年的實驗只留下了徒勞無功的戰爭和失敗的外交，我們的聲望也隨之下滑。

最後，自由主義霸權根本勞民傷財。阿富汗與伊拉克無止境的戰爭預計將花掉超過五兆美金。[31]如果我們真要背負大筆國債，這筆錢可以拿去建設更好的教育、公共衛生、運輸設施和科學研究，或是投資其他能讓美國更繁榮、更適合住人的領域。不過，自由主義霸權最大的代價，或許還是傷害美國的政治與社會結構。在一個沉迷戰爭的國度裡，個人權利和法治都不會有好結果。

一定也會有人表示，訴諸美國國族主義的克制派太自私，像美國這樣強大的國家，有資源和責任協助世界各地的人們。如果自由主義霸權的功效有符合支持者所宣稱的那樣，這麼講就說得通。可惜沒有。華盛頓在後冷戰時期的失敗政策都是由外國人來承擔最大的代價，而他們只是不幸住在美國決策者想推動政權更替的國度裡。看看如今的大中東地區在美國追求自由主義霸權之下，成了怎麼樣的人間地獄。如果美國想讓民主傳遍世界，最好的作法就是專心在自家建立生機蓬勃的民主體制，其他國家便會起而效尤。

以現實主義為基礎制定外交政策，不但直接有力，也是美國這種強權所不可抗拒的方向。但這條路並不好走，因為外交界菁英沉溺在自由主義霸權之中無法自拔，他們會使出渾身解數來捍衛理想。最可能讓自由主義霸權結束的發展，當然是中國持續崛起，終結單極體系，這樣就沒有是否採取現實主義的問題了。但如此一來，美國就必定會遇上強大的競爭者，而這是任何強權都不想面對的情境。世界最好還是繼續單極，即便這會誘使美國的決策者緊抱著自由主義霸權不放。為了不讓這種事發生，美國人必須理解自由主義外交的危險，以及克制的好處。我希望本書能夠有所幫助。

註釋

第一章　無望的幻夢

1 自由派和保守派的區別在美國已經是老掉牙的話題了。自由派一般被跟民主黨劃上等號，保守派則是跟共和黨。單看這個分類，說美國是徹底的自由主義國家好像不太對。不過我在本書中所說的自由，是路易斯・哈茨所謂「典型的洛克式自由」，這讓我們都可以說自由主義是美國的核心價值；雖然民主黨和共和黨有很多重要的差異，不過基本上兩個都是自由派組織。Louis Hartz, *The Liberal Tradition in America: An Interpretation of American Political Thought since the Revolution* (New York: Harcourt Brace, 1955), p. 4.

2 美國整個二十世紀都在海外推動民主化，Tony Smith解釋於*America's Mission: The United States and the Worldwide Struggle for Democracy* in the *Twentieth Century* (Princeton, NJ: Princeton University Press, 1994)。不過在冷戰結束以前，宣揚自由民主體制的重要性，一直比不上其他基於權力政治的現實派政策，這些政策有時也包括了推翻民選領導人，還有跟殘暴的獨裁者親密來往。換句話說，美國一直到一九八九年才終於有機會採取自由霸權。

3 Francis Fukuyama, "The End of History?," *National Interest*, no.16 (Summer 1989), pp. 3–18。亦可見Francis Fukuyama, *The End of History and the Last Man* (New York: Free Press, 1992)。

4 "The 1992 Campaign; Excerpts from Speech by Clinton on U.S. Role," *New York Times*, October 2, 1992。

5 "President Discusses the Future of Iraq," Hilton Hotel, Washington, DC, February 26, 2003。白宮副本請見https://georgewbush-whitehouse.archives.gov/news/releases/2003/02/print/20030226-11.html。

6 "President Bush Discusses Freedom in Iraq and Middle East," remarks at the 20th Anniversary of the National Endowment for Democracy, Washington, DC, September 6, 2003。白宮副本請見https://georgewbush-whitehouse.archives.gov/news/releases/2003/11/20031106-2.html。

7 John Locke, The Second Treatise of Government, ed.Thomas P. Peardon (Indianapolis: Bobbs-Merrill, 1952), p. 4。亦可見Fukuyama, The End of History and the Last Man, pp.138–39; John Rawls, The Law of Peoples: With "The Idea of Public Reason Revisited" (Cambridge, MA: Harvard University Press, 1999), pp. 12–13, 17, 19。正如哲學家艾倫・萊恩（Alan Ryan）所說：「把政治建立在多數人認為不合理的人性觀上，就像把政治建立在流沙上面一樣。」Alan Ryan, The Making of Modern Liberalism (Princeton, NJ: Princeton University Press, 2012), p. 26。

8 有人可能會因為我之前寫的現實主義理論《大國政治的悲劇》，而好奇這本《大幻象》和它之間有何關係。這兩本書可以在兩方面互相借鏡。首先，《大國政治》中很少提到自由主義，對國族主義更是隻字未提。它的重點是開發和測試一個現實主義理論。不過，現實主義和另外兩種思想的關聯，能讓我們對國際體系如何運作有更完整的理解。而且，這本新書也讓我有機會可以多談一談現實主義的根基。《大國政治》中也不曾討論人性，而人性則是《大幻象》的一大核心。藉著進一步挖掘探究人性，我希望能更清楚闡述現實主義背後的關鍵假設。

9 本書核心的三種思想——自由主義、國族主義和現實主義——同時都是政治理論和意識形態，三者都完全符合這兩個重疊的分類。我認為理論是現實的簡化圖像，目的是要解釋這世界在特定領域如何實際運作。理論是靠著連結各種概念或變因，整理出一套前因後果。它的本質就是用來解釋。見John J. Mearsheimer and Stephen M. Walt, "Leaving Theory Behind: Why Simplistic Hypothesis Testing Is Bad for International Relations," *European Journal of International Relations* 19, no. 3 (September 2013): 427–57。另一方面，政治意識形態則是一套有系統的概念和原則，用來更概括地解釋特定社會或國際體系應該如何運作。換句話說，它是用來提出規定的。意識形態是政治秩序該如何運作的藍圖，它的本質是用來規範。不過意識形態背後都有理論在支撐，所以兩者才有這麼大的重疊之處。因此，相對於解釋性理論（explanatory theory），意識形態也可以叫做規範性理論（normative theory）。

10 Samuel Moyn, *The Last Utopia: Human Rights in History* (Cambridge, MA: Harvard University Press, 2010), p. 1. 約翰・格雷對莫恩著作的評論中把這叫做「當代的人權崇拜」。見Gray, "What Rawls Hath Wrought," *National Interest*, no.111 (January/February 2011), p. 81。

11 權宜和進步的分別代表的是兩種理想中的類型，所以大部分自由主義理論著作都不會完全符合其中一類，不過有些確實可以。比如洛克就很明顯是權宜派，羅爾斯則是標準的進步派。不過我關心的並非把每個自由派學者分門別類，而是要了解自由主義內部的主要區分方式，以及兩者和國內外的政治有何關聯。況且，我對這兩種政治自由主義的分類也不新穎。說實話，這些多半是我從其他採用類似二分法的學者那讀來的，只不過他們用的名字比較不一樣，對兩類自由主義的內容也有不同論述。舉例來說，約翰・格雷在《*The Two Faces of Liberalism*》這本命名巧妙的作品中，用的分類叫「權宜自由主義」和「自由法律主義」，而艾倫・萊恩則是用「古典自由主義」和「現代自由主義」。以探討「恐懼的自由主義」聞名的朱迪絲・施克萊（Judith Shklar）也用了「法律主義」來代表類似於進步自由主義的概念。John Gray, *The Two Faces of Liberalism* (New York: New Press, 2000); Ryan, *The Making of Modern Liberalism*, chap.1; Judith N. Shklar, *Political Thought and Political Thinkers,* ed.Stanley Hoffmann (Chicago: University of Chicago Press, 1998), chap.1。

12 引用於David Armitage, *The Declaration of Independence: A Global History* (Cambridge, MA: Harvard University Press, 2008), p. 80.

13 E. H. Carr, The Twenty Years' Crisis, 1919–1939: An Introduction to the Study of International Relations, 2nd ed.(London: Macmillan, 1962).

14 此觀點的發展過程可見Jeanne Morefield, *Covenants without Swords: Idealist Liberalism and the Spirit of Empire* (Princeton, NJ: Princeton University Press, 2005).

15 Markus Fischer, "The Liberal Peace: Ethical, Historical, and Philosophical Aspects" (BCSIA Discussion Paper 2000-07, Kennedy School of Government, Harvard University, April 2000), p. 5.

16 見Fischer, "The Liberal Peace," pp. 1–6; Stephen Holmes, *Passions and Constraint: On the Theory of Liberal Democracy* (Chicago: University of Chicago Press, 1995), pp. 8–10, 31–36。

17 Kenneth N. Waltz, *Man, State and War: A Theoretical Analysis* (New York: Columbia University Press, 1965)。

第二章　人性與政治

1 Joseph de Maistre, *Considerations on France*, trans.Richard A. Lebrun (Montreal: McGill–Queen's University Press, 1974), p. 97。

2 Mark Pagel, *Wired for Culture: Origins of the Human Social Mind* (New York: Norton, 2012), p. 12。

3 Pierre Bourdieu, *Outline of a Theory of Practice* (New York: Cambridge University Press, 1977)。

4 James D. Fearon, "What Is Identity (as We Now Use the Word)?" (unpublished paper, Stanford University, November 3, 1999); Samuel P. Huntington, *Who Are We? The Challenges to American National Identity* (New York: Simon & Schuster, 2004), chap. 2。

5 Jeanne E. Arnold, "The Archaeology of Complex Hunter-Gatherers," *Journal of Archaeological Method and Theory* 3, no. 2 (March 1996): 77–126; T. Douglas Price and James A. Brown, eds., *Prehistoric Hunter-Gatherers: The Emergence of Cultural Complexity* (San Diego, CA: Academic Press, 1985)。

6 Leo Strauss, *An Introduction to Political Philosophy: Ten Essays by Leo Strauss,* ed. Hilail Gildin (Detroit: Wayne State University Press, 1989), p. 3。

7 Richard A. Posner, *The Problematics of Moral and Legal Theory* (Cambridge, MA: Harvard University Press, 1999), p. 137.亦可見p. 36，他在此處提到：「人類社會中最重要的合作規則就是道德規範。」

8「以理性規範世界」這句話出自黑格爾的*Introduction to the Philosophy of History*, trans.Leo Rauch (Indianapolis: Hackett Publishing, 1988), p. 12。關於哪些學者相信有一套社會基本原則可以讓世界各地的人都同意，可見Derek Parfit, *On What Matters*, 2 vols.(New York: Oxford University Press, 2011)。Louise Antony為一本由「二十名宣示放棄傳統宗教信仰的英美頂尖哲學家」所著的論文集寫過前言，裡頭的意見也值得參考。她指出無神論者往往被認為「缺乏道德觀」，但「本書收錄的論文應該能徹底反駁這個想法。每位作者都堅定贊同對與錯的客觀性。」Louise M. Antony, ed., *Philosophers without Gods: Meditations on Atheism and the Secular Life* (New York: Oxford University Press, 2007), pp.x, xii。雖然J. L. Mackie本人反對這種對客觀真理的樂觀態度，但他的這本著作

也清楚呈現了這種觀點：J. L. Mackie, *Ethics: Inventing Right and Wrong* (London: Penguin Books, 1990)。

9 有人可能會辯稱，有關美善人生需要什麼的核心問題確實存在絕對真理，只是我們的批判思考無法幫我們找出來而已。然而這種主張也符合我對批判思考有所極限的觀點。

10 Peter Gay, The *Enlightenment: The Rise of Modern Paganism* (New York: Norton, 1966); Peter Gay, *The Enlightenment: The Science of Freedom* (New York: Norton, 1996); Isaac Kramnick, ed., *The Portable Enlightenment Reader* (New York: Penguin Books, 1995); Anthony Pagden, *The Enlightenment: And Why It Still Matters* (New York: Random House, 2013)。

11 引用於Kramnick, The Portable Enlightenment Reader, p.388。

12 William Godwin, An Enquiry concerning Political Justice, and Its Influence on General Virtue and Happiness (Harmondsworth, UK: Penguin Books, 1976), pp. 140, 168。

13 Frederick C. Beiser, *The Fate of Reason: German Philosophy from Kant to Fichte* (Cambridge, MA: Harvard University Press, 1987); Isaiah Berlin, *The Proper Study of Mankind: An Anthology of Essays* (New York: Farrar, Straus and Giroux, 1998), pp. 243–68; Max Horkheimer, *Eclipse of Reason* (New York: Continuum, 2004)。

14 Alasdair MacIntyre, *After Virtue: A Study in Moral Theory* (Notre Dame, IN: University of Notre Dame Press, 1981), p. 6。其他強調我們對倫理或道德原則無法達成共識的著作包括：Stuart Hampshire, *Morality and Conflict* (Cambridge, MA: Harvard University Press, 1984); Bernard Williams, *Ethics and the Limits of Philosophy* (Cambridge, MA: Harvard University Press, 1985)。

15 馬克斯・韋伯（Max Weber）也提出過相關的看法，他指出：「我不知道要如何指望能『科學地』評判法國與德國文化的價值：這同樣是諸神之間的鬥爭，一場永遠持續的鬥爭。」Max Weber, "Science as a Vocation," in *From Max Weber: Essays in Sociology*, ed. and trans. H. H. Gerth and C. Wright Mills (New York: Oxford University Press, 1971), p. 148。

16 本段所有的引文皆來自Brad S. Gregory, *The Unintended Reformation: How a Religious Revolution Secularized Society* (Cambridge, MA: Harvard University Press, 2012), p. 21。

17 Brian Leiter, "Legal Realism and Legal Positivism Reconsidered," *Ethics* 111, no. 2 (January 2001): 285。

18 Richard A. Posner, *Economic Analysis of Law,* 9th ed. (New York: Wolters Kluwer Law & Business, 2014)。

19 本段所有的引文皆來自Ronald Dworkin, *A Matter of Principle* (Cambridge, MA: Harvard University Press, 2000), pp. 3, 69。

20 Dworkin, *A Matter of Principle*, p. 162。

21 The Essential Holmes: Selections from the Letters, Speeches, Judicial Opinions, and Other Writings of Oliver Wendell Holmes, Jr., ed. Richard A. Posner (Chicago: University of Chicago Press, 1992), p. 107。

22 "Why Obama Voted against Roberts," *Wall Street Journal,* June 2, 2009。

23 Irving Kristol, "Some Personal Reflections on Economic Well-Being and Income Distribution," in *The American Economy in Transition,* ed.Martin Feldstein (Chicago: University of Chicago Press, 1980), p. 486。英國經濟學家Lionel Robins同樣注意到經濟學「不關心規範與目的：它關心的僅是建立將稀缺財產用於既定目標的模式。」這句話引用於S. M. Amadae, *Rationalizing Capitalist Democracy: The Cold War Origins of Rational Choice Liberalism* (Chicago: University of Chicago Press, 2003), p. 91。

24 C. Bradley Thompson with Yaron Brook, *Neoconservatism: An Obituary for an Idea* (Boulder, CO: Paradigm Publishers, 2010), pp. 68, 106。

25 Leo Strauss, *Natural Right and History* (Chicago: University of Chicago Press, 1953), p. 5。

26 Strauss, *An Introduction to Political Philosophy*, p. 5。

27 Strauss, Natural *Right and History*, p. 6。

28 Strauss, *Natural Right and History*, pp.26–27, 253; Strauss, *An Introduction to Political Philosophy*, pp.94–98。亦見於John G. Gunnell, "Strauss before Straussianism: Reason, Revelation, and Nature," *Review of Politics*, special issue on the thought of Leo Strauss, 53, no. 1 (Winter 1991): 72–73：和Laurence Lampert, *Leo Strauss and Nietzsche* (Chicago: University of Chicago Press, 1996)，他主張尼采，柏拉圖和施特勞斯都明白，理性無法讓人找到終極的真理，但三人的差別在於，柏拉圖和施特勞斯寧願對大眾隱藏這個關鍵的無奈，而尼采卻選擇在著作中大聲昭告天下。

29 Jonathan Haidt, "The Emotional Dog and Its Rational Tail: A Social Intuitionist Approach to Moral Judgment," *Psychological Review* 108, no. 4 (October 2001): 827。

30 人有時會沒耐心思考，這樣就只能直接根據直覺驟下結論。另外有些人無意徹底思索議題，也可能是因為這麼做不但費力，還可能會得到不想要的結論。Alan Jacobs, *How to Think: A Survival Guide for a World at Odds* (New York: Currency, 2017)。

31 Daniel Kahneman認為，我們的思考方式受兩套系統影響，一個是主要依賴直覺的快思，一個是依靠仔細推理的慢想。Kahneman, *Thinking Fast and Slow* (New York: Farrar, Straus and Giroux, 2011)，特別是part I。亦可見Richard H. Thaler and Cass R. Sunstein, *Nudge: Improving Decisions about Health, Wealth, and Happiness*, rev. ed. (New York: Penguin, 2009)，本書區分了快捷思考（Automatic System）和沉思（Reflective System）兩個系統。這兩種認知過程的區別在心理學文獻中被廣泛使用。

32 Antonio Damasio, *Descartes' Error: Emotion, Reason, and the Human Brain* (New York: Penguin Books, 2005)。

33 比方說海特就曾提到：「社會直覺論模式的核心主張是，道德判斷先由快速的道德直覺產生，接著才需要由緩慢的道德思考來事後合理化。」Haidt, "The Emotional Dog and Its Rational Tail," p. 817。有些學者相信，批判思考之所以逐漸演化出來，並不是為了幫我們找出真相做出聰明的決策，而是要讓我們能在論戰中吵贏別人。可見於Patricia Cohen, "Reason Seen More as Weapon than Path to Truth," *New York Times*, June 14, 2011; Hugo Mercier and Dan Sperber, "Why Do Humans Reason? Arguments for an Argumentative Theory," *Behavioral and Brain Sciences* 34, no. 2 (April 2011): 57–74。

34 David Hume, *A Treatise of Human Nature* (London: Clarendon Press, 1896), pp. 415, 457。

35 John Dewey, *Liberalism and Social Action* (New York: Capricorn Books, 1963), p. 70。

36 Dewey, Liberalism and Social Action, p.79。

37 John J. Mearsheimer, "The Aims of Education," *Philosophy and Literature* 22, no. 1 (April 1998): 137–55。

38 Michael Powell, "A Redoubt of Learning Holds Firm," *New York Times*, September 3, 2012。

39 Jean-Jacques Rousseau, *The First and Second Discourses*, ed. Roger D. Masters, trans. Roger D. Masters and Judith R. Masters (New York: St. Martin's Press, 1964), p. 79。

40 注重人的個體性、低估社會或社群重要性的自由派之流，往往不得不承認，人類在自然狀態中大概從來都不是原子化的個體，每個人都需要在社會中接受他人的撫育。儘管如此，他們還是相信自己編出來的故事能夠用來思考有關人世境況的理論。這個方法雖然也有意義，但最大的缺陷就是遺落了人類的社會本能，這點對於理解世界的運作非常重要。Jean Hampton, “Contract and Consent,” in *A Companion to Contemporary Political Philosophy*, ed. Robert E. Goodin and Philip Pettit (Malden, MA: Blackwell, 2007), pp. 379–82。

41 Daniel Defoe, *Robinson Crusoe: An Authoritative Text, Contexts, Criticism*, ed. Michael Shinagel, 2nd ed.(New York: Norton, 1994), p. 310。

42 Pagel, *Wired for Culture*。

43 休謨認為「情慾和自然的吸引力」導致社會的建立是「無可避免的」。Hume, *A Treatise of Human Nature*, p. 486。

44 Emile Durkheim, *The Rules of Sociological Method*, trans. Sarah A. Solovay and John H. Mueller, 8th ed. (New York: Free Press, 1938), p. 103。

45 Antonio Gramsci, *Selections from the Prison Notebooks*, trans. and ed.。Quintin Hoare and Geoffrey Nowell-Smith (New York: International Publishers, 1971), p. 324。

46 Yael Tamir強調讓個體盡量有彈性去選擇什麼文化能滿足個人需求與期待的重要性。Tamir, *Liberalism and Nationalism* (Princeton, NJ: Princeton University Press, 1993)。

47 見Christoph Frei, *Hans J. Morgenthau: An Intellectual Biography* (Baton Rouge: Louisiana State University Press, 2001); Peter Graf Kielmansegg, Horst Mewes, and Elisabeth Glaser-Schmidt, eds. , *Hannah Arendt and Leo Strauss: German Emigres and American Political Thought after World War II* (New York: Cambridge University Press, 1997), chaps. 4–8; Mark Lilla, “Leo Strauss: The European,” *New York Review of Books,* October 21, 2004; William E. Scheuerman, *Morgenthau* (Malden, MA: Polity Press, 2009); Michael C. Williams, ed. , *Realism Reconsidered: The Legacy of Hans J. Morgenthau in International Relations* (New York: Oxford University Press, 2007)。

48 Edmund Burke, *Reflections on the Revolution in France,* ed. J. G. A. Pocock (Indianapolis: Hackett Publishing, 1987), p. 85。

49 法治（Rule of law）這個概念不時會跟自由民主體制綁在一起。然而所有社會都需要有系統的規則才能有效運作。納粹德國也有一套完善的規則，但這不代表他們的規則是公義的。請見Alan E. Steinweis and Robert D. Rachlin, eds., *The Law in Nazi Germany: Ideology, Opportunism, and the Perversion of Justice* (New York: Berghahn, 2013); Michael Stolleis and Thomas Dunlap, eds., *The Law*

under the Swastika: Studies on Legal History under Nazi Germany (Chicago: University of Chicago Press, 1998)。

50 我使用「無政府」一詞所指的，並不是失序或混亂，而是表達一種社會或政治體系中沒有更高權威的定序原則（ordering principle）。而「階層體制」是指有個統治一切的權威。請見Kenneth N. Waltz, *Theory of International Politics* (Reading, MA: Addison-Wesley, 1979), pp. 102–16。

51 引用於Sarah Boseley, "Power to the People," *Guardian*, August 11, 2008。巴拉克・歐巴馬也發表過相同看法。請見William Finnegan, "The Candidate: How the Son of a Kenyan Economist Became an Illinois Everyman," *New Yorker*, May 31, 2004。

52 Jack Knight, *Institutions and Social Conflict* (New York: Cambridge University Press, 1992)。

53 Harold D. Lasswell, *Politics: Who Gets What, When, How* (New York: Whittlesey House, 1936)。

54 關於我對無政府狀態下規則之限制的討論，請見John J. Mearsheimer, "The False Promise of International Institutions," *International Security* 19, no. 3 (Winter 1994/95): 5–49。

55 Steven Pinker, *The Better Angels of Our Nature: Why Violence Has Declined* (New York: Viking, 2011), chaps. 2–3。

56 *The Landmark Thucydides: A Comprehensive Guide to the Peloponnesian War,* ed. Robert B. Strassler (New York: Simon & Schuster, 1998), p. 352。

57 Joseph M. Parent, *Uniting States: Voluntary Union in World Politics* (New York: Oxford University Press, 2011); Sebastian Rosato, *Europe United: Power Politics and the Making of the European Community* (Ithaca, NY: Cornell University Press, 2011); Ashley J. Tellis, "The Drive to Domination: Toward a Pure Realist Theory of Politics" (PhD diss., University of Chicago, 1994)。

58 這種無奈是《君王論》的核心主題。馬基維利一心想找到一個有才幹的君王，統一義大利半島上的眾多城邦，使義大利成為可以抵擋奧地利與法國的強權。當時的義大利政治遭這兩國頻頻介入，有時會受到武力侵犯。要達成這個目標，需要有一個城邦君王能征服其他義大利城邦。馬基維利也完全了解，要讓被擊敗的對手加入麾下是非常艱難的任務。比方說他就提到：「如果君王征服的城邦位在語言、風俗、民情都不同的地方，就會遭遇困境，君王需要有極大的福祐，並且非常勤政才能掌握他們。」Niccolo Machiavelli, *The Prince*, trans.Harvey C. Mansfield, 2nd ed.(Chicago: University of Chicago Press, 1998), pp. 9–10。這本經典之作想當然充滿了馬基維利對於君王應如何應付敵對人民和當政者的建議。雖然他是在一五一三年寫下《君王論》，但義大利直到一八七〇年才完全統一。

59 一份關於美國新教分裂緣由的研究發現，「最能預測分裂的因素，是教派成員的規模：愈大的教派就愈容易分裂。」Robert C. Liebman, John R. Sutton, and Robert Wuthnow, "Exploring the Social Sources of Denominationalism: Schisms in American Protestant Denominations, 1890–1980," *American Sociological Review* 53, no. 3 (June 1988): 343–52。亦見於James R. Lewis and Sarah M. Lewis, eds., *Sacred Schisms: How Religions Divide* (New York: Cambridge University Press, 2009)。

60 關於在現代世界投射軍力的問題，請見Patrick Porter, *The Global Village Myth: Distance, War, and the Limits of Power* (Washington, DC: Georgetown University Press, 2015)。關於「水域的拒止力」請見J. Mearsheimer, *The Tragedy of Great Power Politics*, updated ed. (New York: Norton, 2014), pp. 114–28。

61 施密特提到：「我們可以用人類學來檢驗每一種關於國家和政治概念的理論，接著從這些理論是有意識還是無意識預設人類的天性善惡，將之分門別類。」Carl Schmitt, *The Concept of the Political*, trans.George Schwab (New Brunswick, NJ: Rutgers University Press, 1976), p. 58。

62 這是盧梭《論人類不平等的起源與基礎》的核心主題之一，他在本書中寫道：「我們的惡大部分都是我們自己的傑作……只要保留天性中單純、一致、樸實的生活方式，就幾乎可以避免這一切。」Rousseau, *The First and Second Discourses,* p. 110。

63 John Patrick Diggins, *Why Niebuhr Now?*(Chicago: University of Chicago Press, 2011)。

64 Carl N. Degler, *In Search of Human Nature: The Decline and Revival of Darwinism in American Social Thought* (New York: Oxford University Press, 1991); Dominic D. P. Johnson and Bradley A. Thayer, "The Evolution of Offensive Realism: Survival under Anarchy from the Pleistocene to the Present," *Politics and the Life Sciences* 35, no. 1 (Spring 2016): 1–26; Hans J. Morgenthau, *Scientific Man vs. Power Politics* (London: Latimer House, 1947), pp. 165–67; Hans J. Morgenthau, *Politics among Nations,* 5th ed. (New York: Knopf, 1973), pp. 34–35; Edward O. Wilson, *Sociobiology: The New Synthesis,* 2nd ed. (Cambridge, MA: Harvard University Press, 2004), chap. 27; Edward O. Wilson, *On Human Nature,* rev. ed. (Cambridge, MA: Harvard University Press, 2004)。

第三章　政治自由主義

1 John Locke, *The Second Treatise of Government,* ed. Thomas P. Peardon (Indianapolis: Bobbs-Merrill, 1952), p. 4。

2 Alexis de Tocqueville, *The Ancien Regime and the French Revolution,* trans. and ed. Gerald Bevan (New York: Penguin Books, 2008), p. 102。

3 Sanford A. Lakoff, *Equality in Political Philosophy* (Cambridge, MA: Harvard University Press, 1964)。

4 霍布斯不算自由主義者的原因有二。第一，他幾乎沒有花心思討論過天賦人權，但這卻是自由主義的核心。第二，他呼籲建立權力巨大的國家，這正好牴觸了盡可能限制國家力量的需要。

5 Locke, *The Second Treatise of Government*, p.56。亦見於pp. 11–14, 70–73。

6 萊恩說過：「提倡還是拒絕容忍，讓自由與反自由的差別比任何分界都還要顯眼。」Ryan, *The Making of Modern Liberalism* (Princeton, NJ: Princeton University Press, 2012), p. 31。亦見於pp. 22–23。

7 此觀點也反映在John Stuart Mill, *On Liberty* (Indianapolis: Bobbs-Merrill, 1956)。

8 Max Weber, "Politics as a Vocation," in *From Max Weber: Essays in Sociology,* ed. and trans. H. H. Gerth and C. Wright Mills (New York: Routledge, 2009), p. 78。

9 引用於John Dewey, *Liberalism and Social Action* (New York: Capricorn Books, 1963), p. 22。

10 在自由主義思想中，國家身為公正裁判的重要性是最核心的主題，見Paul Kelly, *Liberalism* (Malden, MA: Polity Press, 2005)。

11 Judith N. Shklar, *Political Thought and Political Thinkers,* ed. Stanley Hoffmann (Chicago: University of Chicago Press, 1998), p. 3。

12 潘恩的全文為：「每個國家中的社會都蒙主賜福，但政府，即便是在最好的國家裡，也是必要之惡；而在差勁的國家裡，則是不可忍受。」Thomas Paine, *Common Sense*, ed. Isaac Kramnick (London: Penguin, 1986), p. 61。

13 Aristotle, *Nicomachean Ethics,* trans. C. D. C. Reeve (Indianapolis: Hackett Publishing, 2014), p. 13。

14 正如下一章的討論，國族主義可以讓自由主義國家和公民之間產生最深刻的紐帶。確實任何自由民主國家如果沒了國族主義，都無法長久生存，所以每個自由主義國家都是民族國家。

15 引用於Wolin, *Politics and Vision*, p.280。

16 見Sheldon S. Wolin, *Politics and Vision: Continuity and Innovation in Western Political Thought*, expanded ed. (Princeton, NJ: Princeton University Press, 2004), chap.9。亦見於Karl Marx, "On the Jewish Question," in The *Marx-Engels Reader*, ed. Robert C. Tucker (New York: Norton, 1972), pp. 24–51; Mill, *On Liberty*。

17 Markus Fischer, "The Liberal Peace: Ethical, Historical, and Philosophical Aspects" (BCSIA Discussion Paper 2000-07, Kennedy School of Government, Harvard University, April 2000), p.18. 費舍也提到過「自由主義的空虛」(p. 59)。羅爾斯也有意識到別人指控自由主義「為心靈的空虛憂煩欲狂」。雖然他指出:「心靈的問題」確實重要，但他認為處理這些問題並非政府的工作;而是「該由公民為自己做決定。」John Rawls, *The Law of Peoples: With "The Idea of Public Reason Revisited"* (Cambridge, MA: Harvard University Press, 1999), p. 127。

18 Stephen Holmes, *Passions and Constraint: On the Theory of Liberal Democracy* (Chicago: University of Chicago Press, 1995), p. 10。

19 Wolin, *Politics and Vision*, chap.9。亦見於Carl Schmitt, *The Concept of the Political*, trans.。George Schwab Chicago: University of Chicago Press, 2007); Francis Fukuyama, "The End of History?," *National Interest*, no.16 (Summer 1989), pp. 3, 16, 18. 約翰・杜威認為當政治成為經濟的附屬，自由主義就會發生徹底的昇華。Dewey, *Liberalism and Social Action*, pp. 7–11。

20 John Gray, *Two Faces of Liberalism* (New York: New Press, 2000), p. 16。亦見於John Gray, *Endgames: Questions in Late Modern Political Thought* (Cambridge: Polity Press, 2004), pp. 51–54。至於身為自由派法學家的德沃金，重心自然是法庭而非政治，他把法庭當作推動進步自由主義使命的工具。

21 Niccolo Machiavelli, *Discourses on Livy,* trans. Julia C. Bondanella and Peter Bondanella (New York: Oxford University Press, 2009)。

22 有關洛克不願容忍無神論者和天主教徒一事，請見David J. Lorenzo, "Tradition and Prudence in Locke's Exceptions to Toleration," *American Journal of Political Science* 47, no. 2 (April 2003): 248–58。施克萊認為自由主義「只能拒斥那種不承認公私領域有別的政治思想。容忍至上是絕不能對公共機構妥協的限制，自由主義者必須永遠堅持這條底線。」Shklar, *Political Thought and Political Thinkers*, p.6。

23 Gray, *Two Faces of Liberalism*,p.3。

24 Holmes, *Passions and Constraint*, p.2。「古典自由主義」和「權宜自由主義」同義。

25 萊恩指出古典（權宜）自由主義者不喜歡現代（進步）自由主義者，他們「對於道德或文明進步的理想，並未顯露出一絲著迷」。Ryan, *The Making of Modern Liberalism*, p.24。

26 Isaac Kramnick, ed. , *The Portable Enlightenment Reader* (New York: Penguin Books, 1995), pp. xi–xii。

27 Jeremy Waldron, "Theoretical Foundations of Liberalism," *Philosophical Quarterly* 37, no. 147 (April 1987): 134。

28 引用於Kramnick, *The Portable Enlightenment Reader*, p. xi。

29 Ronald Dworkin, *A Matter of Principle* (Cambridge, MA: Harvard University Press, 2000), p. 203。

30 本段引文出自Dworkin, *A Matter of Principle*, pp.119, 145, 187, 203。平心而論，德沃金了解要用道德原則來審理疑難案件會非常困難，這也是為什麼他要用希臘神話中的「大力神」（Hercules，音譯為赫丘力士）來形容心中理想的法官。Ronald Dworkin, *Law's Empire* (Cambridge, MA: Harvard University Press, 1986), pp. 238–40。

31 Francis Fukuyama, *The End of History and the Last Man* (New York: Free Press, 1992), p. xii.。本段其他引文來自Fukuyama, "The End of History?," pp. 4, 5, 18。

32 本段引文來自Steven Pinker, *The Better Angels of Our Nature: Why Violence Has eclined* (New York: Viking, 2011), pp. 182, 650, 662, 690–91。平克在本書692頁的論調，也像福山一樣提到自由民主必能傳揚：「許多來自西歐或是美國沿岸的自由化改革，經過一段時間後也受到較為保守的地方紛紛仿效。」

33 Jeremy Waldron, "How Judges Should Judge," review of *Justice in Robes,* by Ronald Dworkin, *New York Review of Books,* August 10, 2006。

34 本段引文來自Fukuyama, *The End of History and the Last Man*, pp.296, 298, 338。

35 本段引文來自Fukuyama, *The End of History and the Last Man*, pp.128, 294, 332, 334。相較於一九九二年寫下《歷史的終結與最後之人》之際，如今的福山不意外地已對他一九八九年的預測沒那麼有信心了。實例可見Francis Fukuyama, "At the 'End of History' Still Stands Democracy," *Wall Street Journal*, June 6, 2014。

36 Stephen Holmes, "The Scowl of Minerva," *New Republic*, March 23, 1992, p. 28。關於理性可以帶我們走到哪裡，德沃金和平克有時也會收斂他們原本大膽的主張，只是沒有像福山那麼明顯。比如德沃金就承認過，他對理性力量的樂觀看法，在律師之中顯然屬於小眾，這也削弱了他原本說的「理性可以讓律師和法官們對疑難案件的『正確答案』形成共識」。德沃金的原話是說：「如果律師和法官對於法律是什麼缺乏共識，而且不管誰的說法都沒有壓倒性的力量，那麼堅持意見的正確與否又有何意義？」Dworkin, *A Matter of Principle*, p.3。當然，答案就是沒什麼意義。至於平克雖然強調「理性就像電扶梯一樣」，但他也解釋過暴力不必然會持續減少。比如他有段話說：「暴力減少的過程當然從來不是一帆風順，暴力從未因此消失，而這個趨勢也難保會一直持續。」此外，他也不假修飾地強調，人類會一直保持強烈的侵略性：「我們大多數人，包括親愛的讀者你，都是天生暴力的。」他還進一步指出，和平主義者的兩難（Pacifist's Dilemma）這個強大的戰略邏輯，很可能就是衝突的肇因。於是他結論道：「貪婪、恐懼、支配和欲望等動機，不斷讓我們走向侵略。」當然，他希望我們天性中的天使能繼續壓制黑暗的一面，不過他承認沒有辦法保證現狀能一直延續到未來。Pinker, *Better Angels*, pp.xxi, 483, 678–80, 695。

37 Deborah Boucoyannis, "The International Wanderings of a Liberal Idea, or Why Liberals Can Learn to Stop Worrying and Love the Balance of Power," *Perspectives on Politics* 5, no. 4 (December 2007): 707–8; Michael C. Desch, "America's Liberal Illiberalism: The Ideological Origins of Overreaction in U.S. Foreign Policy," *International Security* 32, no. 3 (Winter 2007/8): 11–15; Gray, *Two Faces of Liberalism*, pp. 2, 19, 27–29, 34, 70, 137; Kenneth N. Waltz, "Kant, Liberalism, and War," *American Political Science Review* 56, no. 2 (June 1962): 331–40。

38 Waltz, "Kant, Liberalism, and War," p. 331。

39 Rawls, *The Law of Peoples,* pp. 34, 85。

40 這句與後續引文出自John Rawls, *Political Liberalism*, expanded ed. (New York: Columbia University Press, 2005), p. xxxvii。

41 Rawls, *The Law of Peoples*, pp. 25, 125。欲進一步了解羅爾斯對大眾理性的看法，可見*Political Liberalism*, pp. xlviii–lviii, 212–54, 440–90。亦可見他對「決斷理性」（deliberative rationality）的討論，*A Theory of Justice* (Cambridge, MA: Harvard University Press, 1971), pp. 416–24。

42 George Klosko, *Democratic Procedures and Liberal Consensus* (New York: Oxford University Press, 2004), p. vii. 亦可見George Klosko, "Rawls's 'Political' Philosophy and American Democracy," *American Political Science Review* 87, no. 2 (June 1993): 348–59; Gerald N. Rosenberg, "Much Ado about Nothing? The Emptiness of Rights' Claims in the Twenty-First Century United States," in "Revisiting Rights," ed. Austin Sarat, special issue, *Studies in Law, Politics, and Society* (Bingley, UK: Emerald Group, 2009), pp. 1–41; Shaun P. Young, "Rawlsian Reasonableness: A Problematic Presumption?" *Canadian Journal of Political Science* 39, no. 1 (March 2006): 159–80。

43 本段引文出自Rawls, *The Law of Peoples*, pp.74, 81。

44 本段引文出自Rawls, *Political Liberalism*, p. xxv。

45 Rawls, *Political Liberalism*, p. xl。

46 引用於Young, "Rawlsian Reasonableness," p. 162。在討論同一個主題時，羅爾斯寫道：「人民的終極目標常常讓無法彼此妥協的人民互相對立。當他們認為這些目標夠重大，且有一個以上的社會拒絕接受政治上合理的想法，以及相關的種種想法，彼此就可能會走入僵局，這時就會發生像美國南北戰爭一樣的戰事。」Rawls, *The Law of Peoples*, p.123。

47 Rawls, *The Law of Peoples,* p. 126。

48 Rawls, *The Law of Peoples,* pp. 98–10。

49 Harold J. Laski, *The Rise of European Liberalism: An Essay in Interpretation* (London: Allen & Unwin, 1947); C. B. Macpherson, *The Political Theory of Possessive Individualism: Hobbes to Locke* (New York: Oxford University Press, 1975)。

50 F. A. Hayek, *The Constitution of Liberty: The Definitive Edition* (Chicago: University of Chicago Press, 2011), p. 57。

51 Hayek, *The Constitution of Liberty*, p. 148。或見chap. 6。William Graham Sumner對自由的觀點也類似。見Robert C. Bannister, ed., *On Liberty, Society, and Politics: The Essential Essays of William Graham Sumner* (Indianapolis: Liberty Fund, 1992); William Graham Sumner, *The Forgotten Man and Other Essays* (New Haven, CT: Yale University Press, 1919)。

52 亦可見Brian Barry, *Why Social Justice Matters* (Malden, MA: Polity Press, 2005); Michael Walzer, *Spheres of Justice: A Defense of Pluralism and Equality* (New York: Basic Books, 1983)。Paul Kelly也在*Liberalism*中談過推動機會平等對進步自由主義者的重要性。

53 Dworkin, *A Matter of Principle,* pp. 4, 179; Rawls, *A Theory of Justice*。

54 Dworkin, *A Matter of Principle*, p. 188。

55 關於社會科學家在冷戰中為美國提供的服務，可見Joy Rohde, *Armed with Expertise: The Militarization of American Social Research during the Cold War* (Ithaca, NY: Cornell University Press, 2013); Mark Solovey and Hamilton Cravens, eds. , *Cold War Science: Knowledge Production, Liberal Democracy, and Human Nature* (New York: Palgrave Macmillan, 2012)。

56 羅爾斯在《萬民法》（*The Law of Peoples*）表現過對國家的抗拒，他刻意抗拒把國家視為國際政治中主要行動者的觀點，避免把焦點放在國家上，而是集中討論往往被國際關係學者忽視的人民。

57 見Gary Gerstle, *Liberty and Coercion: The Paradox of American Government from the Founding to the Present* (Princeton, NJ: Princeton University Press, 2015)，書中描述了美國介入社會的力量如何成長，以及權宜自由主義如何在有限的層面影響國家。

58 Michael McGerr, *A Fierce Discontent: The Rise and Fall of the Progressive Movement in America, 1870–1920* (New York: Oxford University Press, 2003); Charles Postel, *The Populist Vision* (New York: Oxford University Press, 2007); Stephen Skowronek, Stephen M. Engel, and Bruce Ackerman, eds. , *The Progressives' Century: Political Reform, Constitutional Government, and the Modern American State* (New Haven, CT: Yale University Press, 2016); Alan Trachtenberg, *The Incorporation of America: Culture and Society in the Gilded Age* (New York: Hill and Wang, 1982); Robert H. Wiebe, *The Search for Order, 1877–1920* (New York: Hill and Wang, 1967)。

59 David Burner, *Herbert Hoover: A Public Life* (New York: Knopf, 1978); Ellis W. Hawley, "Neo-institutional History and the Understanding of Herbert Hoover," in *Understanding Herbert Hoover: Ten Perspectives,* ed. Lee Nash (Stanford, CA: Hoover Institution Press, 1987), pp. 65–84; Glen Jeansonne, *Herbert Hoover: A Life* (New York: New American Library, 2016); Joan Hoff Wilson, *Herbert Hoover: Forgotten Progressive* (Long Grove, IL: Waveland Press, 1992)。

60 Alan Brinkley, *The End of Reform: New Deal Liberalism in Recession and* War (New York: Knopf, 1995); Alan Brinkley, *Liberalism and Its Discontents* (Cambridge, MA: Harvard University Press, 1998), chap. 7; David Ciepley, *Liberalism in the Shadow of Totalitarianism* (Cambridge, MA: Harvard University Press, 2006); Richard Hofstadter, *The Age of Reform: From Bryan to F.D.R.* (New York: Knopf, 1981)。

61 Rick Unger, "Who Is the Smallest Government Spender since Eisenhower? Would You Believe It's Barack Obama?," *Forbes*, May 24, 2012。Christopher Faricy比較過一九六七到二〇〇六年之間的直接與間接政府支出，發現「缺乏決定性的證據指出，民主黨掌握聯邦政府時會有較高的總社會支出。」Christopher Faricy, "The Politics of Social Policy in America: The Causes and Effects of Indirect versus Direct Social Spending," *Journal of Politics* 73, no. 1 (January 2011): 74。亦可見Robert X. Browning, "Presidents, Congress, and Policy Outcomes: U.S. Social Welfare Expenditures, 1949–77," *American Journal of Political Science* 29, no. 2 (May 1985): 197–216; Andrew C. Pickering and James Rockey, "Ideology and the Size of US State Government," *Public Choice* 156, nos. 3/4 (September 2013): 443–65。

62 引用於Henry Olsen, "Here's How Ronald Reagan Would Fix the GOP's Health-Care Mess," *Washington Post*, June 22, 2017。

63 Libertarian Party, "2016 Platform," adopted May 2016, https://www.lp.org/platform/。自由黨提倡「個人主權」，看得出他們就算對國家力量沒有敵意，也非常不信任。擁有主權代表擁有至高的權威，也就是說如果個人「對自己的生活擁有主權」，就擁有贊同或反對國家決定的終極權威。這種狀況會讓主權國家完全不可能有效治理這些人。Mariya Grinberg, "Indivisible Sovereignty: Delegation of Authority and Exit Option" (unpublished paper, University of Chicago, April 24, 2017)。

64 Walter Lippmann, *Drift and Mastery: An Attempt to Diagnose the Current Unrest* (Englewood Cliffs, NJ: Prentice-Hall, 1961), p. 147。

65 John Dewey, *The Public and Its Promises: An Essay in Political Inquiry* (University Park: Pennsylvania State University Press, 2012), p. 94。關於此現象更詳細的研究請見第四章。亦見於Gillis J. Harp, *Positivist Republic: Auguste Comte and the Reconstruction of American Liberalism, 1865–1920* (University Park: Pennsylvania State University Press, 1995)。

66 英國是第一個真正工業化的國家，而在工業化初期，英國的國家力量也對經濟涉入極深。見Peer Vries, *State, Economy and the Great Divergence: Great Britain and China, 1650s–1850s* (New York: Bloomsbury Academic, 2015)。當工業革命在十九世紀末朝美國全力襲來，國家力量也發揮了類似的作用。不過當時美國的國家影響力在整個十九世紀裡，已經有了長足的發展。見Brian Balogh, *A Government Out of Sight: The Mystery of National Authority in Nineteenth-Century America* (New York: Cambridge University Press, 2009)。

67 Bernard E. Harcourt, *The Illusion of Free Markets: Punishment and the Myth of Natural Order* (Cambridge, MA: Harvard University Press, 2011)。68.見Daniel Deudney對核武如何強化國家之間的「暴力相互依賴」之討論，這點無論對國內還是國際政治都有重大影響。Deudney, *Bounding Power: Republican Security Theory from the Polis to the Global Village* (Princeton, NJ: Princeton University Press, 2007)。

68 Jennifer Mittelstadt, *The Rise of the Military Welfare State* (Cambridge, MA: Harvard University Press, 2015)。

69 Morris Janowitz, *Social Control of the Welfare State* (New York: Elsevier, 1976), pp. 37–38. 亦可見Ellis W. Hawley, *The Great War and the Search for a Modern Order: A History of the American People and Their Institutions, 1917–1933* (New York: St Martin's Press, 1979)。

70 Irwin F. Gellman, *The President and the Apprentice: Eisenhower and Nixon, 1952–1961* (New Haven, CT: Yale University Press, 2015), p. 478。

71 本段引文皆出自Mary L. Dudziak, *Cold War Civil Rights: Race and the Image of American Democracy* (Princeton, NJ: Princeton University Press, 2000), p. 12。亦見於Thomas Borstelmann, *The Cold War and the Color Line: American Race Relations in the Global Arena* (Cambridge, MA: Harvard University Press, 2001)。

72 Alexander Keyssar, *The Right to Vote: The Contested History of Democracy in the United States* (New York: Basic Books, 2000), p. xxi。

73 Theda Skocpol, *Protecting Soldiers and Mothers: The Political Origins of Social Policy in the United States* (Cambridge, MA: Harvard University Press, 1992), pp. 59–60。

74 Glenn C. Altschuler and Stuart M. Blumin, *The GI Bill: A New Deal for Veterans* (New York: Oxford University Press, 2009); Edward Humes, *Over Here: How the G.I. Bill Transformed the American Dream* (New York: Harcourt, 2006)。

75 John Troyer, ed. , *The Classical Utilitarians: Bentham and Mill* (Indianapolis: Hackett Publishing, 2003), p. 92。

76 Dewey, *Liberalism and Social Action*, p. 19。

77 David Armitage, *The Declaration of Independence: A Global History* (Cambridge, MA: Harvard University Press, 2008), p. 80。邊沁對個人權利的看法請見pp. 78–81, 173–86。

78 Troyer, *The Classical Utilitarians,* p. 92。

79 Boucoyannis, "The International Wanderings of a Liberal Idea," p. 709。

80 引用於Wolin, *Politics and Vision*, p. 298。

81 引用於E. H. Carr, *The Twenty Years' Crisis: An Introduction to the Study of International Relations* (London: Macmillan, 1962), p. 24。

82 Mill, *On Liberty,* p. 14。

83 有關國際關係的效益主義理論，一般都被當成是協商理論（bargaining theory）。見James Fearon, "Rationalist Explanations for War," *International Organization* 49, no. 3 (Summer 1995): 379–414; Dan Reiter, "Exploring the Bargaining Model of War," *Perspectives on Politics* 1, no. 1 (March 2003): 27–43; Thomas C. Schelling, *The Strategy of Conflict* (Cambridge, MA: Harvard University Press, 1960), chaps. 2–3。這類文獻的出發點，都是認為用戰爭解決分歧昂貴又缺乏效率，因此和平談判出一份協議，比上戰場作戰來得合乎理性多了。協商理論家認為有三個要素決定了對立國家是否能達成協議，而非互相征伐。首先是「問題的利益要有辦法分配」（issue divisibility），也就是說兩邊的分歧必須有可能達成妥協。雙方必須願意在協商中放棄某些重要的堅持。接著，每一邊都要正確理解彼此的權力平衡，才能知道萬一戰爭爆發，哪一方可以戰勝。最後，兩邊都必須要確實履行協商結果。彼此必須信任另一方不會逃避協議。我在這裡不打算評論協商理論，不過它跟所有理論一樣都有強項跟弱項。重點是協商理論和效益主義一樣，都不屬於自由主義，因此超出了本書的討論範疇。

84 自由理想主義有時也被叫做「現代自由主義」（new liberalism）。譯按：中文的「新自由主義」一般指經濟領域的neoliberalism，而第二常用的「社會自由主義」也多用於經濟領域，故以其他譯名代之。

85 Alan Ryan refers to Dewey as a "mid-western T.H. Green." Alan Ryan, *John Dewey and the High Tide of American Liberalism* (New York: Norton, 1995), p. 12。

86 Jack Crittenden, *Beyond Individualism: Reconstituting the Liberal Self* (New York: Oxford University Press, 1992)。亦見於Gerald F. Gaus, *The Modern Liberal Theory of Man* (New York: St. Martin's Press, 1983); Stephen Macedo, *Liberal Virtues: Citizenship, Virtue, and Community in Liberal Constitutionalism* (New York: Oxford University Press, 1990); Avital Simhony and D. Weinstein, eds. , *The New*

Liberalism: Reconciling Liberty and Community (New York: Cambridge University Press, 2001). 另外社群主義也批評羅爾斯的自由主義，也就是我說的進步自由主義，對於近幾十年來自由理想主義者的數量攀升影響甚大。見Simhony and Weinstein, *The New Liberalism*。

87 T. H. Green, *Prolegomena to Ethics,* 3rd ed. (Oxford: Clarendon Press, 1890), p. 311。

88 Dewey, *Liberalism and Social Action,* p. 25。

89 G. W. F. Hegel, *Hegel: Elements of the Philosophy of Right,* ed. Allen W. Wood (Cambridge: Cambridge University Press, 1991)。

90 托馬斯・格林的看法正好和天賦人權的概念相反：「任何人都沒有權利，除非（一）身為某個社會的成員，且（二）該社會的成員同意有些公共利益屬於理想中的美善，因此每個人都該享有。」Green, *Lectures on the Principles of Political Obligation* (Ann Arbor: University of Michigan Press, 1967), p. 45。關於這點更進一步的討論，請見Simhony and Weinstein, *The New Liberalism*, p. 16。

91 自由理想主義者確實相信，自由主義和國族主義可以融合成一致的意識形態。我的看法是兩者的核心邏輯不同，無法統合起來。儘管如此，兩種思想還是可以共存在同一個國家裡，只是永遠都有可能互相牴觸。

92 鮑桑葵的引文出自Jeanne Morefield, *Covenants without Swords: Idealist Liberalism and the Spirit of Empire* (Princeton, NJ: Princeton University Press, 2005), p. 46。格林的引文出自他的*Lectures on the Principles of Political Obligation,* p. 175。關於格林對「無國界國族主義」的看法，請見Duncan Bell and Casper Sylvest, "International Society in Victorian Political Thought: T. H. Green, Herbert Spencer and Henry Sidgwick," *Modern Intellectual History* 3, no. 2 (August 2006): 220–21。

93 Carr, *The Twenty Years' Crisis,* p. 46。

94 Erez Manela, *The Wilsonian Moment: Self-Determination and the International Origins of Anticolonial Nationalism* (New York: Oxford University Press, 2007)。

95 John Dewey, "Nationalizing Education," in *John Dewey: The Middle Works, 1899–1924*, vol.10 (Carbondale: Southern Illinois University Press, 1980), p. 202。關於人們在十九世紀後半和二十世紀初對國族主義的看法，請見Mark Mazower, *Governing the World: The*

History of an Idea, 1815 to the Present (New York: Penguin Books, 2012), pp. 48–54, 60–67; Casper Sylvest, "James Bryce and the Two Faces of Nationalism," in *British International Thinkers from Hobbes to Namier*, ed. Ian Hall and Lisa Hill (New York: Palgrave Macmillan, 2009), pp. 161–79。

96 Dewey, "Nationalizing Education," p. 203; Alfred E. Zimmern, *Nationality and Government with Other War-Time Essays* (New York: Robert M. McBride, 1918), pp. 61–86。該章節是以齊門在一九一五年六月的一次演講為基礎。

97 Zimmern, *Nationality and Government with Other War-Time Essays*, p.100。

98 Hegel, *Hegel: Elements of the Philosophy of Right*, p. 282。

99 自由理想主義對國家力量模稜兩可的態度，清楚反映在格林的著作中，見 Green, *Lectures on the Principles of Political Obligation*。英國理論家無法完全接受黑格爾的另一個原因，是十九、二十世紀之交時，英德雙方的敵對氛圍愈來愈濃，最後釀成了第一次世界大戰。見 Morefield, *Covenants without Swords*, pp.57–72。

100 Green, *Lectures on the Principles of Political Obligation*, p. 2。

101 Green, *Prolegomena to Ethics*, p. 388。

102 Green, *Lectures on the Principles of Political Obligation*, p. 29。

103 Green, *Prolegomena to Ethics*, p. 311。

104 L. T. Hobhouse, *Liberalism* (London: Butterworth, 1911), p. 136.。

105 Green, *Prolegomena to Ethics*, p. 311。

106 A. D. Lindsay, "Introduction," in Green, *Lectures on the Principles of Political Obligation*, p. vi。

107 Dewey, *Liberalism and Social Action*, p. 70。

108 Dewey, *Liberalism and Social Action*, p. 69。

109 Dewey, *Liberalism and Social Action*, p. 65。

110 Dewey, *Liberalism and Social Action*, pp. 72, 73, 86, 91。

111 On Murray and Zimmern，見Morefield, *Covenants without Swords*。

112 Zimmern, *Nationality and Government with Other War-Time Essays,* p. 61。

113 Morefield, *Covenants without Swords,* p. 156。

第四章 自由主義大廈的裂痕

1 根據麥克・桑德爾（Michael Sandel）的說法，自由主義假設人類在自然狀態下「不受拘束」這點，一直備受社群主義批評。雙方在這方面與其他各方面的論戰，可見Shlomo Avineri and Avner de-Shalit, *Communitarianism and Individualism* (New York: Oxford University Press, 2011)。Sandel的話引自p. 18。

2 「民族」是一個抽象概念，無法自己行動，但我只是用這個詞來簡稱其成員，特別是社會菁英，因為人有能動性，也能做出行動追求建國等政治目標。同樣的邏輯也適用於「國家」一詞，我用它來簡稱有能動性的政治領袖。

3 見Ernest Gellner, *Nations and Nationalism* (Ithaca, NY: Cornell University Press, 1983), p. 1。我對國族主義的定義和許多學者類似。可見如John Breuilly, *Nationalism and the State* (Chicago: University of Chicago Press, 1985), pp. 1–3; Ernst B. Haas, "What Is Nationalism and Why Should We Study It?," *International Organization* 40, no. 3 (Summer 1986): 726; E. J. Hobsbawm, *Nations and Nationalism since 1780: Programme, Myth, Reality* (New York: Cambridge University Press, 1991), p. 9; Anthony D. Smith, *Nations and Nationalism in a Global Era* (Malden, MA: Polity Press, 1995), pp. 55, 150。

4 Benedict Anderson, *Imagined Communities: Reflections on the Origin and Spread of Nationalism* (London: Verso, 1990); David A. Bell, *The Cult of the Nation in France: Inventing Nationalism, 1680–1800* (Cambridge, MA: Harvard University Press, 2001); William H. Sewell Jr., "The French Revolution and the Emergence of the Nation Form," in *Revolutionary Currents: Nation Building in the Transatlantic World,* ed. Michael A. Morrison and Melinda Zook (Lanham, MD: Rowman and Littlefield, 2004), pp. 91–125。

5 有些在民族出現以前就存在的大型群體界線比較清晰，也更容易轉形成民族。比如說荷蘭、英格蘭、法蘭西、波蘭和俄羅斯，都是在發展成民族以前就有的身分認同，這種認同要轉形成民族認同也更為直接。借用羅納・蘇尼（Ronald Suny）的話，這些群體是從「民族或族裔認知」走向「發展成熟的政治國族主義，也就是積極投入實現國族理念」。Ronald G. Suny, *The Revenge of the Past: Nationalism, Revolution, and the Collapse of the Soviet Union* (Stanford, CA: Stanford University Press, 1993), p. 48。不過也有些時候，最後形成的民族和先前的群體之間，並沒有那麼強烈的連結。這些例子包括亞塞拜然、白俄羅斯、義大利和立陶宛，他們在成為民族以前並沒有這種身分認同。對他們來說，更重要的是對地區或社會的認同，因此國家必須花很多心力將人民塑造成民族。許多書都討論了民族與其前身的連結，包括John Armstrong, *Nations before Nationalism* (Chapel Hill: University of North Carolina Press, 1982); Patrick J. Geary, *The Myth of Nations: The Medieval Origins of Europe* (Princeton, NJ: Princeton University Press, 2003); Philip S. Gorski, "The Mosaic Moment: An Early Modernist Critique of Modernist Theories of Nationalism," *American Journal of Sociology* 105, no. 5 (March 2000): 1428–68; Anthony W. Marx, *Faith in Nation: Exclusionary Origins of Nationalism* (New York: Oxford University Press, 2003); Miroslav Hroch, *European Nations: Explaining Their Formation, trans.arolina Graham* (New York: Verso, 2015), chap.3; Philip G. Roeder, *Where Nation-States Come From: Institutional Change in the Age of Nationalism* (Princeton, NJ: Princeton University Press, 2007); Anthony D. Smith, *The Ethnic Origins of Nations* (New York: Basil Blackwell, 1989)。

6 Anderson, *Imagined Communities*。

7 關於國族主義出現後，社會群體間界線的流動性如何降低，變得難以滲透，請見Fredrik Barth, ed. , *Ethnic Groups and Boundaries: The Social Organization of Culture Difference* (Long Grove, IL: Waveland Press, 1998)。詹姆斯・史考特也討論過，民族國家以外的「社會結構有著高度的可塑性」。只要出了國族的範疇，「群體間的界線就很容易穿透，身分認同也很彈性」。James Scott, *The Art of Not Being Governed: An Anarchist History of Upland Southeast Asia* (New Haven, CT: Yale University Press, 2009), pp. 219, 249。

8 關於國族主義和「要求所有公民平等自由」之間的緊密關聯，請見Dominique Schnapper, "Citizenship and National Identity in Europe," *Nations and Nationalism* 8, no. 1 (January 2002): 1–14。引文來自p. 2。

9 Anderson, *Imagined Communities,* p. 16。

10 Geary, *The Myth of Nations*, p.118。他還提到：「（認同）隨著效忠、聯姻、轉型、挪用等接連不斷的變化，唯一不變的似乎只有名字，名字就像容器，可以在不同時候裝入不同的內容。」（同上）。亦見於Norman Davies, *Vanished Kingdoms: The Rise and Fall*

of States and Nations (New York: Penguin Books, 2011), especially chaps.1–6。

11 有人可能認為羅馬帝國可以用來駁斥我的主張，其實不然。羅馬帝國是一個漫無邊際的政治實體，其中有著無數社會群體，稱不上統一的文化。正如格里所言，「羅馬數以百萬計居民，無論長期短期，都不曾把羅馬人當成最主要的自我認同。羅馬人並沒有共通的民族或是族裔認同，人們最主要的認同對象多半是階級、職業或城市。」確實，「由於多元的宗教和文化傳統，羅馬的中央政府從來不曾指望人民會高度認同羅馬價值」。Geary, *The Myth of Nations*, pp.64, 67。羅馬帝國最首要的盡忠對象，都是自己身處的社會群體，只是這個群體正好在帝國疆域中占了一席之地。因此，從中世紀開始，除了羅馬城的居民以外，「羅馬認同」這個概念會幾乎從歐洲消失，也就不足為奇。當然，神聖羅馬帝國從西元九六二年一直維持到了一八〇六年，但它就像羅馬一樣，混雜了無數社會群體，而且幾乎沒有任何治下人民會認為自己是羅馬人。而且在十九世紀初，摧毀長久以來維繫這個鬆散帝國的關鍵因素，正好就是國族主義。

12 比如格里就寫過：「在〔羅馬〕帝國的自由公民裡，菁英和廣大人民之間有著許多巨大的鴻溝。」一直到帝國敗亡，這個情況都沒有任何變化。Geary, *The Myth of Nations*, p.66。在國族主義出現前的歐洲，除了貴族和農民兩大階級以外，還有少量的中產階級和工匠階級，不過幾乎都分布在英格蘭和法蘭西。貴族和農民都不認為自己屬於某個大型社會群體，更遑論特定的國族。農民通常只關心地方，不會想像自己屬於一個橫跨廣闊幅員的大家庭。他們講的多是在地方言，對住在幾天路程之外其他農民一無所知。舉例來說，普魯士的農民就不太會認為自己是一個普魯士農民，並拿自己和法國或波蘭農民比較。他的認同比較有可能讓他和附近鄰居比較。貴族則是懷有四海一家之心，缺乏民族認同這種東西。這從歐洲貴冑之間的婚姻往往發生在不同國度的兩個人之間，就看得出來。普魯士的斐特烈大帝（Frederick the Great）高度推崇法國文化，比起德文更喜歡講法語也是一例。Tim Blanning, *Frederick the Great: King of Prussia* (New York: Random House, 2016), pp. 342–46, 352–53, 357–61, 444。簡言之，「在國族主義出現前，貴族們都屬於同一個文化，而他們眼中的農民則是下賤又難懂。」Thomas H. Eriksen, *Ethnicity and Nationalism: Anthropological Perspectives*, 3rd ed.(London: Pluto Press, 2010), p. 123。

13 Bell, *The Cult of the Nation in France,* p. 6。

14 Karl Marx and Friedrich Engels, “Manifesto of the Communist Party,” in *The Marx-Engels Reader*, ed.Robert C. Ticker (New York:

Norton, 1979), pp. 331–62。馬克思和恩格斯說「工人無祖國」，工業化和後來對一般勞動者的剝削「使他失去了任何一絲的民族性」，因此工人「沒有任何同整個無產階級的　益　同的　益。」(pp. 344–45, 350)。

15 Michael Howard, *War in European History* (New York: Oxford University Press, 1979), p. 110。

16 核心民族和少數民族兩個用詞來自Harris Mylonas, *The Politics of Nation-Building: Making Co-nationals, Refugees, and Minorities* (New York: Cambridge University Press, 2012)。

17 多民族國家永遠可能會有某個、甚至更多少數民族奮力想脫離出去，建立自己的民族國家。在這種不穩定的國家裡，討論全國等級的共同民族認同相當不切實際。

18 Alfred Stepan, Juan J. Linz, and Yogendra Yadav, *Crafting State-Nations: India and Other Multinational Democracies* (Baltimore: Johns Hopkins University Press, 2011), p. 38。Stepan, Linz, and Yadav並未使用稠密和稀薄文化兩個用詞，而是以國家民族（state-nation）和民族國家（nation-state）來分別指稱兩者。亦見於Sener Akturk, *Regimes of Ethnicity and Nationhood in Germany, Russia, and Turkey* (New York: Cambridge University Press, 2012)。

19 Sigmund Freud, *Civilization and Its Discontents,* ed. and trans. James Strachey (New York: Norton, 1961), p. 61。

20 引用於Roeder, *Where Nation-States Come From,* p. 29。

21 Max Weber, *Economy and Society: An Outline of Interpretive Sociology,* vol. 1, ed. Guenther Roth and Claus Wittich (Berkeley: University of California Press, 1978), p. 389。

22 Walker Connor, "A Nation Is a Nation, Is a State, Is an Ethnic Group Is a. . . ." *Ethnic and Racial Studies* 1, no. 4 (October 1978): 379。

23 霍布斯邦（Eric Hobsbawm）說過：「一支人民只要數量夠多，成員也認為自己是某個『民族』的一員，他們就會成為民族。」Hobsbawm, *Nations and Nationalism since 1780*, p.8。Hugh Seton-Watson也說過：「當社群中有大量的人認為要形成一支民族，或是表現得像是民族已然成形，就會產生一支民族。」Seton-Watson, *Nations and States: An Enquiry into the Origins of Nations and the Politics of Nationalism* (Boulder, CO: Westview Press, 1977), p. 5。

24 Scott, *The Art of Not Being Governed,* p. 227.亦見於Keith A. Darden, *Resisting Occupation in Eurasia* (New York: Cambridge University

Press, forthcoming); Adrian Hastings, *The Construction of Nationhood: Ethnicity, Religion and Nationalism* (New York: Cambridge University Press, 1997)。

25 沙文主義很大一部分是由民族各有的一體感所造成的。具體來說，是族群成員之間緊密的連結，和各族群間嚴密的界線，才讓人們的心胸變得狹隘。如果在這世界上，人們的身分認同比較彈性，也比較能跨越界線為不同社會群體設想的話，沙文主義很難發展。簡單來說，社會愈流動，就愈容易彼此容忍。然而，這不代表民族形成以前的大型社會群體就是容忍的榜樣，因為當時的世界也沒這麼美好，不過這些群體確實比民族來得容忍、不那麼沙文。這是因為民族成員的連結很強，而且身分認同難以改變，這些因素導致民族成員容易認為「他者」是次一等，甚至邪惡的異己。波蘭人和猶太人的關係，就是這種現象的一個明證。在國族主義興起之前的中世紀，波蘭對待猶太人的態度，相對於歐洲其他地方可說是相當容忍。有些人估計，在十六世紀中以前，大約有百分之八十的猶太人都住在波蘭，而且以當時的標準來看，這些猶太人過得很不錯。但到了十九、二十世紀之交，國族主義席捲歐洲之際，情況就陡然生變，波蘭霎時間變成了歐洲最反閃族（anti-Semitic）的國度。見Brian Porter, *When Nationalism Began to Hate: Imagining Modern Politics in Nineteenth-Century Poland* (New York: Oxford University Press, 2000)。這個模式很普遍，並不限於波蘭。見Shmuel Almog, *Nationalism and Antisemitism in Modern Europe, 1815–1945* (Elmsford, NY: Pergamon Press, 1990); Timothy Snyder, *The Reconstruction of Nations: Poland, Ukraine, Lithuania, Belarus, 1569–1999* (New Haven, CT: Yale University Press, 2004)。

26 引用於Anatol Lieven, *America Right or Wrong: An Anatomy of American Nationalism* (New York: Oxford University Press, 2004), p. 34。

27 引用於Ronald Hyam, *Britain's Imperial Century, 1815–1914: A Study of Empire and Expansion,* 2nd ed. (London: Macmillan, 1993), p. 89。

28 引用於Joan Beaumont and Matthew Jordan, *Australia and the World: A Festschrift for Neville Meaney* (Sydney, Australia: Sydney University Press, 2013), p. 276。

29 歐布萊特發表於NBC's Today show on February 19, 1998

30 Reinhold Niebuhr, *The Irony of American History* (Chicago: University of Chicago Press, 2008), p. 71。

31 這肯定是為何政治哲學家John Dunn把國族主義描述為「二十世紀政治裡最刺眼的恥辱，一九〇〇年以來的歷史上最深沉、最難解，卻也最難以預料的污點。」John Dunn, *Western Political Theory in the Face of the Future*, 2nd ed.(New York: Cambridge University Press, 1993), p. 59。

32 Stephen Van Evera, "Hypotheses on Nationalism and War," *International Security* 18, no. 4 (Spring 1994): 27。

33 Geary, *The Myth of Nations*, p.15。討論此現象的優秀資料尚有Christopher B. Krebs, *A Most Dangerous Book: Tacitus's Germania from the Roman Empire to the Third Reich* (New York: Norton, 2011); and Shlomo Sand, *The Invention of the Jewish People*, trans. Yael Lotan (London: Verso, 2009)。

34 Ernest Renan, "What Is a Nation?," in *On the Nation and the "Jewish People,"* ed. Shlomo Sand, trans. David Fernbach (London: Verso, 2010), p. 45。

35 C. Burak Kadercan, "Politics of Survival, Nationalism, and War for Territory: 1648–2003" (PhD diss., University of Chicago, 2011); Tamar Meisels, *Territorial Rights*, 2nd ed. (Dordrecht, The Netherlands: Springer, 2009); David Miller, *Citizenship and National Identity* (Malden, MA: Polity Press, 2005); Margaret Moore, *The Ethics of Nationalism* (New York: Oxford University Press, 2001); Peter Sahlins, *Boundaries: The Making of France and Spain in the Pyrenees* (Berkeley: University of California Press, 1991)。

36 二〇一七年中國和印度為了喜馬拉雅山脈上一塊八十八平方公里的土地起了糾紛，當時中國國家主席習近平說：「我們絕不允許任何人、任何組織、任何政黨、在任何時候、以任何形式、把任何一塊中國領土從中國分裂出去……誰都不要指望我們會吞下損害我國主權、安全、發展利益的苦果。」引用於Chris Buckley and Ellen Barry, "China Tells India That It Won't Back Down in Border Dispute," *New York Times*, August 4, 2017。但也不是說只要民族國家占有或想要征服的土地都是聖地，例外還是存在。比如說，中國就曾和許多鄰國有過領土糾紛，而中國每次妥協都割讓了一些領土。見M. Taylor Fravel, *Strong Borders, Secure Nation: Cooperation and Conflict in China's Territorial Disputes* (Princeton, NJ: Princeton University Press, 2008)。不過，中國還是有很多絕對不願意割讓的土地，因為這些地方被看作是中華民族天經地義的神聖領土。

37 Kadercan, "Politics of Survival, Nationalism, and War for Territory"。當然，民族還是會因為現實的理由在乎領土，雖然在現代，控

制領土對經濟和國家安全已經不如工業革命和核武器發明以前重要了。但諷刺的是，國族主義時代的人顯然比以前的祖先更在意領土，這種關懷主要是情感上對家園的深切關愛（p. 21）。

38 正如Mariya Grinberg指出的一樣，儘管主權的概念必然跟國家有關，但它也可以套用在其他政治型態上。關鍵在於它只能用在國際體系中的高階政治組織上，比如帝國、城邦等等。不過，此處的討論仍僅限於國家，因為我們的重點在國族主義，而國族主義和民族國家是同樣的意思。Grinberg, "Indivisible Sovereignty: Delegation of Authority and Exit Option" (unpublished paper, University of Chicago, April 24, 2017)。

39 Robert Jackson, *Sovereignty: Evolution of an Idea* (Malden, MA: Polity Press, 2007), p. 6。

40 Jackson, *Sovereignty,* p. 93。

41 引用於Bell, *The Cult of the Nation in France,* p. 59。

42 Jackson, *Sovereignty,* p. 104。

43 Carl Schmitt, *Political Theology: Four Chapters on the Concept of Sovereignty,* trans. George Schwab (Cambridge, MA: MIT Press, 1988), pp. 5–15。

44 Bernard Yack, "Popular Sovereignty and Nationalism," *Political Theory* 29, no. 4 (August 2001): 518。

45 何南的話反映了國族主義所內建的這種民主憧憬：「原諒我這樣比喻，不過民族的存在就等於是場日復一日的公投。」Renan, "What Is a Nation?," p. 64。亦見於Schnapper, "Citizenship and National Identity in Europe"; Liah Greenfield, *Nationalism: Five Roads to Modernity* (Cambridge, MA: Harvard University Press, 1992)；及Yack, "Popular Sovereignty and Nationalism"。Greenfield於p. 10提到：「將主權置於人民之間，以及認同人民原則上在各個層次人人平等，構成了現代國族的精要，同時也是民主的基本信條。民主制度是在國族的意義下誕生的。兩者生來就相攜相連，少了這種連結就無法完整理解其中一邊。民主制度以國族主義的姿態現身世間，並如蛺蝶一般藏於國族的繭衣之中。從一開始，國族主義就是與民主制度一同發展；既然當初發展的環境仍在，兩者之間的連繫自然也會維持。」

46 Maximilien Robespierre, "Report on the Principles of Political Morality," *French Revolution and Napoleon,* http://www.indiana.edu/~b356

/texts/polit-moral.html。

47 Russell Hardin, *One for All: The Logic of Group Conflict* (Princeton, NJ: Princeton University Press, 1997); Mark Pagel, *Wired for Culture: Origins of the Human Social Mind* (New York: Norton, 2012)。

48 Bernard Yack, *Nationalism and the Moral Psychology of Community* (Chicago: University of Chicago Press, 2012)。

49 Renan, "What Is a Nation?," p. 63。

50 國族主義有時會被說是宗教的替代品，隨著歐洲的三十年戰爭於一六四八年落幕，後者的影響力也跟著下滑。在隨後幾世紀中，這個趨勢也愈發快速。但是這個觀點並不正確。雖然宗教的影響力在這一段歲月中式微，但它並未消失。更重要的是，宗教其實只是民族文化的一個元素，一個有辦法團結群體成員的強大元素。*Ernest Barker, Christianity and Nationality: Being the Burge Memorial Lecture for the Year 1927* (Oxford: Clarendon Press, 1927), p. 31。其他關於宗教如何和國族主義相輔相成的研究，有Samuel P. Huntington, *Who Are We?The Challenges to American National Identity* (New York: Simon & Schuster, 2005); and Marx, Faith in Nation。

51 Charles Tilly, *Coercion, Capital, and European States, AD 990–1992* (Cambridge, MA: Blackwell, 1992), p. 1。

52 Perry Anderson, *Lineages of the Absolutist State* (London: Verso, 1980), p. 20。

53 Andreas Osiander, *Before the State: Systemic Political Change in the West from the Greeks to the French Revolution* (New York: Oxford University Press, 2007), p. 5。

54 Sewell, "The French Revolution and the Emergence of the Nation Form," p. 98。

55 *Jackson, Sovereignty*, p. 32。

56 Joseph R. Strayer and Dana C. Munro, *The Middle Ages: 395–1500* (New York: Appleton-Century-Crofts, 1942), pp. 113, 270。

57 關於長程投射力量的限制，請見*Scott, The Art of Not Being Governed*, chaps.1–2; and David Stasavage, "When Distance Mattered: Geographic Scale and the Development of European Representative Assemblies," *American Political Science Review* 104, no. 4 (November 2010): 625–43。

58 Yael Tamir, *Liberal Nationalism* (Princeton, NJ: Princeton University Press, 1993), pp. xiv, 74。

59 Eugen Weber, *Peasants into Frenchmen* (Stanford, CA: Stanford University Press, 1976)。

60 Walker Connor, "Nation-Building or Nation-Destroying?," *World Politics* 24, no. 3 (April 1972): 319–55。

61 從Scott的*The Art of Not Being Governed*可以看到，類似的邏輯也適用於置身事外、拒絕被納入國家的群體。他寫道：「無論他們在哪生活，該地區的所有國家都會想把這些人民納入轄下，並鼓勵，偶爾還會強迫他們順從該國核心族群的語言、文化和宗教。」（p. 12）。時至今日，國家的觸手已經無遠弗屆，少有群體還能躲在國家之外生活了。

62 Benjamin A. Valentino, *Final Solutions: Mass Killing and Genocide in the 20th Century* (Ithaca, NY: Cornell University Press, 2004), pp. 157–66。

63 Partha Chatterjee, *The Nation and Its Fragments: Colonial and Postcolonial Histories* (Princeton, NJ: Princeton University Press, 1993); Partha Chatterjee, *The Black Hole of Empire: History of a Global Practice of Power* (Princeton, NJ: Princeton University Press, 2012)。

64 Ernest Gellner, *Nations and Nationalism* (Ithaca, NY: Cornell University Press, 1983), p. 34。

65 前段的經濟學邏輯帶來了豐碩的軍事成果。財富是軍力的兩大基本要素之一，任何讓經濟成長的措施，都會使得軍力更為強大。見John J. Mearsheimer, *The Tragedy of Great Power Politics*, updated ed.(New York: Norton, 2014), chap.3。

66 Barry R. Posen, "Nationalism, the Mass Army, and Military Power," *International Security* 18, no. 2 (Fall 1993): 85。

67 從十九、二十世紀之交的奧匈帝國軍隊，就可以看出多民族國家內部各群體整合不足時，會帶來怎樣的負面後果。見Gunther E. Rothenberg, *The Army of Francis Joseph* (West Lafayette, IN: Purdue University Press, 1998), p. 108; Spencer C. Tucker, *The European Powers in the First World War: An Encyclopedia* (New York: Garland Publishing, 1996), p. 86。亦見於Posen, "Nationalism, the Mass Army, and Military Power"。

68 David Bell解釋過為何國族主義讓法國領導人在七年戰爭（一七五六—一七六三）、法國大革命和拿破崙戰爭（一七九二—一八一五）前間，都比尚未形成國族的對手們更容易動員人民。Bell, *The Cult of the Nation in France*, chap.3; David A. Bell, *The First Total War: Napoleon's Europe and the Birth of Warfare as We Knew It* (Boston: Houghton Mifflin, 2007), chaps.4, 6, 7。亦見於Michael

Howard, *War in European History* (New York: Oxford University Press, 2009), chap.6。

69 Geoffrey Best, *War and Society in Revolutionary Europe, 1770–1870* (London: Fontana Paperbacks, 1982), p. 30。

70 引用於J. F. C. Fuller, *Conduct of War: 1789–1961* (London: Eyre and Spottiswoode, 1961), p. 46. 亦見於Peter Paret, "Nationalism and the Sense of Military Obligation," *in Understanding War: Essays on Clausewitz and the History of Military Power*, ed. Peter Paret (Princeton, NJ: Princeton University Press, 1993), pp. 39–52。

71 Carl von Clausewitz, *On War*, ed. and trans. Michael Howard and Peter Paret (Princeton, NJ: Princeton University Press, 1976), p. 592。

72 Posen, "Nationalism, the Mass Army, and Military Power"。

73 Marx, *Faith in Nation*, p. 9。

74 James C. Scott, *Seeing Like a State: How Certain Schemes to Improve the Human Condition Have Failed* (New Haven, CT: Yale University Press, 1998), pp. 72, 78。

75 Judith N. Shklar, *Political Thought and Political Thinkers, ed.* Stanley Hoffmann (Chicago: University of Chicago Press, 1998), p. 4。亦見於Markus Fischer, "The Liberal Peace: Ethical, Historical, and Philosophical Aspects" (BCSIA Discussion Paper 2000-07, Kennedy School of Government, Harvard University, April 2000), pp. 22–27, 56。

76 Arch Puddington and Tyler Roylance, "Populists and Autocrats: The Dual Threat to Global Democracy," in *Freedom in the World*, 2017 (Washington, DC: Freedom House, 2017), p. 4。

77 Jeanne Morefield, *Covenants without Swords: Idealist Liberalism and the Spirit of Empire* (Princeton, NJ: Princeton University Press, 2005), p. 208。

78 Stephen Holmes, *Passions and Constraint: On the Theory of Liberal Democracy* (Chicago: University of Chicago Press, 1995), p. 39。

79 Will Kymlicka, *Multicultural Citizenship: A Liberal Theory of Minority Rights* (New York: Oxford University Press, 1995), pp. 90–91。

80 Louis Hartz, *The Liberal Tradition in America: An Interpretation of American Political Thought since the Revolution* (New York: Harcourt Brace, 1955); Gunner Myrdal, *An American Dilemma: The Negro Problem and Modern Democracy*, 2 vols. (New Brunswick, NJ:

Transaction Publishers, 1995, 1996); Alexis de Tocqueville, *Democracy in America and Two Essays on America*, ed. Isaac Kramnick, trans. Gerald Bevan (New York: Penguin, 2003)。這兩本書與哈茨的《美國的自由傳統》之間有何呼應，請見Rogers M. Smith, *Civic Ideals: Conflicting Visions of Citizenship in U.S. History* (New Haven, CT: Yale University Press, 1997), introduction and chap.1。

81 Smith, *Civic Ideals*, p. 14。

82 Smith, *Civic Ideals*, p. 6。

83 Smith, *Civic Ideals*, p.9。

84 Smith, *Civic Ideals*, pp. 9–12, 38–39。

85 Huntington, *Who Are We?*; Lieven, *America Right or Wrong*。

86 本段引文皆來自David Armitage, "The Declaration of Independence: The Words Heard around the World," *Wall Street Journal*, July 3, 2014。這些觀點的詳細解說，請見David Armitage, *The Declaration of Independence: A Global History* (Cambridge, MA: Harvard University Press, 2008)。

87 關於此觀點的進一步解釋，請見Hans Kohn, *The Idea of Nationalism* (New York: Macmillan, 1945); and John Plamenatz, "Two Types of Nationalism," in *Nationalism: The Nature and Evolution of an Idea*, ed.Eugene Kamenka (London: Edward Arnold, 1976), pp. 22–36。

88 見Gregory Jusdanis, *The Necessary Nation* (Princeton, NJ: Princeton University Press, 2001), chap. 5; Taras Kuzio, "The Myth of the Civic State: A Critical Survey of Hans Kohn's Framework for Understanding Nationalism," *Ethnic and Racial Studies* 25, no. 1 (January 2002): 20–39; Marx, *Faith in Nation*, pp. 113–17; Smith, *Civic Ideals*; Ken Wolf, "Hans Kohn's Liberal Nationalism: The Historian as Prophet," *Journal of the History of Ideas* 37, no. 4 (October–December 1976): 651–72; Bernard Yack, "The Myth of the Civic Nation," *Critical Review* 10, no. 2 (Spring 1996): 193–211。

89 關於以色列請見Richard Falk and Virginia Tilley, "Israeli Practices toward the Palestinian People and the Question of Apartheid," *Palestine and the Israeli Occupation, Issue No. 1 (Beirut: United Nations, 2017);* Yitzhak Laor, *The Myths of Liberal Zionism* (New York: Verso, 2009); Gideon Levy, "Israel's Minister of Truth," *Haaretz,* September 2, 2017; Yakov M. Rabkin, *What Is Modern Israel?*, trans. Fred A.

Reed (London: Pluto Press, 2016). Regarding India，見Sumit Ganguly and Rajan Menon, "Democracy a la Modi," *National Interest*, no. 153 (January/ February 2018), 12–24; Christopher Jaffrelot, *The Hindu Nationalist Movement in India* (New York: Columbia University Press, 1998); Pankaj Mishra, "Narendra Modi and the New Face of India," *Guardian,* May 16, 2014; Martha C. Nussbaum, *The Clash Within: Democracy, Violence, and India's Future* (Cambridge, MA: Harvard University Press, 2009)。

90 自由主義認為個人會積極追求最大效用的例子，可見S. M. Amadae, *Rationalizing Capitalist Democracy: The Cold War Origins of Rational Choice Liberalism* (Chicago: University of Chicago Press, 2003)。

91 雖然Christopher H. Achen和Larry M. Bartels本身並不關心國族主義，但他們對美國政治的研究，也詳細論述了自由主義和國族主義間的關係。這些主張尤見於*Democracy for Realists: Why Elections Do Not Produce Responsive Government* (Princeton, NJ: Princeton University Press, 2016)，書中指出美國人的投票行為是根據他們的社會和群體認同，而非獨立評估政治人物對自己最在乎的議題持何立場。

92 多數自由派理論家都承認，每個人都有一些重要的社會紐帶。比如羅爾斯就寫過：「每個人從出生那一刻，就處在某個特定社會的某個特定地位裡，而地位的性質會在物質上影響他人生的前景。」John Rawls, *A Theory of Justice* (Cambridge, MA: Harvard University Press, 1971), p. 13。另外，在*The Law of Peoples: With "The Idea of Public Reason Revisited"* (Cambridge, MA: Harvard University Press, 1999)中，羅爾斯也直接把焦點放在人民身上，而他的「人民」就是民族的同義詞。在《萬民法》書中的許多分析，無疑也是他另外兩本精心之作裡的重點。*A Theory of Justice*和*Political Liberalism*, expanded ed.(New York: Columbia University Press, 2005)。儘管如此，以個體性為基礎的理論，不可能同時強調社會性也是人的天性，這兩種觀點天生就有矛盾。羅爾斯的確也曾因這點遭受批評。可見如Andrew Kuper, "Rawlsian Global Justice: Beyond the Law of Peoples to a Cosmopolitan Law of Persons," *Political Theory* 28, no. 5 (October 2000): 640–74; Thomas W. Pogge, "The Incoherence between Rawls's Theories of Justice," *Fordham Law Review* 72, no. 5 (April 2004): 1739–59。關於批評及捍衛羅爾斯觀點的論戰，請見Gillian Brock, *Global Justice: A Cosmopolitan Account* (New York: Oxford University Press, 2009), chap.2。

93 見Paul W. Kahn, *Putting Liberalism in Its Place* (Princeton, NJ: Princeton University Press, 2005)。

94 Uday Singh Mehta, *Liberalism and Empire: A Study in Nineteenth-Century British Liberal Thought* (Chicago: University of Chicago Press, 1999), pp. 117–18。

95 原文是：「本宣言中所聲稱與主張的權利及自由，皆是王國人民真正的、古老的、不容置疑的權利及自由。」"English Bill of Rights 1689," The Avalon Project at the Yale Law School, http://avalon.law.yale.edu/17thcentury/england.asp。

96 Hartz, *The Liberal Tradition in America*; Rawls, *The Law of Peoples*。

97 見Otto Hintze, "The Formation of States and Constitutional Development: A Study in History and Politics," and "Military Organization and the Organization of the State," in *The Historical Essays of Otto Hintze,* ed. Felix Gilbert (New York: Oxford University Press, 1975), pp. 157–215; Harold D. Lasswell, "The Garrison State," *American Journal of Sociology* 46, no. 4 (January 1941): 455–68。

98 Hannah Arendt, *The Origins of Totalitarianism* (San Diego: Harcourt, 1973), pp. 291–92。

99 Arendt, *The Origins of Totalitarianism,* p. 300。

100 Arendt, *The Origins of Totalitarianism,* pp. 269, 299。

101 林恩・杭特（Lynn Hunt）稱此為「自證的矛盾」（the Paradox of Self-Evidence）。她寫道：「如果權利的平等可以不證自明，那為什麼還需要特別主張它？又為什麼只有某些時代、某些地方的人才會主張它？如果人權是普世的，為什麼它沒有被普世承認？」Hunt, *Inventing Human Rights: A History* (New York: Norton, 2007), pp. 19–20。

102 H. L. A. Hart, "Rawls on Liberty and Its Priority," in *Essays in Jurisprudence and Philosophy* (Oxford: Clarendon Press, 1983), pp. 223–47。

103 John Rawls, *Political Liberalism,* expanded ed. (New York: Columbia University Press, 2005), p. 162。

104 與比較Jeremy Waldron在*The Harm in Hate Speech* (Cambridge, MA: Harvard University Press, 2012)中的觀點，與Michael W. McConnell對此書的評論："You Can't Say That: A Legal Philosopher Urges Americans to Punish Hate Speech," *New York Times*, June 24, 2012；以及John Paul Stevens對此書的評論："Should Hate Speech Be Outlawed?," *New York Review of Books*, June 7, 2012, pp. 18–22。

105 John Gray, *Two Faces of Liberalism* (New York: New Press, 2000), p. 82。

106 John Stuart Mill, *On Liberty* (Indianapolis: Bobbs-Merrill, 1956), p. 13。

107 Michael Walzer, *Just and Unjust Wars: A Moral Argument with Historical Illustrations* (New York: Basic Books, 2007), p. 268。

108 Rawls, *The Law of Peoples,* p. 105. 亦見於 Giorgio Agamben, *State of Exception,* trans. Kevin Attell (Chicago: University of Chicago Press, 2005); Carl J. Friedrich, *Constitutional Government and Democracy: Theory and Practice in Europe And America* (Boston: Ginn and Company, 1946), chap. 13; Clinton L. Rossiter, *Constitutional Dictatorship: Crisis Government in the Modern Democracies* (Princeton, NJ: Princeton University Press, 1948); Fredrick M. Watkins, "The Problem of Constitutional Dictatorship," in *Public Policy: A Yearbook of the Graduate School of Public Administration, Harvard University,* ed. C. J. Friedrich and Edward S. Mason (Cambridge, MA: Harvard University Press, 1940)。

109 "Inside the Hearts and Minds of Arab Youth," 8th Annual ASDA'A Burson-Marsteller Arab Youth Survey, 2016, p. 26。

110 Stephen Kinzer, "Rwanda and the Dangers of Democracy," *Boston Globe,* July 22, 2017. 亦見於 Stephen Kinzer, *A Thousand Hills: Rwanda's Rebirth and the Man Who Dreamed It* (Hoboken, NJ: Wiley, 2008)。

111 "Stability and Comfort over Democracy: Russians Share Preferences in Poll," *RT News,* April 3, 2014。

112 最近有兩本人權史的書籍以傳揚人權在西方世界所遭遇的困難為主旨：林恩・杭特（Lynn Hunt）的 *Inventing Human Rights*；及山繆・莫恩（Samuel Moyn）的 *The Last Utopia: Human Rights in History* (Cambridge, MA: Harvard University Press, 2010)。兩位作者都澄清，不可剝奪的權利最早受到廣泛注意，是因為十八世紀下半葉的美國《獨立宣言》（一七七六）和法國《人權與公民權宣言》（一七八九）。但在後來的約一百五十年裡，個人權利並未受到西方人更進一步的重視。杭特主張直到一九四八年，人權才成為意義重大的問題，而莫恩則認為要等到一九七七年。亦見於 Markus Fischer, "The Liberal Peace: Ethical, Historical, and Philosophical Aspects" (BCSIA Discussion Paper 2000-07, Kennedy School of Government, Harvard University, April 2000), pp. 20–22。另外，杭特和莫恩的說法都強調這其實只是偶然。比如杭特就寫道：「天賦性、平等性和普世性都不夠有力，人權是因為有了政治性才真正有了意義。人權不是自然狀態下的權利，而是社會中的權利。」（p. 21）。換句話說，她反對天賦人權的主張。而莫恩則說，人權「只不過是其中一種吸引人的意識形態而已。」（p. 5）。

113 將自由主義輸出到殖民地，一直是大英帝國最大的困擾，其中又以印度最為困難。從這點就可以看出宣揚這種意識形態十分不易。見Karuna Mantena, *Alibis of Empire: Henry Maine and the Ends of Liberal Imperialism* (Princeton, NJ: Princeton University Press, 2010); Mehta, *Liberalism and Empire*。

114 Rossiter, *Constitutional Dictatorship*, p.228。關於林肯的行為，更詳細的討論請見pp. 223–39。

115 Aristide R. Zolberg, *A Nation by Design: Immigration Policy in the Fashioning of America* (Cambridge, MA: Harvard University Press, 2006), p. 192。

116 以下三本書的書名都反映出當時對歐洲移民的歧視：Karen Brodkin, *How Jews Became White Folks and What That Says about Race in America* (New Brunswick, NJ: Rutgers University Press, 1998); Noel Ignatiev, *How the Irish Became White* (New York: Routledge, 2008); David R. Roediger, *Working toward Whiteness: How America's Immigrants Became White* (New York: Basic Books, 2005)。

117 David M. Kennedy, *Over Here: The First World War and American Society* (New York: Oxford University Press, 1982), chap. 1; Frederick C. Luebke, *Bonds of Loyalty: German Americans and World War I* (DeKalb: Northern Illinois University Press, 1974); Carl Wittke, *German-Americans and the World War* (Columbus: Ohio State Archaeological and Historical Society, 1936)。

118 Armitage, *The Declaration of Independence,* p. 18; Gerald N. Rosenberg, "Much Ado about Nothing? The Emptiness of Rights' Claims in the Twenty-First Century United States," in "Revisiting Rights," ed. Austin Sarat, special issue, *Studies in Law, Politics, and Society*(Bingley, UK: Emerald Group, 2009), pp. 1–41。

119 Rosenberg, "Much Ado about Nothing?," pp. 20, 23–28. 亦見於George Klosko, "Rawls's 'Political' Philosophy and American Democracy," *American Political Science Review* 87, no. 2 (June 1993): 348–59; George Klosko, *Democratic Procedures and Liberal Consensus* (New York: Oxford University Press, 2004), p. vii; Shaun P. Young, "Rawlsian Reasonableness: A Problematic Presumption?," *Canadian Journal of Political Science* 39, no. 1 (March 2006): 159–80。

120 三段引文皆來自Rosenberg, "Much Ado about Nothing?," p. 33。

121 James Madison, Alexander Hamilton, and John Jay, *The Federalist Papers,* ed. Isaac Kramnick (New York: Penguin, 1987), pp. 122–28。

122 Lisa Blaydes and James Lo, "One Man, One Vote, One Time? A Model of Democratization in the Middle East," *Journal of Theoretical Politics* 24, no. 1 (January 2012): 110–46; Paul Pillar, "One Person, One Vote, One Time," *National Interest Blog*, October 3, 2017, http://nationalinterest.org/blog/paul-pillar/one-person-one-vote-one-time-22583。

123 一些令人擔憂的證據顯示，美國大眾之間的種種隔閡已經開始連成鴻溝了。Alan Abramowitz, *The Great Alignment: Race, Party Transformation and the Rise of Donald Trump* (New Haven, CT: Yale University Press, 2018)。於是我們當然有好理由擔心現在美國會出現威權主義的誘惑。見Steven Levitsky and Daniel Ziblatt, *How Democracies Die* (New York: Crown, 2018)。

124 Emile Durkheim, *The Division of Labor in Society* (New York: Free Press, 1964)。

125 Michael J. Glennon, *National Security and Double Government* (New York: Oxford University Press, 2016). 亦見於Michael Lofgren, *The Fall of the Constitution and the Rise of a Shadow Government* (New York: Penguin, 2016)。

第五章　輸出自由主義

1 關於自由民主有助於繁榮的主張，請見Michael C. Desch, *Power and Military Effectiveness: The Fallacy of Democratic Triumphalism* (Baltimore: Johns Hopkins University Press, 2008), pp. 52–53; Yi Feng, "Democracy, Political Stability, and Economic Growth," *British Journal of Political Science* 27, no. 3 (July 1997): 391–418; David A. Lake, "Powerful Pacifists: Democratic States and War," *American Political Science Review* 86, no. 1 (March 1992): 24–37。

2 多數外交政策分析家和學者相信，國際體系從冷戰結束以來就一直是單極體系，而美國就是那個單極霸權。其他國家可以分成大國或是小國，但都不算強權。見Nuno P. Monteiro, *Theory of Unipolar Politics* (New York: Cambridge University Press, 2014)。但我認為冷戰後的世界是多極體系，因為中國和俄國都稱得上強權。John J. Mearsheimer, *The Tragedy of Great Power Politics*, updated ed. (New York: Norton, 2014)。當然，美國毫無疑問比這兩個強權都強大得多。說實話，三國裡也只有美國算是超級強權。因此，我對全球權力平衡的看法，和持單極論的人沒有什麼差別。考慮到這點，還有已經使用廣泛的術語，我選擇用單極，而非失衡多極（unbalanced multipolarity）來描述一九八九年以後的國際體系結構。儘管如此，我也認為一個遠勝於多極體系中其他對手的強權，就可以任意追求自由霸權，因為其他弱勢強權並沒有太多能耐挑戰國境之外的霸主。

3 Michael W. Doyle, "Liberalism and World Politics," *American Political Science Review* 80, no. 4 (December 1986): 1161。

4 有些學者認為讓自由民主國家不會彼此交戰的那些特徵，是來自民主制度而非自由主義。換句話說，這個主張放棄了自由主義解釋的理由，也就是不可剝奪的權利。我會在第七章討論那些據稱能防止民主國家互相征戰的特性。

5 引用於G. John Ikenberry, "Liberal Internationalism 3.0: America and the Dilemmas of Liberal World Order," *Perspectives on Politics* 7, no. 1 (March 2009): 75。

6 Michael W. Doyle, "Kant, Liberal Legacies, and Foreign Affairs," part 2, *Philosophy and Public Affairs* 12, no. 4 (Fall 1983): 324. 亦見於Doyle, "Liberalism and World Politics," pp. 1156–63。

7 引用於Kenneth N. Waltz, *Man, State and War: A Theoretical Analysis* (New York: Columbia University Press, 1965), p. 111。關於這點，杜伊爾寫過：「自由主義只會為了普遍的、自由的目標而戰。」Doyle, "Liberalism and World Politics," p. 1160。約翰·歐文也寫過：「和平是每個人共同的利益，所以人只該把戰爭當成實現和平的工具。」John M. Owen, "How Liberalism Produces Democratic Peace," *International Security* 19, no. 2 (Fall 1994): 89。

8 Ikenberry, "Liberal Internationalism 3.0," p. 72。

9 John Rawls, *The Law of Peoples: With "The Idea of Public Reason Revisited"* (Cambridge, MA: Harvard University Press, 1999) p. 35。

10 Rawls, *The Law of Peoples,* p. 24。

11 Bertrand Russell, *Portraits from Memory and Other Essays* (New York: Simon & Schuster, 1956), p. 45。

12 可見如Seyla Benhabib, "Claiming Rights across Borders: International Human Rights and Democratic Sovereignty," *American Political Science Review* 103, no. 4 (November 2009): 691–704。

13 Rawls, *The Law of Peoples,* pp. 5, 93, 113。

14 John M. Owen, *The Clash of Ideas in World Politics: Transnational Networks, States, and Regime Change, 1510–2010* (Princeton, NJ: Princeton University Press, 2010), p. 4。

15 見Nicolas Guilhot, *The Democracy Makers: Human Rights and the Politics of Global Order* (New York: Columbia University Press, 2005)。

16 Charles R. Beitz, "International Liberalism and Distributive Justice: A Survey of Recent Thought," *World Politics* 51, no. 2 (January 1999): 270. 亦見於Brian Barry, "Humanity and Justice in Global Perspective," in *Ethics, Economics, and the Law; Nomos XXIV,* ed. J. Roland Pennock and John W. Chapman (New York: New York University Press, 1982), chap. 11; Brian Barry, "International Society from a Cosmopolitan Perspective," in *International Society: Diverse Ethical Perspectives,* ed. David R. Mapel and Terry Nardin (Princeton, NJ: Princeton University Press, 1998), pp. 144–63; Charles R. Beitz, *Political Theory and International Relations* (Princeton, NJ: Princeton University Press, 1999), part 3; Richard W. Miller, *Globalizing Justice: The Ethics of Poverty and Power* (New York: Oxford University Press, 2010); Thomas W. Pogge, *Realizing Rawls* (Ithaca, NY: Cornell University Press, 1989), part 3。

17 Doyle, "Kant, Liberal Legacies, and Foreign Affairs," part 2, pp. 338–43; Eric Mack, "The Uneasy Case for Global Redistribution," in *Problems of International Justice*, ed. Steven Luper-Foy (Boulder, CO: Westview Press, 1988), pp. 55–66。為了牽制或對抗強敵，強權有時也會願意讓重要盟友在經濟上占自己一些便宜。Mearsheimer, *The Tragedy of Great Power Politics*, pp.159, 292, 324–25。不過這只是現實主義邏輯，跟促進國際正義無關。

18 Samuel P. Huntington, *Who Are We?* The Challenges to America's National Identity (New York: Simon & Schuster, 2004), p. 268. 亦見於Samuel P. Huntington, *The Clash of Civilizations and the Remaking of World Order* (New York: Simon & Schuster, 1996), chap. 3。

19 Stephen M. Walt, *The Hell of Good Intentions: America's Foreign Policy Elite and the Decline of U.S. Primacy* (New York: Farrar, Straus and Giroux, 2018), chap. 3. 亦可見Christopher Layne, "The US Foreign Policy Establishment and Grand Strategy: How American Elites Obstruct Adjustment," *International Politics* 54, no. 3 (May 2017): 260–75; Kevin Narizny, *The Political Economy of Grand Strategy* (Ithaca, NY: Cornell University Press, 2007)。

20 現實主義有兩種基本類型：著重人性和著重權力結構。此處的理論很明顯屬於後者，它強調國際體系的整體設計會讓國家追求權力。至於重視人性的現實主義者，則是認為國家之所以想要更多權力，是因為人類天生就有權力欲，而國家既然是由人所領導，也就會想取得比對手更強的權力。舉例來說，摩根索就認為，每個人都有一種「支配本能」，人類和國家的行為都受到這種欲望所驅動。Hans J. Morgenthau, *Scientific Man vs. Power Politics* (London: Latimer House, 1947), pp. 165–67。亦見於Hans J. Morgenthau, *Politics among Nations*, 5th ed.(New York: Knopf, 1973), pp. 34–35。對這派的現實主義來說，權力本身就是主要目標，而非結構現實主義者說的求生手段。儘管如此，人性現實主義者的說法也會納入求生邏輯，這有很大一部分是因為國家所在的世界中，處處都是侵略成性、包藏禍心的鄰居，因此即便各國的最終目標是為自己謀求權力，也不得不擔憂自己的生存。關於現實主義思想在美國的演進，請見Nicolas Guilhot, *After the Enlightenment: Political Realism and International Relations in the Mid-twentieth Century* (New York: Cambridge University Press, 2017); Brian C. Schmidt, *The Political Discourse of Anarchy: A Disciplinary History of International Relations* (Albany, NY: State University of New York Press, 1998)。

21 後續對現實主義的探討有許多來自Mearsheimer, *The Tragedy of Great Power Politics,* pp. 29–54, 363–65。

22 Sebastian Rosato, "The Inscrutable Intentions of Great Powers," *International Security* 39, no. 3 (Winter 2014/15): 48–88。

23 Joseph M. Parent and Sebastian Rosato, "Balancing in Neorealism," *International Security* 40, no. 2 (Fall 2015): 51–86。

24 引用於Evan Luard, *Basic Texts in International Relations: The Evolution of Ideas about International Society* (London: Macmillan, 1992), p. 166。

25 沒有國家能成為全球霸權，最主要的原因是地理限制。地球廣大的幅員加上浩瀚的海洋，禁絕了統治全球的可能性。一個國家最多也就是成為區域霸權，也就是稱霸自己所在的區域而已。比如說美國自十九世紀末以來，就是西半球的區域霸權。更深入的探討請見Mearsheimer, *The Tragedy of Great Power Politics*, pp.40–42。如同以下的討論，同樣的因素既排除了全球霸權的可能性，也讓世界政府變得不可能實現。

26 Robert B. Strassler, ed. , *The Landmark Thucydides: A Comprehensive Guide to the Peloponnesian War* (New York: Simon & Schuster, 1998)。

27 Markus Fischer, "Feudal Europe, 800–1300: Communal Discourse and Conflictual Practices," *International Organization* 46, no. 2 (Spring 1992): pp. 427–66。

28 Steven Pinker, *The Better Angels of Our Nature: Why Violence Has Declined* (New York: Viking, 2011), p. 55。

29 Thomas Hobbes, *Leviathan,* ed. C. B. Macpherson (Harmondsworth, UK: Penguin, 1986), p. 186。

30 正如前一章的重點，自由主義最主要的弱點之一，就是把國家內部的人當成原子化的個人，但溯其根本，人終究是社會性生物。不過，這個弱點不適用在國際層級，因為國家從各方面來說，都不是社會性的存在，而是自私自利的個別政治行動者。當然，這也正是現實主義看待國家的方式，也解釋了為何在國際體系中根據自由主義行動的國家，最後都會依循權力的平衡。

31 Charles L. Glaser, *Rational Theory of International Politics: The Logic of Competition and Cooperation* (Princeton, NJ: Princeton University Press, 2010), pp. 38–39; Mearsheimer, *The Tragedy of Great Power Politics,* pp. 31, 363; Rosato, "The Inscrutable Intentions of Great Powers," pp. 52–53。

32 John Locke, *The Second Treatise of Government* (Indianapolis: Bobbs-Merrill, 1952), p. 83。

33 Stephen Holmes, *Passions and Constraint: On the Theory of Liberal Democracy* (Chicago: University of Chicago Press, 1997), p. 39。

34 Deborah Boucoyannis, "The International Wanderings of a Liberal Idea, or Why Liberals Can Learn to Stop Worrying and Love the Balance of Power," *Perspectives on Politics* 5, no. 4 (December 2007): 708; G. Lowes Dickinson, *The European Anarchy* (New York: Macmillan, 1916)。

35 關於自由主義在國內和國際層次有何差別，不同的觀點可見Charles R. Beitz, *Political Theory and International Relations* (Princeton, NJ: Princeton University Press, 1979); and Hidemi Suganami, *The Domestic Analogy and World Order Proposals* (New York: Cambridge University Press, 1989)。

36 Monteiro, *Theory of Unipolar Politics,* chap. 3。

37 的確在某些多民族國家裡，各民族會不願平等相待，不認為其他民族值得擁有平等的權利。但很多時候，只要不同民族願意認同一個更大的民族國家，在裡面和平共存，這些問題就不嚴重。

38 引用於Gerald N. Rosenberg, "Much Ado about Nothing? The Emptiness of Rights' Claims in the Twenty-First Century United States," in "Revisiting Rights," ed. Austin Sarat, special issue, *Studies in Law, Politics, and Society* (Bingley, UK: Emerald Group, 2009), p. 20。

39 Michael Barnett, *Eyewitness to a Genocide: The United Nations and Rwanda* (Ithaca, NY: Cornell University Press, 2002), pp. 12–13, 34–39, 68, 85, 116–17, 163; Samantha Power, *"A Problem from Hell": America and the Age of Genocide* (New York: Basic Books, 2002), pp. 366–67, 374–75。

40 Scott D. Sagan and Benjamin A. Valentino, "Use of Force: The American Public and the Ethics of War," *Open Democracy,* July 2, 2015, https://www.opendemocracy.net/openglobalrights/scott-d-sagan-benjamin-valentino/use-of-force-american-public-and-ethics-of-war。

41 Julia Hirschfeld Davis, "After Beheading of Steven Sotloff, Obama Pledges to Punish ISIS," *New York Times,* September 3, 2014; White House Press Office, "Statement by the President on ISIL," September 10, 2014。

42 John Tirman, *The Deaths of Others: The Fate of Civilians in America's Wars* (New York: Oxford University Press, 2011), pp. 295–302. 亦見於Michal R. Belknap, *The Vietnam War on Trial: The My Lai Massacre and the Court-Martial of Lieutenant Calley* (Lawrence: University Press of Kansas, 2002); Kendrick Oliver, *The My Lai Massacre in American History and Memory* (Manchester, UK: Manchester University Press, 2006)。

43 John Mueller, *War and Ideas: Selected Essays* (New York: Routledge, 2011), p. 174。

44 Tirman, *The Deaths of Others,* p. 3。

45 此問題將在第六章進一步討論。

46 Rawls, *The Law of Peoples,* pp. 4–5, 80–81, 90。

47 Rawls, *The Law of Peoples,* p. 126。

48 John J. Mearsheimer, "The False Promise of International Institutions," *International Security* 19, no. 3 (Winter 1994/1995): 5–49。

49 在美國，最支持根據權宜自由主義決定外交政策的，或許是自由意志黨和卡圖研究所（CATO Institute）。Christopher A. Preble, *The Power Problem: How American Military Dominance Makes Us Less Safe, Less Prosperous, and Less Free* (Ithaca, NY: Cornell University Press, 2009); Libertarian Party, "2016 Platform," adopted May 2016, https://www.lp.org/platform/。值得一提的是，Preble和其他相同觀點的專家相信，整個戰略環境對美國相當有利，因此採取權宜自由主義式的外交政策，將會符合權力平衡的邏輯。

50 見Charles Tilly, *Coercion, Capital, and European States, AD 990–1992* (Cambridge, MA: Blackwell, 1992), chaps. 1–2。

51 David Armitage, "The Contagion of Sovereignty: Declarations of Independence since 1776," *South African Historical Journal* 52, no. 1 (January 2005): 1. 亦見於Robert Jackson, *Sovereignty: The Evolution of an Idea* (Cambridge: Polity Press, 2007); Andreas Wimmer, *Waves of War: Nationalism, State Formation, and Ethnic Exclusion in the Modern World* (New York: Cambridge University Press, 2013)。

52 有關國族主義和現實主義在國際層面的相容性，我想補充幾句話。如前所述，現實主義永不過時，這代表無論怎樣的政治單元，只要處在無政府狀態且時時面臨暴力威脅的環境，就可以運用現實主義。不過，現有的國際體系幾乎都是由民族國家組成，也就是說民族國家就是分析當代現實主義的主要政治單元。民族國家也是分析國族主義時主要的單元。就像我在第四章的論述一樣，民族國家就是國族主義的結晶。對於民族國家在國際體系裡的行為，國族主義和現實主義也是用類似的說法解釋它們的動機。兩者都屬於特殊論，認為民族國家是有自主性的政治單元，理所當然可以彼此互動，有時也會產生嚴重的利益分歧。這些互動可能有益也可能有害，所以政治單元，也就是我們現在討論的民族國家，要小心其他單元的行為會如何影響自己的利益。最後，政治單元會採用最能增加自身利益的政策，哪怕有時得犧牲其他單元的利益。既然以自身利益為優先，民族國家有時就就會設法傷害甚至摧毀對手。儘管會有這種自私行為，政治單元並不是隨時都對彼此懷抱敵意，也絕不會長久處於戰爭狀態。實際上，它們有時還會合作。只是每個民族國家都清楚，其他國家總會在某個時候形成威脅。因為衝突隨時可能發生，政治單元即便沒有立即性的威脅，也會擔憂自身生存。於是生存就成了各種理論的核心。當然，生存並非民族國家唯一的目標，但一定是最高的目標。原因無它，如果無法生存，就沒辦法追求其他目標了。簡而言之，國族主義和現實主義兩者，都符合我在第二章提出的少數政治理論。

53 Fischer, "Feudal Europe: 800–1300." 亦見於Robert Bartlett, *The Making of Europe: Conquest, Colonization, and Cultural Change, 950–1350* (Princeton, NJ: Princeton University Press, 1994); Tilly, *Coercion, Capital, and European States*。

54 Tilly, *Coercion, Capital, and European States.* 亦見於Otto Hintze, "The Formation of States and Constitutional Development: A Study in History and Politics," and "Military Organization and the Organization of the State," in *The Historical Essays of Otto Hintze,* ed. Felix Gilbert (New York: Oxford University Press, 1975), pp. 157–215。

55 Niccolo Machiavelli, *The Prince,* trans. Harvey C. Mansfield, 2nd ed. (Chicago: University of Chicago Press, 1998), pp. 53, 84, 105。

56 見Machiavelli, *The Prince*, p.102，更多請見，pp. 101–5。

57 法國一七九二到一八九五年間的軍力和軍事行動概況，請見Mearsheimer, *The Tragedy of Great Power Politics*, pp. 272–88。

58 Barry R. Posen, "Nationalism, the Mass Army, and Military Power," *International Security* 18, no. 2 (Fall 1993): 89–99。亦見於Peter Paret, *Yorck and the Era of Prussian Reform, 1807–1815* (Princeton, NJ: Princeton University Press, 1966); Peter Paret, *Clausewitz and the State* (New York: Oxford University Press, 1976)。

59 Jackson, *Sovereignty,* chaps. 3–4。

60 John Gray, *Black Mass: Apocalyptic Religion and the Death of Utopia* (New York: Farrar, Straus and Giroux, 2007), p. 30. 亦見於Reinhold Niebuhr, *The Irony of American History* (Chicago: University of Chicago Press, 2008), p. 71。

61 Ronald Suny, *The Revenge of the Past: Nationalism, Revolution, and the Collapse of the Soviet Union* (Stanford, CA: Stanford University Press, 1993)。

62 Benedict Anderson, *Imagined Communities: Reflections on the Origin and Spread of Nationalism* (London: Verso, 1983), pp. 1–3。安德森用了國族主義來幫忙解釋共產國家之間的衝突。

63 見Luis Cabrera, *Global Governance, Global Government: Institutional Visions for an Evolving World System* (Albany: State University of New York Press, 2011), chap. 2; Daniel Deudney, *Bounding Power: Republican Security Theory from the Polis to the Global Village* (Princeton, NJ: Princeton University Press, 2007); Alexander Wendt, "Why a World State Is Inevitable," *European Journal of International Relations* 9, no. 4 (December 2003): 491–542。在不同時期，美國都有人對世界政府很感興趣。事實上，像摩根索和尼布爾這樣的現實主義者，也認為開發核武是實現世界政府的必要之舉。關於美國思索世界政府的背景，尚可見Luis Cabrera, "World Government: Renewed Debate, Persistent Challenges," *European Journal of International Relations* 16, no. 3 (2010): 511–30; Campbell Craig, "The Resurgent Idea of World Government," *Ethics & International Affairs* 22, no. 2 (Summer 2008): 133–42; Thomas G. Weiss, "What Happened to the Idea of World Government?," *International Studies Quarterly* 53, no. 2 (June 2009): 253–71。

64 這是Dickinson, *The European Anarchy*的核心主題。不過要注意，單極國際體系和世界政府有很大的差異。單極體系仍然是由許多國家組成的無政府狀態，只是有一個國家遠遠比其他國家更為強大。但每個國家還是主權實體。而在世界政府治下，全世界當然就只有一個主權國家，而且整個體系是有上下層級的。

65 Rawls, *The Law of Peoples*, p. 36. 亦見於Ian Shapiro, *Politics against Domination* (Cambridge, MA: Harvard University Press, 2016), chap. 5。

第六章　自由主義是問題之源

1 美國國會研究處在二〇一七年十月發表了一份報告，列出從一七九八到二〇一七年間「美國在海外的軍事衝突、潛在衝突或其他非一般和平意圖使用武裝部隊的案例」。Barbara Salazar Torreon, "Instances of Use of United States Armed Forces Abroad, 1798–2017," Congressional Research Service Report, R42738, Washington, DC, October 12, 2017。報告顯示，冷戰後（一九九〇—二〇一七）美軍為這些目的部署的頻率，是一七九八到一九八九年之間的六倍。

2 Alex J. Bellamy, *Responsibility to Protect* (Malden, MA: Polity Press, 2009); Alex J. Bellamy and Tim Dunne, eds. , *The Oxford Handbook of the Responsibility to Protect* (New York: Oxford University Press, 2016); Gareth Evans, *The Responsibility to Protect: Ending Mass Atrocity Crimes Once and for All* (Washington, DC: Brookings Institution, 2009); Roland Paris, "The 'Responsibility to Protect' and the Structural Problems of Preventive Humanitarian Intervention," *International Peacekeeping* 21, no. 5 (October 2014): 569–603; Ramesh Thakur and William Maley, eds. , *Theorizing the Responsibility to Protect* (New York: Cambridge University Press, 2015)。

3 本段的兩段引文皆來自Christopher Layne, "Kant or Cant: The Myth of the Democratic Peace," *International Security* 19, no. 2 (Fall 1994): 46。

4 John Rawls, *The Law of Peoples: With "The Idea of Public Reason Revisited"* (Cambridge, MA: Harvard University Press, 1999), pp. 93, 113。

5 Rawls, *The Law of Peoples,* pp. 89–93。

6 John M. Owen, "How Liberalism Produces Democratic Peace," *International Security* 19, no. 2 (Fall 1994): 88–89。

7 小布希總統在二〇〇三年三月入侵伊拉克前不久曾說：「對恐怖分子的戰爭中最大的危險，就是擁有大規模毀滅性武器的流氓政權。」George W. Bush, speech at the American Enterprise Institute (AEI) Annual Dinner, Washington, DC, February 28, 2003. 關於小布希主義請見 *The National Security Strategy of the United States* (Washington, DC: White House, September 17, 2002)。

8 Bush, speech at the AEI Annual Dinner。關於小布希主義請見 *The National Security Strategy of the United States;* George W. Bush, address to the West Point Graduating Class, June 1, 2002; Robert Jervis, "Understanding the Bush Doctrine," *Political Science Quarterly* 118, no. 3 (Fall 2003): 365–88; Jonathan Monten, "The Roots of the Bush Doctrine: Power, Nationalism, and Democracy Promotion in U.S. Strategy," *International Security* 29, no. 4 (Spring 2005): 112–56。

9 Bush, speech at the AEI Annual Dinner。

10 Henry A. Kissinger, *A World Restored: Metternich, Castlereagh, and the Problems of Peace, 1812–22* (Boston: Houghton Mifflin, 1957), p. 2。

11 W. H. Lawrence, "Churchill Urges Patience in Coping with Red Dangers," *New York Times,* June 27, 1954。

12 關於這點，施密特說得好：「強占『人道』一詞，將它據為己有任意調用，一定有不可估量的好處，比如否定敵人的人性，宣稱他們悖離人道，如此一來就可以用最慘無人道的方式作戰。」Schmitt, *The Concept of the Political*, trans.George Schwab (New Brunswick, NJ: Rutgers University Press, 1976), p. 54. 政治哲學家瓦爾澤也在《正義與不正義的戰爭》一書中明白承認了這種意圖，但他卻決心要對抗這種意圖，因為他的目標為戰爭加上限制，而非加入聖戰。Walzer, *Just and Unjust Wars: A Moral Argument with Historical Illustrations* (New York: Basic Books, 2007), chap. 7。

13 本段引文皆來自Marc Trachtenberg, "The Question of Realism: A Historian's View," *Security Studies* 13, no. 1 (Autumn 2003): 168–69。

14 Robert Jackson, *Sovereignty: Evolution of an Idea* (Malden, MA: Polity Press, 2007)。

15 Stephen D. Krasner, *Sovereignty: Organized Hypocrisy* (Princeton, NJ: Princeton University Press, 1999)。

16 見John J. Mearsheimer, "The False Promise of International Institutions," *International Security* 19, no. 3 (Winter 1994/95): 5–49。

17 關於三十年戰爭請見Geoffrey Parker, ed. , The Thirty Years' War, 2nd ed. (New York: Routledge, 1998); C. V. Wedgwood, *The Thirty Years War* (London: Jonathan Cape, 1938); Peter H. Wilson, *The Thirty Years War: Europe's Tragedy* (Cambridge, MA: Harvard University

Press, 2011)。關於《西發里亞條約》對開啟主權時代的重要性，請見Leo Gross, "The Peace of Westphalia, 1648–1948," *American Journal of International Law* 42, no. 1 (January 1948): 20–41。不過也有一些學者在挑戰Gross的詮釋。見Andreas Osiander, "Sovereignty, International Relations, and the Westphalian Myth," *International Organization* 55, no. 2 (April 2001): 251–87; Derek Croxton, "The Peace of Westphalia of 1648 and the Origins of Sovereignty," *International History Review* 21, no. 3 (September 1999): 569–91。我同意Daniel Philpott的評價：「西發里亞只是代表現代體系的牆，而不是憑空創造了它。國際體系不是一瞬間變成現在的樣子，而是經過整整三個世紀的累積，才有現今的主權國家。」Daniel Philpott, "The Religious Roots of Modern International Relations," *World Politics* 52, no. 2 (January 2000): 209。

18 Wilson, *The Thirty Years War,* p. 787。

19 Marc Trachtenberg, "Intervention in Historical Perspective," in *Emerging Norms of Justified Intervention,* ed. Laura W. Reed and Carl Kaysen (Cambridge, MA: American Academy of Arts and Sciences, 1993), pp. 15–36。

20 有關去殖民和主權的規範如何推助歐洲殖民帝國的終結，相關討論請見Neta C. Crawford, "Decolonization as an International Norm: The Evolution of Practices, Arguments, and Beliefs," in Reed and Kaysen, *Emerging Norms of Justified Intervention*, pp.37–61。不過Crawford強調，利益、帝國能維持的權力，以及全球的人口的變化都對最後的結果推了一把。

21 布萊爾一九九九年的演講請見：https://www.globalpolicy.org/component/content/article/154/26026.html。

22 "Full Text: Tony Blair's Speech," *Guardian,* March 5, 2004, http://www.theguardian.com/politics/2004/mar/05/iraq.iraq。

23 Joschka Fischer, "From Confederacy to Federation — Thoughts on the Finality of European Integration" (speech at Humboldt University, Berlin, May 12, 2000), http://germanhistorydocs.ghi-dc.org/subdocument.cfm? documentid=3745。

24 Gene M. Lyons and Michael Mastanduno, eds. , *Beyond Westphalia?* National Sovereignty and International Intervention (Baltimore: Johns Hopkins University Press, 1995); Joseph A. Camilleri and Jim Falk, *The End of Sovereignty? The Politics of a Shrinking and Fragmenting World* (Cheltenham, UK: Edward Elgar, 1992). 亦可見A. Claire Cutler, "Critical Reflections on the Westphalian Assumptions of International Law and Organization: A Crisis of Legitimacy," *Review of International Studies* 27, no. 2 (April 2001): 133–50。

25 有人會主張，自由主義和主權之間的拉扯終究會消失，因為一旦世界上只剩下自由民主國家，各國就不會再干預彼此的內政。畢竟，自由民主國家不會嚴重侵犯人權，也就不會互相攻伐。主權也能再次得到尊重，因為自由主義原則和西發里亞式的主權將不再有任何牴觸。不過，這種結局是假設像大英帝國或美國這樣的國家，能成功將自由民主傳遍世界，哪怕有時要靠著槍桿子。但這個假設不會實現，在外國實施社會工程，結局總是失敗居多，有時還會像小布希主義一樣釀成災難。

26 Carl Gershman, "Former Soviet States Stand Up to Russia. Will the U.S.?," *Washington Post,* September 26, 2013。

27 Michael McFaul, "Moscow's Choice," *Foreign Affairs* 93, no. 6 (November/December 2014): 170。亦見於 David Remnick, "Letter from Moscow: Watching the Eclipse," *New Yorker*, August 11 and 18, 2014。

28 Keith Bradsher, "Some Chinese Leaders Claim U.S. and Britain Are behind Hong Kong Protests," *New York Times*, October 10, 2014; Zachary Keck, "China Claims US behind Hong Kong Protests," *The Diplomat*, October 12, 2014。亦可見 Chris Buckley, "China Takes Aim at Western Ideas," *New York Times*, August 19, 2013，這篇文章可以清楚看出，習近平主席和他的幕僚相信，「美國領導的西方反華勢力一個接一個地參與進來，並和國內的異見分子相勾結，以所謂新聞自由和憲政民主之名對我們進行誹謗攻擊……他們試圖瓦解我們的政治制度。」

29 Michael Forsythe, "China Issues Report on U.S. Human Rights Record, in Annual Tit for Tat," *New York Times,* June 26, 2015。

30 根據五角大廈的統計，二〇一七年九月時共有約八千九百名美軍駐紮伊拉克。Christopher Woody, "There's Confusion about US Troop Levels in the Middle East and Trump May Keep It That Way," *Business Insider*, November 28, 2017。

31 Helene Cooper, "Putting Stamp on Afghan War, Obama Will Send 17,000 Troops," *New York Times,* February 17, 2009; Eric Schmitt, "Obama Issues Order for More Troops in Afghanistan," *New York Times,* November 30, 2009; Sheryl Gay Stolberg and Helene Cooper, "Obama Adds Troops, but Maps Exit Plan," *New York Times,* December 1, 2009; Mark Landler, "U.S. Troops to Leave Afghanistan by End of 2016," *New York Times,* May 27, 2014。

32 Mark Landler, "Obama Says He Will Keep More Troops in Afghanistan than Planned," *New York Times,* July 6, 2016。

33 如二〇一四年，美國共花了一千零九十億美金重建阿富汗。杜魯門政府的馬歇爾計劃也不過花了一千零三十四億（根據通貨膨脹率調整）。這一千零九十億裡，有六百二十億是用來建立安全部隊。Special Inspector General for Afghanistan Reconstruction, Quarterly Report to the United States Congress, July 30, 2014, https://www.sigar.mil/pdf/quarterlyreports/2014-07-30qr.pdf。直到二〇一六年底，美國共花了一千一百七十億美金在重建阿富汗。Special Inspector General for Afghanistan Reconstruction, Quarterly Report to the United States Congress, January 30, 2017, https://www.sigar.mil/pdf/quarterlyreports/2017-01-30qr.pdf。這份報告引用了一份研究，該研究估計在阿富汗和伊拉克，「浪費或詐欺的合約至少造成了三百億，甚至可能有六百億美金的損失。」

34 關於利比亞慘劇的詳細討論，請見Foreign Affairs Committee, British House of Commons, "Libya: Examination of Intervention and Collapse and the UK's Future Policy Options," September 9, 2016。亦見於Jo Becker and Scott Shane, "The Libya Gamble," Parts 1 and 2, *New York Times*, February 27, 2016, https://www .nytimes.com/2016/02/28/us/politics/hillary-clinton-libya.html和https://www.nytimes.com/2016/02/28/us/politics/libya-isis-hillary-clinton.html ；Alan J. Kuperman, "A Model Humanitarian Intervention? Reassessing NATO's Libya Campaign," *International Security* 38, no. 1 (Summer 2013): 105–36; Dominic Tierney, "The Legacy of Obama's 'Worst Mistake,' " *Atlantic Monthly*, April 15, 2016。

35 Tim Anderson, *The Dirty War on Syria: Washington, Regime Change and Resistance* (Montreal: Global Research Publishers, 2016); Stephen Gowns, *Washington's Long War on Syria* (Montreal: Baraka Books, 2017); Mark Mazzetti, Adam Goldman, and Michael S. Schmidt, "Behind the Death of a $1 Billion Secret C.I.A. War in Syria," *New York Times,* August 2, 2017; Jeffrey D. Sachs, "America's True Role in Syria," *Project Syndicate,* August 30, 2016。

36 Scott Wilson and Joby Warrick, "Assad Must Go, Obama Says," *Washington Post,* August 18, 2011; Steven Mufson, " 'Assad Must Go': These 3 Little Words Are Huge Obstacle for Obama on Syria," *Washington Post,* October 19, 2015。

37 Mazzetti, Goldman, and Schmidt, "Behind the Death of a $1 Billion Secret C.I.A. War in Syria"。

38 敘利亞的兩千三百萬人中，大約有六百一十萬人在國內失蹤，四百八十萬人流亡。大約有一千三百五十萬的敘利亞人需要人道救援。United Nations Office for the Coordination of Humanitarian Affairs, "Syrian Arab Republic," http://www.unocha.org/syria。

39 Helene Cooper and Mark Landler, "White House and Egypt Discuss Plan for Mubarak's Exit," *New York Times,* February 3, 2011; Tim

Ross, Matthew Moore, and Steven Swinford, "Egypt Protests: America's Secret Backing for Rebel Leaders behind Uprising," *Telegraph,* January 28, 2011; Anthony Shadid, "Obama Urges Faster Shift of Power in Egypt," *New York Times,* February 1, 2011。

40 Shadi Hamid, "Islamism, the Arab Spring, and the Failure of America's Do-Nothing Policy in the Middle East," *Atlantic Monthly,* October 9, 2015; Emad Mekay, "Exclusive: US Bankrolled Anti-Morsi Activists, *Al Jazeera,* July 10, 2013; Dan Roberts, "US in Bind over Egypt after Supporting Morsi but Encouraging Protesters," *Guardian,* July 3, 2013。

41 對兄弟會成員和其盟友的屠殺，請見"All According to Plan: The Rab'a Massacre and Mass Killings of Protestors in Egypt," *Human Rights Watch*, August 12, 2014, https://www.hrw.org/report/2014/08/12/all-according-plan/raba-massacre-and-mass-killings-protesters-egypt。關於美國法律與埃及政變，請見Max Fischer, "Law Says the U.S. Is Required to Cut Aid after Coups. Will It?," *Washington Post*, July 3, 2013; Peter Baker, "A Coup? Or Something Else? $1.5 Billion in U.S. Aid Is on the Line," *New York Times*, July 4, 2013。關於美國對政變的回應，請見Amy Hawthorne, "Congress and the Reluctance to Stop US Aid to Egypt," MENASource, Atlantic Council, Washington, DC, January 14, 2014。

42 Hamid, "Islamism, the Arab Spring, and the Failure of America's Do-Nothing Policy in the Middle East"。對於沙烏地阿拉伯以武力殘暴介入二〇一五年至今的葉門內戰，美國也提供了很重要的援助（空中加油、情報、提供炸彈）。沙烏地空軍對民間目標的大量轟炸，正是許多葉門人受苦受難的原因。

43 David E. Sanger and Judith Miller, "Libya to Give Up Arms Programs, Bush Announces," *New York Times,* December 20, 2003。

44 U.S. Army and Marine Corps, *Counterinsurgency Field Manual 3-24* (Chicago: University of Chicago Press, 2007), pp. 2, 43。

45 尤見於Bruce Bueno de Mesquita and George W. Downes, "Intervention and Democracy," *International Organization* 60, no. 3 (Summer 2006): 627–49; William Easterly, Shanker Satyanath, and Daniel Berger, "Superpower Interventions and Their Consequences for Democracy: An Empirical Inquiry" (National Bureau of Economic Research Working Paper No. 13992, Cambridge, MA, May 2008); Andrew Enterline and J. Michael Greig, "The History of Imposed Democracy and the Future of Iraq and Afghanistan," *Foreign Policy Analysis* 4, no. 4 (October 2008): 321–47; Nils Petter Gleditsch, Lene Siljeholm Christiansen, and Havard Hegre, "Democratic Jihad?

Military Intervention and Democracy" (World Bank Research Policy Paper No. 4242, Washington, DC, June 2007); Arthur A. Goldsmith, "Making the World Safe for Partial Democracy? Questioning the Premises of Democracy Promotion," *International Security* 33, no. 2 (Fall 2008): 120–47; Jeffrey Pickering and Mark Peceny, "Forging Democracy at Gunpoint," *International Studies Quarterly* 50, no. 3 (September 2006): 556。

46 Enterline and Greig, "The History of Imposed Democracy," p. 341。

47 Pickering and Peceny, "Forging Democracy at Gunpoint," p. 556。

48 Alexander B. Downes and Jonathan Monten, "Forced to Be Free: Why Foreign-Imposed Regime Change Rarely Leads to Democratization," *International Security* 37, no. 4 (Spring 2013): 94。

49 George W. Downs and Bruce Bueno de Mesquita, "Gun-Barrel Diplomacy Has Failed Time and Again," *Los Angeles Times,* February 4, 2004。

50 Pickering and Peceny, "Forging Democracy at Gunpoint," p. 554。

51 Easterly, Satyanath, and Berger, "Superpower Interventions and Their Consequences for Democracy," p. 1。

52 美國和歐洲盟邦有時會拿波士尼亞當作干預成功的案例宣傳。雖然西方世界確實在一九九五年阻止了波士尼亞的血腥衝突，但由於歐盟和美國主導的駐波赫高級代表（Office of the High Representative）囊括了當地大半的治理工作，波士尼亞至今仍非獨立國家。此外，即使波士尼亞獨立，也算不上是民主國家，因為它的憲法有太多地方違反《歐洲人權公約》（ European Convention on Human Rights）。最後，歐盟仍堅持駐軍波士尼亞，以免敵對陣營再次開戰。

53 更完整的描述請見John J. Mearsheimer, "Why the Ukraine Crisis Is the West's Fault," *Foreign Affairs* 93, no. 5 (September/October 2014): 77–89; John J. Mearsheimer, "Moscow's Choice," *Foreign Affairs* 93, no. 6 (November/December 2014): 175–78。

54 有些分析家在危機發生後提出這種主張，但幾乎沒有人在危機開始之前就提出。比如說，Stephen Sestanovich就主張早在一九九〇年代初「俄羅斯的侵略政策便已就位」，還有從那時開始，「美國的對俄政策就是由權力的盤算在支撐」。Stephen Sestanovich, "How the West Has Won," *Foreign Affairs* 93, no. 6 (November/December 2014): 171, 173。從這點看來，北約擴張符合現實主義。但現有的證據正好跟這種解釋牴觸。一九九〇年代的俄國沒有進攻的底氣，其經濟和軍力雖然在二〇〇〇年後有所成長，但幾乎沒有西方人會把俄國當成其鄰國，特別是烏克蘭的威脅——直到二月二十二日的政變為止。老實說，俄國過去在西部邊境一帶幾乎沒有任何重兵，也不曾有哪個重要的俄國決策者或專家提過要征服東歐的土地。所以美國領導人很少用俄羅斯侵略的威脅性，來為北約擴張辯護，其實也不足為奇。

55 G. John Ikenberry, *After Victory: Institutions, Strategic Restraint, and the Rebuilding of Order after Major Wars* (Princeton, NJ: Princeton University Press, 2001), pp. 235–39, 245–46, 270–73。烏克蘭危機發生的六個月後。歐巴馬總統告訴愛沙尼亞的人民：「我們北約的目的並非『對抗』任何國家，我們只是民主國家專守防衛的同盟。」Official transcript of "Remarks by the President to the People of Estonia," Nordea Concert Hall, Tallinn, Estonia, September 3, 2014 (Washington, DC: White House)。

56 Mary Elise Sarotte, "A Broken Promise? What the West Really Told Moscow about NATO Expansion," *Foreign Affairs* 93, no. 5 (September/October 2014): 90–97; Joshua R. I. Shifrinson, "Deal or No Deal? The End of the Cold War and the U.S. Offer to Limit NATO Expansion," *International Security* 40, no. 4 (Spring 2016): 7–44。

57 "Yeltsin Sees War Threat in NATO Enlargement," Jamestown Foundation *Monitor* 1, no. 91 (September 8, 1995). 亦見於Roger Cohen, "Yeltsin Opposes Expansion of NATO in Eastern Europe," *New York Times,* October 2, 1993; Steven Erlanger, "In a New Attack against NATO, Yeltsin Talks of a 'Conflagration of War,' " *New York Times,* September 9, 1995。

58 "Bucharest Summit Declaration Issued by the Heads of State and Government Participating in the Meeting of the North Atlantic Council in Bucharest on 3 April 2008," http://www.summitbucharest.ro/en/doc201.html。

59 "NATO Denies Georgia and Ukraine," *BBC News,* April 3, 2008; Adrian Blomfield and James Kirkup, "Stay Away, Vladimir Putin Tells NATO," *Telegraph,* April 5, 2008; International Crisis Group, "Ukraine: Running Out of Time" (Europe Report No. 231, May 14, 2014)。

60 關於喬治亞戰爭，請見Ronald D. Asmus, *A Little War That Shook the World: Georgia, Russia, and the Future of the West* (New York: Palgrave, 2009); Andrew A. Michta, "NATO Enlargement Post-1989: Successful Adaptation or Decline?," *Contemporary European History* 18, no. 3 (August 2009): 363–76; Paul B. Rich, ed., *Crisis in the Caucasus: Russia, Georgia and the West* (New York: Routledge, 2012)。

61 "The Eastern Partnership — an Ambitious New Chapter in the Relations with Its Eastern Neighbors," *European Commission*, press release, Brussels, December 3, 2008, http://europa.eu/rapid/press-releaseIP-08-1858en.htm? locale=FR%3E。有關以東歐及過去東部夥伴關係為目標的歐盟睦鄰政策（European Neighborhood Policy）之討論，請見Stefan Lehne, "Time to Reset the European Neighborhood Policy," *Carnegie Europe*, February 4, 2014, http://carnegieeurope.eu/publications/? fa=54420。

62 Valentina Pop, "EU Expanding Its 'Sphere of Influence,' Russia Says," *euobserver,* March 21, 2009。

63 二〇一三年歐盟讓烏克蘭簽下的《合作架構協定》（Association Agreement）並不只是經濟協定，還牽涉到重要的安全層面。最重要的是它要求各方「在外交和國防事務上，逐步趨向加深烏克蘭對歐洲區域安全的參與」，以及「完整、適時利用各方之間的所有外交和軍事，包括在第三國、美國、歐洲安全合作組織（Organization for Security and Co-operation in Europe）和其他國際論壇上的適當接觸」。這些聽起來就像是加入北約的後門，沒有一個小心謹慎的俄國領導人會做出其他解讀。關於烏克蘭總統在二〇一四年三月二十一及六月二十七日所簽署的部分協定，背景資訊及副本請見"A Look at the EU-Ukraine Association Agreement," *European Union External Action*, April 27, 2015, http://collections.internetmemory.org/haeu/content/20160313172652/; http://eeas.europa.eu/top_stories/2012/140912ukraineen.htm。前兩段引文出自Title II, Article 4, 1; Title II, Article 5, 3b。

64 歐洲事務助卿盧嵐在二〇一三年十二月估計，美國從一九九一年以來，已經投資了五十億美金幫助烏克蘭實現「應有的未來」。Nuland, "Remarks at the U.S.-Ukraine Foundation Conference," Washington, DC, December 13, 2013, https://www.youtube.com/watch? x-yt-ts=1422411861&v =2y0y-JUsPTU&x -yt-cl=84924572。這些行動是以美國政府大力資助的非營利私人基金會國家民主基金會為首。Robert Parry, "A Shadow US Foreign Policy," Consortium News, February 27, 2014; Robert Parry, "CIA's Hidden Hand in 'Democracy' Groups," *Consortium News*, January 10, 2015。國家民主基金會在烏克蘭資助了超過六十個意在促進公民社會的計劃，主席Carl Gershman認為烏克蘭是他們所曾贏得的「最大獎項」。Gershman, "Former Soviet States Stand Up to Russia"; William Blum, "US Policy toward Ukraine: Hypocrisy of This Magnitude Has to Be Respected," *Foreign Policy Journal*, March 8, 2014。關於國家民主基金會資助的計劃，請見National Endowment for Democracy, "Ukraine 2014," http://www.ned.org/region/central-and-eastern-europe/ukraine-2014/。維克多・亞努科維奇在二〇一〇年二月贏得總統大選後，國家民主基金會認為他將讓過去推動民主的努力

告吹。於是基金會轉而支持亞努科維奇的對手，以及強化烏克蘭的民主體制。

65 關於二〇一四年二月二十二日政變後事件的詳細討論，請見Richard Sakwa, *Frontline Ukraine: Crisis in the Borderlands* (London: I. B. Tauris, 2015), chaps.1–4。亦見於Rajan Menon and Eugene Rumer, *Conflict in Ukraine: The Unwinding of the Post–Cold War Order* (Cambridge, MA: MIT Press, 2015), chap.2。

66 Geoffrey Pyatt (@USAmbGreece), Twitter, February 22, 2014, 2:31 p.m., https://mobile.twitter.com/GeoffPyatt/status/437308686810492929。

67 關於最初向東擴大北約的決定，請見Ronald D. Asmus, *Opening NATO's Door: How the Alliance Remade Itself for a New Era* (New York: Columbia University Press, 2002); James M. Goldgeier, *Not Whether but When: The U.S. Decision to Enlarge NATO* (Washington, DC: Brookings Institution Press, 1999)。

68 引用於Thomas L. Friedman, "Foreign Affairs; Now a Word from X," *New York Times,* May 2, 1998。

69 "Moscow Looks with Concern at NATO, EU Enlargement —2004-02-17," Voice of America English News, October 26, 2009。

70 北約擴張沒有遇到什麼阻力的原因之一，是自由派以為至少在歐洲，國際政治的本質已經徹底改變，可以不用操心怎麼履行新的安全保證。歐洲已經不會有戰火了。值得一提的是，美國和歐洲盟邦並不認為烏克蘭是它們的核心利益，它們也缺乏在危機發生時出兵協助的意願。從現實主義的角度來看，明明沒有意願防守，還把烏克蘭拉進北約簡直蠢到家了。然而，自由派卻覺得只要當代世界像他們的理解一樣運作，就無須煩惱保護烏克蘭。所以他們才會願意承諾保護一個他們根本沒有意願守衛的國度。

71 "Full Transcript: President Obama Gives Speech Addressing Europe, Russia on March 26," *Washington Post,* March 26, 2014; "Face the Nation Transcripts March 2 2014: Kerry Hagel," CBS News, March 2, 2014. 亦見於the official transcript of "Remarks by the President at the New Economic School Graduation," Moscow, July 7, 2009 (Washington, DC: White House)。

72 James Madison, "Political Observations. April 20, 1795," in *Letters and Other Writings of James Madison,* vol. 4 (New York: Worthington, 1884), p. 492. 亦可見Michael C. Desch, "America's Liberal Illiberalism: The Ideological Origins of Overreaction in U.S. Foreign Policy," *International Security* 32, no. 3 (Winter 2007/8): 7–43; David C. Hendrickson, *Republic in Peril: American Empire and the Liberal*

Tradition (New York: Oxford University Press, 2018), especially chap. 4。

73 關於採取軍國主義國內政策的自由主義國家最後會如何，請見Radley Balko, *Rise of the Warrior Cop: The Militarization of America's Police Forces* (New York: PublicAffairs, 2013)，尤見chaps.7–8; Bernard E. Harcourt, *The Counterrevolution: How Our Government Went to War against Its Own Citizens* (New York: Basic Books, 2018)。

74 James Risen, *State of War: The Secret History of the CIA and the Bush Administration* (New York: Free Press, 2006); James Risen, *Pay Any Price: Greed, Power, and Endless War* (New York: Houghton Mifflin Harcourt, 2014). 亦見於Dana Priest and William M. Arkin, *Top Secret America: The Rise of the New American Security State* (New York: Back Bay Books, 2011); Charlie Savage, *Power Wars: The Relentless Rise of Presidential Authority and Secrecy* (New York: Back Bay, 2017)。

75 Glenn Greenwald, *No Place to Hide: Edward Snowden, the NSA, and the U.S. Surveillance State* (New York: Picador, 2015), chap. 5。

76 Jonathan Easley, "Obama Says His Is 'Most Transparent Administration' Ever," *The Hill,* February 14, 2013。

77 這些定義取自John J. Mearsheimer, *Why Leaders Lie: The Truth about Lying in International Politics* (New York: Oxford University Press, 2011), chap.1。

78 對美國尤其如此，廣大的幅員和幸運的地理位置讓美國格外安全。因此美國大眾也極度傾向避免發動戰爭。

79 Lee Ferran, "America's Top Spy James Clapper: 'I Made a Mistake but I Did Not Lie,' " ABC News, February 17, 2016; Glenn Kessler, "Clapper's 'Least Untruthful' Statement to the Senate," *Washington Post,* June 12, 2013; Abby D. Phillip, "James Clapper Apologizes to Congress for 'Clearly Erroneous' Testimony," ABC News, July 2, 2013。

80 Risen, *State of War*。

81 Greenwald, *No Place to Hide*。

82 Jennifer Martinez, "Wyden Warns Data Collection under Patriot Act Is 'Limitless,' " *The Hill,* July 23, 2013。

83 Greenwald, *No Place to Hide,* pp. 27–30, 127–30, 229–30, 251。

84 Siobhan Gorman, "Secret Court's Oversight Gets Scrutiny," *Wall Street Journal,* June 9, 2013。

85 Thomas A. Durkin, "Permanent States of Exception: A Two-Tiered System of Criminal Justice Courtesy of the Double Government Wars on Crime, Drugs & Terror," *Valparaiso University Law Review* 50, no 2 (Winter 2016): 419–92。

86 Spencer Ackerman, "Obama Lawyers Asked Secret Court to Ignore Public Court's Decision on Spying," *Guardian,* June 9, 2015; Charlie Savage and Jonathan Weisman, "NSA Collection of Bulk Call Data Is Ruled Illegal," *New York Times,* May 7, 2015。

87 "Guantanamo by the Numbers," American Civil Liberties Union, March 2017, https://www.aclu.org/infographic/guantanamo-numbers。為便於比較，二〇一三年八月時，關塔那摩共有一百四十九名囚犯，三十七名被判無期徒刑，還有七十九名已洗清罪名卻仍受關押。"By the Numbers," Miami Herald, August 12, 2013, http://www.miamiherald.com/news/nation-world/world/americas/guantanamo/article1928628.html。

88 Mark Fallon, *Unjustifiable Means: The Inside Story of How the CIA, Pentagon, and US Government Conspired to Torture* (New York: Regan Arts, 2017)。

89 Amrit Singh, *Globalizing Torture: CIA Secret Detention and Extraordinary Rendition* (New York: Open Society Foundation, 2013)。

90 這並非否認有時候就是沒辦法俘虜恐怖份子嫌疑犯，因此美國的決策者只能選擇暗殺或縱放。不過此處的重點是，有時明明有辦法俘虜嫌疑犯，決策者卻因為各種有關俘虜的法律問題，而決定殺死目標。

91 Jo Becker and Scott Shane, "Secret 'Kill List' Proves a Test of Obama's Principles and Will," *New York Times,* May 29, 2012; Clive Stafford Smith, "Who's Getting Killed Today?," *Times Literary Supplement,* June 28, 2017。

92 Micah Zenko, "How Barack Obama Has Tried to Open Up the One-Sided Drone War," *Financial Times*, May 23, 2013。岑科於二〇一六年一月寫道：「小布希總統僅授權了大約五十次無人機打擊，在葉門、巴基斯坦和索馬利亞殺死了兩百九十六名恐怖分子和一百九十五名平民，歐巴馬總共授權了五百零六次打擊，殺死了三千零四十名恐怖分子及三百九十一名平民。」Micah Zenko, "Obama's Embrace of Drone Strikes Will Be a Lasting Legacy," *New York Times*, January 12, 2016. 亦見於 Micah Zenko, "Do Not Believe the U.S. Government's Official Numbers on Drone Strike Civilian Casualties: It's Way, Way Too Low," *Foreign Policy*, July 5, 2016; "Get the Data: Drone Wars," *The Bureau of Investigative Journalism*, September 13, 2016, https://www.thebureauinvestigates.com/category/

projects/drones/drones-graphs/。

93 Tom Engelhardt, *Shadow Government: Surveillance, Secret Wars, and a Global Security State in a Single-Superpower World* (Chicago: Haymarket Books, 2014), pp. 88–89。

94 引用於Doyle McManus, "Who Reviews the U.S. Kill List?," *Los Angeles Times,* February 5, 2012。

95 這不是要否認雙極或多極強權間的競爭，也讓彼此不得不在承平乃至於戰爭時發展更強的軍力，並對公民自由產生威脅。不過在單極世界，既然唯一的強權這麼強大，它大可選擇縮減軍事規模，或是克制戰爭的舉止。這樣的話，它的外交政策就不會威脅國內的自由主義。相反地，自由霸權最後一定會讓單極強權建立起龐大的軍力，並對戰爭上癮。

96 本段及後兩段的引文皆來自James C. Scott, *Seeing Like a State: How Certain Schemes to Improve the Human Condition Have Failed* (New Haven, CT: Yale University Press, 1998), pp. 4–5。

97 亦見於John Gray, *Black Mass: Apocalyptic Religion and the Death of Utopia* (New York: Farrar, Straus and Giroux, 2007)，他並未提及詹姆斯．史考特，但它的主張跟我類似。

第七章　自由主義的和平理論

1 Immanuel Kant, *Perpetual Peace* (Minneapolis: Filiquarian, 2007), pp. 13–32。

2 Bruce Russett and John R. Oneal, *Triangulating Peace: Democracy, Interdependence, and International Organizations* (New York: Norton, 2000)。

3 Michael W. Doyle, "Three Pillars of the Liberal Peace," American Political Science Review 99, no. 3 (August 2005): 463。將這些理論綁在一起的其他例子，請見Dale C. Copeland, *Economic Interdependence and War* (Princeton, NJ: Princeton University Press, 2015), pp. 24–25。

4 Strobe Talbott, "Why NATO Should Grow," *New York Review of Books*, August 10, 1995。在柯林頓政府高層中有許多人都認同塔伯特對北約擴張的看法。見Warren Christopher, "Reinforcing NATO's Strength in the West and Deepening Cooperation with the East"

(opening statement at the North Atlantic Council Ministerial Meeting, Noordwijk, Netherlands, May 30, 1995); Madeleine Albright, "A Presidential Tribute to Gerald Ford" (Ford Museum Auditorium, Grand Rapids, MI, April 17, 1997); Madeleine Albright, Commencement Address, Harvard University, Cambridge, MA, June 5, 1997。

5 Madeleine Albright, "American Principle and Purpose in East Asia" (1997 Forrestal Lecture, U.S. Naval Academy, Annapolis, MD, April 15, 1997). 亦見於 Warren Christopher, "America and the Asia-Pacific Future" (address to the Asia Society, New York City, May 27, 1994); "A National Security Strategy of Engagement and Enlargement," *The White House*, February 1995, pp. 28–29; "A National Security Strategy for a New Century," *The White House*, October 1998, pp. 41–47。副國務卿 Robert Zoellick 首先在二〇〇五年使用了「負有責任的利害關係人」一詞。Zoellick, "Whither China? From Membership to Responsibility" (remarks to the National Committee on U.S.-China Relations, New York City, September 21, 2005)。

6 Alexander Wendt, "Anarchy Is What States Make of It: The Social Construction of Power Politics," *International Organization* 46, no. 2 (Spring 1992): 408。

7 John M. Owen, "How Liberalism Produces Democratic Peace," *International Security* 19, no. 2 (Fall 1994): 87; Bruce Russett, *Grasping the Democratic Peace: Principles for a Post–Cold War World* (Princeton, NJ: Princeton University Press, 1993), p. 4。

8 Michael W. Doyle, "Kant, Liberal Legacies, and Foreign Affairs," part 1, *Philosophy and Public Affairs* 12, no. 3 (Summer 1983): 213。他在同一頁提到：「自由主義國家雖不容易彼此開戰，但顯然有一些例外。」

9 Doyle, "Kant, Liberal Legacies, and Foreign Affairs," part 1, pp. 205–35; Michael W. Doyle, "Kant, Liberal Legacies, and Foreign Affairs," part 2, *Philosophy and Public Affairs* 12, no. 4 (Fall 1983): 323–53. 亦見於 Michael W. Doyle, "Liberalism and World Politics," *American Political Science Review* 80, no. 4 (December 1986): 1151–69。

10 Arch Puddington and Tyler Roylance, "Populists and Autocrats: The Dual Threat to Global Democracy," in *Freedom in the World, 2017* (Washington, DC: Freedom House, 2017), p. 4. 亦見於 *Anxious Dictators, Wavering Democracies: Global Freedom under Pressure,* Freedom House's Annual Report on Political Rights and Civil Liberties (Washington, DC: Freedom House, 2016); Larry Diamond and Marc F. Plattner, eds. ,

Democracy in Decline? (Baltimore: Johns Hopkins University Press, 2015); Larry Diamond, Marc F. Plattner, and Christopher Walker, eds., *Authoritarianism Goes Global: The Challenge to Democracy* (Baltimore: Johns Hopkins University Press, 2016).

11 關於德意志帝國為何算是民主國家，此處可見傑出的探討：Christopher Layne, "Shell Games, Shallow Gains, and the Democratic Peace," *International History Review* 23, no. 4 (December 2001): 803–7。亦見於Ido Oren, "The Subjectivity of the 'Democratic' Peace: Changing U.S. Perceptions of Imperial Germany," *International Security* 20, no. 2 (Fall 1995): 147–84。英國在一九〇〇年僅有百分之十八的人口擁有下議院的投票權，而德國則有百分之二十二。Niall Ferguson, *Pity of War: Explaining World War I* (New York: Basic Books, 1999), p. 29。就連杜伊爾也承認「德意志帝國是個複雜的案例」。Doyle, "Kant, Liberal Legacies, and Foreign Affairs," part 1, p. 216。

12 民主和平論的支持者排除了這個例子，他們或認為這兩個南非政府都沒有完全獨立於英國，或認為南非共和國不夠民主。但這兩個理由都無效。即便英國不願給予它們完整的主權，但這兩個政府當時都已宣布獨立；而南非共和國雖然剝奪了特定族群的投票權，但當時的民主國家基本上也都是這樣。

13 卡吉爾戰爭毫無異議，不過美西戰爭有一些爭議；雷恩有解釋為何這場戰爭算是民主國家之間的戰爭。Layne, "Shell Games," p. 802。

14 舉例來說，詹姆斯．瑞伊就檢視了二十個「可能算是」民主國家彼此交戰的例子。見James L. Ray, *Democracy and International Conflict: An Evaluation of the Democratic Peace Proposition* (Columbia: University of South Carolina Press, 2009), chap.3。亦見於Russett, *Grasping the Democratic Peace*, pp.16–23; Spencer R. Weart, *Never at War: Why Democracies Will Not Fight One Another* (New Haven, CT: Yale University Press, 1998)。一個國家算不算民主，取決於民主國家的定義，這有時會受到觀察者的偏見影響。Sarah S. Bush, "The Politics of Rating Freedom: Ideological Affinity, Private Authority, and the Freedom in the World Ratings," *Perspectives on Politics* 15, no. 3 (September 2017): 711–31; Oren, "The Subjectivity of the 'Democratic' Peace"。

15 軍事衝突是指一國對另一國進行威脅、軍力展演或是使用未達戰爭程度之軍力（即死亡未達一千人）。魯塞特認為民主國家之間雖然會發生軍事衝突，但頻率不及至少有一方是非民主國家的狀況。Russett, *Grasping the Democratic Peace*, pp.20–21, 72–93。他說得或許正確，但重點是就算這些衝突的死亡人數算不上戰爭，民主國家之間還是會交火。

16 Ray, *Democracy and International Conflict*, p.42。不意外地，瑞伊試著駁倒每一個被認為是民主國家交戰的例子。因此他在關於這些例子的章節總結道：「至此為止，抱持懷疑或不感興趣的讀者可能會認為，既然看起來有這麼多例外，民主國家之間絕不會發生戰爭的論點，應該已經不太可信了。所謂『彼處有火，以見煙故』，這麼想也很合理。」（p. 124）。

17 Kant, *Perpetual Peace*, p.14。

18 可見如Donald Kagan, "World War I, World War II, World War III," *Commentary*, March 1987, pp. 21–40。

19 Chaim Kaufmann, "Threat Inflation and the Failure of the Marketplace of Ideas: The Selling of the Iraq War," *International Security* 29, no. 1 (Summer 2004): 5–48; Walter Lippmann, *Public Opinion* (New York: Harcourt, Brace, 1922); John J. Mearsheimer, *Why Leaders Lie: The Truth about Lying in International Politics* (New York: Oxford University Press, 2012); John M. Schuessler, *Deceit on the Road to War: Presidents, Politics, and American Democracy* (Ithaca, NY: Cornell University Press, 2015); Marc Trachtenberg, *The Craft of International History: A Guide to Method* (Princeton, NJ: Princeton University Press, 2006), chap. 4。

20 舉例來說，一八五三年的英國統治菁英雖然不情願，但仍決定加入克里米亞戰爭，關鍵的推力就是國族情感。見Gavin B. Henderson, "The Foreign Policy of Lord Palmerston," *History* 22, no. 88 (March 1938): 335–44; Kingsley Martin, *The Triumph of Lord Palmerston: A Study of Public Opinion in England before the Crimean War* (London: Allen & Unwin, 1924), chap. 2; Norman Rich, *Why the Crimean War?A Cautionary Tale* (Hanover, NH: University Press of New England, 1985), pp. 4, 10。中國的國族主義也讓蔣介石和他的幕僚選擇在一九三七年對日本宣戰，即便他們其實不覺得這樣最符合中國的利益。見M. Bertram, *Crisis in China: The Story of the Sian Mutiny* (London: Macmillan, 1937), pp. 117–23, 127–29; John Israel, *Student Nationalism in China, 1927–1937* (Stanford, CA: Stanford University Press, 1966), pp. 170–71。Austin Carson指出，交戰中的國家有時也會合力對各自的民眾隱瞞某些戰爭中的面向，以免人民知道以後點燃國族情感，讓戰事無謂擴大。Carson, "Facing Off and Saving Face: Covert Intervention and Escalation Management in the Korean War," *International Organization* 71, no. 1 (January 2016): 103–31。關於國族主義和戰爭間進一步的連結，請見Andreas Wimmer, *Waves of War: Nationalism, State Formation, and Ethnic Exclusion in the Modern World* (New York: Cambridge

University Press, 2013)。

21 Jeff Carter and Glenn Palmer, "Regime Type and Interstate War Finance," *Foreign Policy Analysis* 12, no. 4 (October 2016): 695–719; Jonathan D. Caverley, *Democratic Militarism: Voting, Wealth, and War* (New York: Cambridge University Press, 2014); Gustavo A. Flores-Macias and Sarah E. Kreps, "Borrowing Support for War: The Effect of War Finance on Public Attitudes toward Conflict," *Journal of Conflict Resolution* 61, no. 5 (May 2017): 997–1020; Matthew Fuhrmann and Michael C. Horowitz, "Droning On: Explaining the Proliferation of Unmanned Aerial Vehicles," *International Organization* 71, no. 2 (April 2017): 397–418; Benjamin A. Valentino, Paul K. Huth, and Sarah E. Croco, "Bear Any Burden? How Democracies Minimize the Costs of War," *Journal of Politics* 72, no. 2 (April 2010): 528–44; Rosella Cappella Zielinski, *How States Pay for Wars* (Ithaca, NY: Cornell University Press, 2016)。

22 有關聽眾成本的重要研究，包括James D. Fearon, "Domestic Political Audiences and the Escalation of International Disputes," *American Political Science Review* 88, no. 3 (September 1994): 577–92; James D. Fearon, "Signaling Foreign Policy Interests: Tying Hands versus Sinking Costs," *Journal of Conflict Resolution* 41, no. 1 (February 1997): 68–90; Kenneth Schultz, *Democracy and Coercive Diplomacy* (New York: Cambridge University Press, 2001)。亦見於Matthew Baum, "Going Private: Public Opinion, Presidential Rhetoric, and the Domestic Politics of Audience Costs in U.S. Foreign Policy Crises," *International Studies Quarterly* 48, no. 5 (October 2004): 603–31; Charles Lipson, *Reliable Partners: How Democracies Have Made a Separate Peace* (Princeton, NJ: Princeton University Press, 2003); Alastair Smith, "International Crises and Domestic Politics," *American Political Science Review* 92, no. 3 (September 1998): 623–38。

23 對聽眾成本的主要批評包括Alexander B. Downes and Todd S. Sechser, "The Illusion of Democratic Credibility," *International Organization* 66, no. 3 (July 2012): 457–89; Jack Snyder and Erica D. Borghard, "The Cost of Empty Threats: A Penny, Not a Pound," *American Political Science Review* 105, no. 3 (August 2011): 437–56; Marc Trachtenberg, "Audience Costs: An Historical Analysis," *Security Studies* 21, no. 1 (January 2012): 3–42. 亦見於Bronwyn Lewis, "Nixon, Vietnam, and Audience Costs," H-Diplo/ISSF Forum, no. 3 (November 7, 2014), pp. 42–69; Marc Trachtenberg, "Kennedy, Vietnam, and Audience Costs," H-Diplo/ISSF Forum, no. 3 (November 7, 2014), pp. 6–42。

24 我討論過這三種對民主和平比較常見的體制面解釋。Sebastian Rosato還談到過三種較少被提到的解釋，不過因果關係也都沒有比較讓人信服。第一種是一般認為，民選領導人比威權領導人更謹慎，因為他們要對大眾負責，如果輸了戰爭需要付出很大代價。Rosato引用了Hein Goemans等人的研究，指出如果打輸戰爭，兩種領導人要付出的代價其實差不多。第二種是民選領導人如果想發動戰爭，要先應付反戰派利益團體這個障礙。不過沒有證據顯示自由民主國家的反戰派，比主戰派更有辦法影響決策者。而且獨裁者也有強烈的動機避免開戰，因為他們多半只能代表一小部分的人民，而戰爭一旦開打，就會讓另一部分甚至絕大多數的人民更容易得到權力，進而威脅到獨裁者的統治。第三種解釋認為，民主國家的決策程序透明，所以無法發動突襲。但Rosato指出，一九五六年的蘇伊士戰爭就否定了這種說法：當時三個民主國家（英國、法國和以色列）策劃了一場針對埃及的突襲，結果不只埃及，就連美國都沒能意料到。此外，多數戰爭也都不是由突襲揭開序幕的。Sebastian Rosato, "The Flawed Logic of Democratic Peace Theory," *American Political Science Review* 97, no. 4 (November 2003): 585–602。

25 John Owen寫道：「我發現民主制度把國家推向戰爭的機率，跟阻止戰爭的機率差不多。」Owen, "How Liberalism Produces Democratic Peace," p. 91。亦見於Bruce Russett, *Controlling the Sword: The Democratic Governance of National Security* (Cambridge, MA: Harvard University Press, 1990), p. 124。

26 Russett, *Controlling the Sword*, p.124。亦見於William J. Dixon, "Democracy and Peaceful Settlement of International Settlement," *American Political Science Review* 88, no. 1 (March 1994): 14–32; Zeev Maoz and Bruce Russett, "Normative and Structural Causes of Democratic Peace, 1946–1986," *American Political Science Review* 87, no. 3 (September 1993): 624–38; Russett, *Grasping the Democratic Peace; Weart, Never at War*。

27 Russett, *Grasping the Democratic Peace,* p. 33。

28 Doyle, "Kant, Liberal Legacies, and Foreign Affairs," part 1, p. 213。

29 Doyle, "Kant, Liberal Legacies, and Foreign Affairs," part 1, p. 213。

30 Owen, "How Liberalism Produces Democratic Peace," p. 89。

31 Stephen Van Evera, "American Intervention in the Third World: Less Would Be Better," *Security Studies* 1, no. 1 (August 1991): 1–24。

32 John B. Judis, "Clueless in Gaza: New Evidence That Bush Undermined a Two-State Solution," *New Republic,* February 18, 2013; David

Rose, "The Gaza Bombshell," *Vanity Fair,* March 3, 2008; Graham Usher, "The Democratic Resistance: Hamas, Fatah, and the Palestinian Elections," *Journal of Palestine Studies* 35, no. 3 (Spring 2006): 20–36。

33 Rosato, "The Flawed Logic of Democratic Peace Theory," p. 591。Rosato指出美國政府之所以到處暗中干預他國，有部分是因為想要對大眾隱瞞這些干預行動（出處同前）。Lindsey O'Rourke也提出過相同看法，見*Covert Regime Change: America's Secret Cold War* (Ithaca, NY: Cornell University Press, 2018)。

34 Christopher Layne, "Kant or Cant: The Myth of the Democratic Peace," *International Security* 19, no. 2 (Fall 1994): 5–49。

35 Michael Walzer, *Just and Unjust Wars: A Moral Argument with Historical Illustrations* (New York: Basic Books, 2007)。

36 Doyle用正面的筆調改寫康德的話來強調這點。Doyle, "Kant, Liberal Legacies, and Foreign Affairs," part 2, p. 344。正義戰爭理論和民主和平論的共通處，可見於John Rawls, *The Law of Peoples: With "The Idea of Public Reason Revisited"* (Cambridge, MA: Harvard University Press, 1991)。羅爾斯對正義戰爭理論的探討相當倚重瓦爾澤《正義與不正義的戰爭》等著作。見Rawls, *The Law of Peoples*, pp.94–105。

37 Alexander B. Downes, *Targeting Civilians in War* (Ithaca, NY: Cornell University Press, 2008), p. 3。關於民主國家大量殺害平民的證據，可見Robert A. Pape, *Bombing to Win: Air Power and Coercion in War* (Ithaca, NY: Cornell University Press, 1996); Benjamin Valentino, Paul Huth, and Dylan Balch-Lindsay, " 'Draining the Sea': Mass Killing and Guerrilla Warfare," *International Organization* 58, no. 2 (Spring 2004): 375–407。

38 John Tirman, *The Deaths of Others: The Fate of Civilians in America's Wars* (New York: Oxford University Press, 2011)，引用於封底。

39 Geoffrey P. R. Wallace, *Life and Death in Captivity: The Abuse of Prisoners during War* (Ithaca, NY: Cornell University Press, 2015)。

40 Doyle, "Liberalism and World Politics," p. 1159。亦見於Larry Diamond, "Facing Up to the Democratic Recession," *Journal of Democracy* 26, no. 1 (January 2015): 141–55; Ethan B. Kapstein and Nathan Converse, *The Fate of Young Democracies* (New York: Cambridge University Press, 2008); Juan J. Linz and Alfred Stepan, *Problems of Democratic Transition and Consolidation: Southern Europe, South America, and Post-Communist Europe* (Baltimore: Johns Hopkins University Press, 1996); Ko Maeda, "Two Modes of Democratic

Breakdown: A Competing Risk Analysis of Democratic Durability," *Journal of Politics* 72, no. 4 (October 2010): 1129–43; Dan Slater, Benjamin Smith, and Gautam Nair, "Economic Origins of Democratic Breakdown? The Redistributive Model and the Postcolonial State," *Perspectives on Politics* 12, no. 2 (June 2014): 353–74。

41 實際上，有三名傑出學者主張目前「美國正面臨衰退危機」。Robert Mickey, Steven Levitsky, and Lucan A. Way, "Is America Still Safe for Democracy?," *Foreign Affairs* 96, no. 3 (May/June 2017): 20–29。亦見於Steven Levitsky and Daniel Ziblatt, *How Democracies Die* (New York: Crown, 2018)。

42 Jonathan Kirshner, *Appeasing Bankers: Financial Caution on the Road to War* (Princeton, NJ: Princeton University Press, 2007); Beth Simmons, "Pax Mercatoria and the Theory of the State," in *Economic Interdependence and International Conflict,* ed. Edward D. Mansfield and Brian M. Pollins (Ann Arbor: University of Michigan Press, 2003), pp. 31–43; Etel Solingen, "Internationalization, Coalitions, And Regional Conflict and Cooperation," in Mansfield and Pollins, *Economic Interdependence and International Conflict,* pp. 60–68。

43 Norman Angell, *The Great Illusion: A Study of the Relationship of Military Power in Nations to Their Economic and Social Advantage* (London: William Heinemann, 1910)。

44 Richard N. Rosecrance, *The Rise of the Trading State: Commerce and Conquest in the Modern World* (New York: Basic Books, 1986)。

45 Erik Gartzke, "The Capitalist Peace," *American Journal of Political Science* 51, no. 1 (January 2007): 166–91; Erik Gartzke, Quan Li, and Charles Boehmer, "Investing in the Peace: Economic Interdependence and International Conflict," *International Organization* 55, no. 2 (Spring 2001): 391–438。

46 Patrick J. McDonald, *The Invisible Hand of Peace: Capitalism, the War Machine, and International Relations Theory* (New York: Cambridge University Press, 2009), p. 5。

47 Stephen G. Brooks, *Producing Security: Multinational Corporations, Globalization, and the Changing Calculus of Conflict* (Princeton, NJ: Princeton University Press, 2005)。

48 Dale C. Copeland, "Economic Interdependence and War: A Theory of Trade Expectations," *International Security* 20, no. 4 (Spring 1996):

5–41; Copeland, *Economic Interdependence and War*。

49 John J. Mearsheimer, *Conventional Deterrence* (Ithaca, NY: Cornell University Press, 1983)。

50 可能有人會主張，體系中其他相互依賴的國家會努力阻止對立的兩國開戰，免得戰爭傷害中立國的經濟。然而，Eugene Gholz和Daryl Press指出：「戰爭對中立國的代價常常被嚴重誇大：實際上中立國反能從戰爭導致的經濟變化中稍微獲利。」Eugene Gholz and Darryl G. Press, "The Effects of Wars on Neutral Counties: Why It Doesn't Pay to Preserve the Peace," *Security Studies* 10, no. 4 (Summer 2001): 3。

51 Jack S. Levy and Katherine Barbieri, "Trading with the Enemy during Wartime," *Security Studies* 13, no. 3 (Spring 2004): 2, 7. 亦見於Charles H. Anderton and John R. Carter, "The Impact of War on Trade: An Interrupted Time-Series Study," *Journal of Peace Research* 38, no. 4 (July 2001): 445–57; Katherine Barbieri and Jack S. Levy, "Sleeping with the Enemy: The Impact of War on Trade," *Journal of Peace Research* 36, no. 4 (July 1999): 463–79; Katherine Barbieri and Jack S. Levy, "The Trade-Disruption Hypothesis and the Liberal Economic Theory of Peace," in *Globalization and Armed Conflict,* ed. Gerald Schneider, Katherine Barbieri, and Nils Petter Gleditsch (Lanham, MD: Rowman & Littlefield, 2003), pp. 277–98。

52 另外，如果甲國在經濟上依賴有可能開戰的乙國，也可以減少依賴程度以在戰時自保。James Morrow, "How Could Trade Affect Conflict?," *Journal of Peace Research* 36, no. 4 (July 1999): 481–89。亦見於Albert O. Hirschman, *National Power and the Structure of Foreign Trade* (Berkeley: University of California Press, 1980), pp. v–xii。

53 Peter Liberman, *Does Conquest Pay?* The Exploitation of Occupied Industrial Societies (Princeton, NJ: Princeton University Press, 1998)。

54 Dale C. Copeland, *The Origins of Major War* (Ithaca, NY: Cornell University Press, 2000), chaps. 3–4。

55 「缺了一根鐵釘」典故出自有名的《萊因蘭寓言》（Rhineland Parable），不過常被當成是富蘭克林說的：「缺了一根鐵釘，漏了一隻蹄鐵；漏了一隻蹄鐵，少了一匹戰馬；少了一批戰馬，丟了一名騎士；丟了一名騎士，輸了一場戰役；輸了一場戰役，失了一個王國；錯就錯在當初缺了一根鐵釘。」比方說，英法可以在一九三六年希特勒重新武裝萊因蘭時，就直接對他出手，而不是等到一九三九年入侵波蘭。畢竟一九三六年的德意志國防軍比一九三九年好對付多了。這個例子顯示，只要牽涉到「高度緊急狀況」，就適用「缺了一根鐵釘」的邏輯。對國家來說，及早處置潛在的危險，別等到它變成險峻的迫切威脅，才是合理的作法。

56 Dale C. Copeland, "The Constructivist Challenge to Structural Realism: A Review Essay," *International Security* 25, no. 2 (Fall 2000): 187–212; Copeland, *Economic Interdependence and War,* pp. 39–42; Copeland, *The Origins of Major War,* pp. 15, 22, 29; Dale C. Copeland, "Rationalist Theories of International Politics and the Problem of the Future," *Security Studies* 20, no. 3 (July–September 2011): 441–50。

57 「未雨綢繆」和「缺了一根鐵釘」不同。它是指沒有證據顯示某國目前會構成威脅，但未來隨時可能形成危害。而「缺了一根鐵釘」則是某國已經構成威脅，只是還沒有成為立即威脅，但這樣的威脅確有可能致命。這也是預防性戰爭背後的邏輯。

58 當前的中國非常盛行國族主義，這可能會大幅影響中國的決策者，以及大眾對國際政治的整體看法。見 William A. Callahan, *China: The Pessoptimist Nation* (New York: Oxford University Press, 2010); Peter Hays Gries, *China's New Nationalism: Pride, Politics, and Diplomacy* (Berkeley: University of California Press, 2004); Christopher R. Hughes, *Chinese Nationalism in the Global Era* (London: Routledge, 2006); Christopher Hughes, "Reclassifying Chinese Nationalism: The *Geopolitik* Turn," *Journal of Contemporary China* 20, no 71 (September 2011): 601–20; Zheng Wang, *Never Forget National Humiliation: Historical Memory in Chinese Politics and Foreign Relations* (New York: Columbia University Press, 2012); Suisheng Zhao, *A Nation-State by Construction: Dynamics of Modern Chinese Nationalism* (Stanford, CA: Stanford University Press, 2004); Suisheng Zhao, "Foreign Policy Implications of Chinese Nationalism Revisited: The Strident Turn," *Journal of Contemporary China* 22, no. 82 (July 2013): 535–53。

59 Robert A. Pape, "Why Economic Sanctions Do Not Work," *International Security* 22, no. 2 (Fall 1997): 90–136。

60 Pape, *Bombing to Win,* chaps. 4,。

61 Andrei Kolesnikov, "Russian Ideology after Crimea," Carnegie Moscow Center, September 2015; Alexander Lukin, "What the Kremlin Is Thinking: Putin's Vision for Eurasia," *Foreign Affairs* 93, no. 4 (July/August 2014): 85–93。

62 見 Gartzke, "The Capitalist Peace"; Edward D. Mansfield and Jon C. Pevehouse, "Trade Blocs, Trade Flows, and International Conflict," *International Organization* 54, no. 4 (Autumn 2000): 775–808; John R. Oneal and Bruce M. Russett, "The Classical Liberals Were Right:

Democracy, Interdependence, and Conflict, 1950–1985," *International Studies Quarterly* 41, no. 2 (June 1997): 267–94。

63 見Barry Buzan, "Economic Structure and International Security: The Limits of the Liberal Case," *International Organization* 38, no. 4 (Autumn 1984): 597–624; Patrick J. McDonald, "The Purse Strings of Peace," *American Journal of Political Science* 51, no. 3 (July 2007): 569–82; James D. Morrow, "How Could Trade Affect Conflict?," *Journal of Peace Research* 36, no. 4 (July 1999): 481–89。

64 見Barbieri and Levy, "Sleeping with the Enemy"; Katherine Barbieri, *The Liberal Illusion: Does Trade Promote Peace?* (Ann Arbor: University of Michigan Press, 2002); Robert Gilpin, *War and Change in World Politics* (New York: Cambridge University Press, 1981); Kenneth N. Waltz, "The Myth of National Interdependence," in *The International Corporation,* ed. Charles P. Kindelberger (Cambridge, MA: MIT Press, 1970), pp. 205–23。

65 這裡的重點是檢視自由主義對體制的觀點。結構主義對國際體制另有一套說法，不過這在本研究的範疇之外。見John J. Mearsheimer, "The False Promise of International Institutions," *International Security* 19, no. 3 (Winter 1994/1995): 5–49。

66 Charles Lipson, "Is the Future of Collective Security Like the Past?," in *Collective Security beyond the Cold War,* ed. George W. Downs (Ann Arbor: University of Michigan Press, 1994), p. 114。

67 國際體制和政權沒有差別這點，清楚反映在Stephen D. Krasner的研究中，見Stephen D. Krasner, "Structural Causes and Regime Consequences: Regimes as Intervening Variables," in "International Regimes," ed. Stephen D. Krasner, special issue, *International Organization* 36, no. 2 (Spring 1982): 185–205。

68 Robert O. Keohane, *After Hegemony: Cooperation and Discord in the World Political Economy* (Princeton, NJ: Princeton University Press, 1984)。

69 可見如Helga Haftendorn, Robert O. Keohane, and Celeste A. Wallander, eds. , *Imperfect Unions: Security Institutions over Time and Space* (New York: Oxford University Press, 1999); Celeste A. Wallander, *Mortal Friends, Best Enemies: German-Russian Cooperation after the Cold War* (Ithaca, NY: Cornell University Press, 1999); Seth Weinberger, "Institutional Signaling and the Origins of the Cold War," *Security Studies* 12, no. 4 (Summer 2003): 80–115。

70 可見如Robert Axelrod and Robert O. Keohane, "Achieving Cooperation under Anarchy: Strategies and Institutions," *World Politics* 38, no. 1 (October 1985): 226–54; Charles Lipson, "International Cooperation in Economic and Security Affairs," *World Politics* 37, no. 1 (October 1984): 1–23; Lisa L. Martin, "Institutions and Cooperation: Sanctions during the Falkland Islands Conflict," *International Security* 16, no. 4 (Spring 1992): 143–78; Lisa L. Martin, *Coercive Cooperation: Explaining Multilateral Economic Sanctions* (Princeton, NJ: Princeton University Press, 1992); Kenneth A. Oye, "Explaining Cooperation under Anarchy: Hypotheses and Strategies," *World Politics* 38, no. 1 (October 1985): 1–24; Arthur A. Stein, *Why Nations Cooperate: Circumstance and Choice in International Relations* (Ithaca, NY: Cornell University Press, 1990)。

71 見Haftendorn, Keohane, and Wallander, *Imperfect Unions*; Krasner, "Structural Causes and Regime Consequences," p. 192; Robert Jervis, "Security Regimes," in Krasner, "International Regimes," special issue, *International Organization,* pp. 357–78; Wallander, *Mortal Friends, Best Enemies,* pp. 5, 20, 22。

72 Lipson, "International Cooperation in Economic and Security Affairs," pp. 2, 12.亦見於Axelrod and Keohane, "Achieving Cooperation under Anarchy," pp. 232–33; Keohane, *After Hegemony,* pp. 39–41。

73 Lipson, "International Cooperation in Economic and Security Affairs," p. 18。

74 Keohane, *After Hegemony,* pp. 6–7。

75 G. John Ikenberry, *After Victory: Institutions, Strategic Restraint, and the Rebuilding of Order after Major Wars* (Princeton, NJ: Princeton University Press, 2001)。亦見於G. John Ikenberry, *Liberal Leviathan: The Origins, Crisis, and Transformation of the American World Order* (Princeton, NJ: Princeton University Press, 2012)。

76 Ikenberry, *After Victory,* p. xiii; Keohane, *After Hegemony,* p. 16。

77 Haftendorn, Keohane, and Wallander, *Imperfect Unions*, p. 1。作者在結論中做出了保守的主張：「本書的論述是，體制主義理論可以對國際安全議題提供解釋。」（p. 326）Wallander的*Mortal Friends, Best Enemies*專注於探討德國和俄國的關係，結論是：「權力和利益一直是德俄之間軍事算計的核心。」

78 合作的另外一個障礙是相對獲益的考量，不過礙於篇幅，我在此不打算處理。關於我對這點的看法，請見Mearsheimer, "The False Promise of International Institutions," pp. 9–26。

79 這裡談的是自主執行契約（self-enforcement），基本上每個自由派都清楚這在國內行不通，所以才需要有強制力的國家政府。那麼憑什麼指望這在國際上行得通呢？

80 其他案例包括格瑞那達（一九八三）、巴拿馬（一九八九）和利比亞（二〇一一）。

81 Jan-Werner Muller, "Rule-Breaking," *London Review of Books,* August 27, 2015; Sebastian Rosato, "Europe's Troubles: Power Politics and the State of the European Project," *International Security* 35, no. 4 (Spring 2011): 72–77。

82 這點尤見於Lipson, "International Cooperation in Economic and Security Affairs," especially pp. 12–18。本段後面的引文亦出自此處。亦見於Axelrod and Keohane, "Achieving Cooperation under Anarchy," pp. 232–33。

第八章　自我克制的理由

1 羅爾斯和瓦爾澤等學者都有注意到自由主義理論內建的聖戰情懷，並花了很多篇幅反對靠武力讓世界更美好。見Michael Walzer, *Just and Unjust Wars: A Moral Argument with Historical Illustrations* (New York: Basic Books, 2007); John Rawls, *The Law of Peoples: With "The Idea of Public Reason Revisited"* (Cambridge, MA: Harvard University Press, 1999)。瓦爾澤的論點指出，為了宣揚自由民主而發動戰爭，違背了正義戰爭理論，該理論認為只有在非常特定的情況下才能發動軍事襲擊，而促進民主並非其中一種。不過在實務上，強大的自由民主國家很難抗拒用武力改善世界的衝動。

2 E. H. Carr, *The Twenty Years' Crisis: An Introduction to the Study of International Relations,* 2nd ed. (London: Macmillan, 1962); Robert Gilpin, "Nobody Loves a Political Realist," *Security Studies* 5, no. 3 (Spring 1996): 3–26; John J. Mearsheimer, "E.H. Carr vs. Idealism: The Battle Rages On," *International Relations* 19, no. 2 (June 2005): 139–52; Mearsheimer, "The Mores Isms the Better," *International Relations* 19, no. 3 (September 2005): 354–59。

3 Valerie Morkevi ius, "Power and Order: The Shared Logics of Realism and Just War Theory," *International Studies Quarterly* 59, no. 1

(March 2015): 11. 亦見於 Valerie Morkevi ius, *Realist Ethics: Just War Traditions as Power Politics* (New York: Cambridge University Press, 2018)。

4 Charles L. Glaser, "Realists as Optimists: Cooperation as Self-Help," *International Security* 19, no. 3 (Winter 1994/95): 50–90. 亦見於 Charles L. Glaser, *Rational Theory of International Politics: The Logic of Competition and Cooperation* (Princeton, NJ: Princeton University Press, 2010)。

5 Jack Snyder, *Myths of Empire: Domestic Politics and International Ambition* (Ithaca, NY: Cornell University Press, 1993); Stephen Van Evera, *Causes of War: Power and the Roots of Conflict* (Ithaca, NY: Cornell University Press, 1999); Kenneth N. Waltz, *Theory of International Politics* (Reading, MA: Addison-Wesley, 1979)。

6 Sebastian Rosato and John Schuessler, "A Realist Foreign Policy for the United States," *Perspectives on Politics* 9, no. 4 (December 2011): 812. 他們也著有 "Realism as we conceive it offers the prospect of security without war" (p. 804)。

7 本段引文皆來自 Marc Trachtenberg, "The Question of Realism: An Historian's View," *Security Studies* 13, no. 1 (Fall 2003): 159–60, 167, 194。亦見於 Michael C. Desch, "It's Kind to Be Cruel: The Humanity of American Realism," *Review of International Studies* 29, no. 3 (July 2003): 415–26。

8 Stephen M. Walt, "U.S. Grand Strategy: The Case for Finite Containment," *International Security* 14, no. 1 (Summer 1989): 5–49; Stephen Van Evera, "Why Europe Matters, Why the Third World Doesn't: America's Grand Strategy after the Cold War," *Journal of Strategic Studies* 13, no. 2 (June 1990): 1–51。儘管如此，有些小國對美國還是很重要，因為它們的位置都很關鍵，古巴（西半球）、伊朗（波斯灣）和南韓（東北亞）就是三個明顯的例子。

9 越南位於東南亞，該地區在冷戰時期並非戰略要地。在二十世紀的亞洲，最難纏的兩大強權是日本和俄國，這兩個國家都位於東北亞，所以該地區往往被看作是美國的戰略要地。中國好幾個世紀以來都未躋身強權之列，但如今正快速崛起，而它正好同時位於東北亞和東南亞之間。因此，現在美國的三大戰略要地之一，已經不只是東北亞，而是整個東亞。

10 比如克勞塞維茲曾寫道：「戰場被機率所主宰。沒有別的人類行為比戰爭更受機率支配、更頻繁受到機率的種種妨礙。機率讓一切都更不確定，妨礙著一切事件的進行。」在另一處，他又說道：「戰爭是不確定性的地盤：戰場行動所仰賴的因素中，有四分之三都被或濃或淡的不確定性之霧所籠罩著。」Carl von Clausewitz, *On War*, ed. and trans. Michael Howard and Peter Paret (Princeton, NJ: Princeton University Press, 1976), p. 101。亦見於p. 85。

11 儘管現實主義者都很清楚不確定性對國際關係有莫大的影響，但這個認知並非出自現實主義理論。如我所述，它有大半是來自研究國際政治中的衝突事件。

12 此一主題尤見於Rosato and Schuessler, "A Realist Foreign Policy for the United States"。

13 Robert Jervis and Jack Snyder, eds. , *Dominoes and Bandwagons: Strategic Beliefs and Great Power Competition in the Eurasian Rimland* (New York: Oxford University Press, 1991); Jerome Slater, "Dominoes in Central America: Will They Fall? Does it Matter?," *International Security* 12, no. 2 (Fall 1987): 105–34; Jerome Slater, "The Domino Theory and International Politics: The Case of Vietnam," *Security Studies* 3, no. 2 (Winter 1993/94): 186–224; Van Evera, *Causes of War,* chap. 5。

14 Lindsey O'Rourke, *Covert Regime Change: America's Secret Cold War* (Ithaca, NY: Cornell University Press, 2018)。

15 比如美國在韓戰和越戰中對敵人造成的死傷與災難。雖然確切數目有不少爭議，但合理推測美國大概殺害了一百萬北韓軍民、四十萬中國軍人，以及一百萬越南軍民。Conrad Crane也指出在韓戰中，「多數學者估計雙方都各有超過一百萬平民死亡」。Conrad C. Crane, *American Airpower Strategy in Korea, 1950–1953* (Lawrence: University Press of Kansas, 2000), p. 8。亦見於Guenter Lewy, *America in Vietnam* (New York: Oxford University Press, 1978), p. 450; John Tirman, *The Deaths of Others: The Fate of Civilians in America's Wars* (New York: Oxford University Press, 2011), p. 92。韓戰死亡的北韓軍人有好幾十萬，因此美軍殺害一百萬人算是保守估計。關於美國對北韓的戰爭暴行，請見Crane, *American Airpower Strategy in Korea*; Robert A. Pape, *Bombing to Win: Air Power and Coercion in War* (Ithaca, NY: Cornell University Press, 1996), chap.5。中國軍人的死亡人數出自Michael Clodfelter, *Warfare and Other Conflicts: A Statistical Encyclopedia of Casualty and Other Figures, 1494–2007*, 3rd ed.(Jefferson, NC: McFarland, 2008); Tirman, The Deaths of Others, p.92。至於越南，「知名學者間的主流看法」是「將近一百萬名越共戰鬥人員及二十五萬南越軍人喪生，南北越的平民死傷不計其數。」Charles Hirschman, Samuel Preston, and Vu Manh Loi, "Vietnamese Casualties during the

American War: A New Estimate," *Population and Development Review* 21, no. 4 (December 1995): 783–84。這份研究估計在一九六五到一九七五年間，全越南的戰爭相關死亡人數略多於一百萬。當然，並非所有人都是美軍殺的。本研究也提到越南政府估計戰爭總死亡人數約為三百一十萬（p. 807）。Guenter Lewy認為是一百三十萬，其中百分之二十八（三十六萬五千）是平民（Lewy, *America in Vietnam*, pp. 451–53）。美軍確實殺害了大量平民，因為當時採取的策略是用大規模火力讓敵方吃盡苦頭最後潰敗。John E. Mueller, "The Search for the 'Breaking Point' in Vietnam: The Statistics of a Deadly Quarrel," *International Studies Quarterly* 24, no. 4 (December 1980): 497–519。Lewy也指出，五角大廈估計北越和越共軍隊的死傷約有六十六萬（Lewy, *America in Vietnam*, p. 450）。亦見於Tirman, *The Deaths of Others*, pp. 320–22，書中提供了各種估計值，認為合理的假設是美軍至少殺害了一百萬越南人。關於美國冷戰後在中東「永無止境」的戰爭，中東專家暨前中情局分析師Graham Fuller主張「美國過去數十年來對穆斯林世界的軍事干預」，已經造成了「至少兩百萬穆斯林被殺害」。Fuller, "Trump — Blundering into European Truths," *Graham E. Fuller* (blog), June 5, 2017, http://grahamefuller.com/trump-blundering-into-european-truths/。當然，美軍並未直接造成所有死傷，不過確實殺害了許多受難者，也促成了不少戰爭的開始和升溫。

16 Fredrik Logevall, *Choosing War: The Lost Chance for Peace and the Escalation of War in Vietnam* (Berkeley: University of California Press, 1999)。

17 關於引誘對方流血的戰略，請見John J. Mearsheimer, *The Tragedy of Great Power Politics*, updated. ed. (New York: Norton, 2014), pp. 153–54。

18 Stephen M. Walt, *The Hell of Good Intentions: America's Foreign Policy Elite and The Decline of U.S. Primacy* (New York: Farrar, Straus and Giroux, 2018)。

19 "Remarks by Secretary Mattis on the National Defense Strategy," Paul H. Nitze School of Advanced International Studies, Washington, DC, January 19, 2018。國防部副本請見：https://www.defense.gov/News/Transcripts/Transcript-View/Article/1420042/remarks-by-secretary-mattis-on-the-national-defense-strategy/。亦見於"National Security Strategy of the United States of America," White House, Washington, DC, December 2017; "Summary of the 2018 National Defense Strategy of the United States of America," Department of Defense,

Washington, DC, January 2018。

20 Mearsheimer, *The Tragedy of Great Power Politics,* chap. 10。

21 Michael Beckley, "China's Century? Why America's Edge Will Endure," *International Security* 36, no. 3 (Winter 2011/12): 41–78。

22 根據聯合國統計，美國在二〇一〇年的人口約為三億一千萬，到二〇五〇年將會有三億八千九百萬。同樣時間裡，德國會從八千萬減少到七千五百萬，日本會從一億兩千七百萬減少到一億零七百萬，至於俄羅斯則會從一億四千三百萬減少到一億兩千九百萬。United Nations, Department of Economic and Social Affairs, Population *Division, World Population Prospects: The 2015 Revision*, https://esa.un.org/unpd/wpp/DataQuery/。

23 Jeffrey Goldberg, "The Obama Doctrine: The U.S. President Talks Through His Hardest Decisions about America's Role in the World," *Atlantic Monthly*, April 2016。

24 以下關於如何壓制自由霸權的討論，我從和Eliza Gheorghe, Sean Lynn-Jones, and Stephen Walt的對話中受益良多。

25 見Walt, *The Hell of Good Intentions*, chap. 6。

26 有關這個想法的詳細探討，請見Walt, *The Hell of Good Intentions*, chap. 7。

27 有關克制的理由，關鍵研究諸如Andrew J. Bacevich, *The Limits of Power: The End of American Exceptionalism* (New York: Holt Paperbacks, 2009); Richard K. Betts, *American Force: Dangers, Delusions, and Dilemmas in National Security* (New York: Columbia University Press, 2013); David C. Hendrickson, *Republic in Peril: American Empire and the Liberal Tradition* (New York: Oxford University Press, 2018); Chalmers Johnson, *Dismantling the Empire: America's Last Best Hope* (New York: Metropolitan Books, 2010); Christopher Layne, *The Peace of Illusions: American Grand Strategy from 1940 to the Present* (Ithaca, NY: Cornell University Press, 2007); Anatol Lieven and John Hulsman, *Ethical Realism: A Vision for America's Role in the World* (New York: Pantheon, 2006); Michael Lind, *The American Way of Strategy: U.S. Foreign Policy and the American Way of Life* (New York: Oxford University Press, 2006); Walter A. McDougall, *Promised Land, Crusader State: The American Encounter with the World since 1776* (New York: Houghton Mifflin, 1997); David Mayers, *Dissenting Voices in America's Rise to Power* (New York: Cambridge University Press, 2007); John J. Mearsheimer

and Stephen M. Walt, "The Case for Offshore Balancing," *Foreign Affairs* 95, no. 4 (July/August 2016): 70–83; Rajan Menon, *The Conceit of Humanitarian Intervention* (New York: Oxford University Press, 2016); Joseph M. Parent and Paul K. MacDonald, "The Wisdom of Retrenchment: America Must Cut Back to Move Forward," *Foreign Affairs* 90, no. 6 (November/December 2011): 32–47; Barry R. Posen, *Restraint: A New Foundation for U.S. Grand Strategy* (Ithaca, NY: Cornell University Press, 2015); Christopher A. Preble, *The Power Problem: How American Military Dominance Makes Us Less Safe, Less Prosperous, and Less Free* (Ithaca, NY: Cornell University Press, 2009); Rosato and Schuessler, "A Realist Foreign Policy for the United States," pp. 803–19; A. Trevor Thrall and Benjamin H. Friedman, eds. , *US Grand Strategy in the 21st Century: The Case for Restraint* (New York: Routledge, 2018); Stephen M. Walt, *Taming American Power: The Global Response to U.S. Primacy* (New York: Norton, 2005)。另外，支持克制的不只有現實主義者：有些克制派也從現實主義之外的觀點構思外交政策。甚至有些自由派國際主義者也偏好克制政策。可見如Tony Smith, *Why Wilson Matters: The Origin of American Liberal Internationalism and Its Crisis Today* (Princeton, NJ: Princeton University Press, 2017)。

28 Stephen Kinzer, *The True Flag: Theodore Roosevelt, Mark Twain, and the Birth of American Empire* (New York: Henry Holt, 2017)。

29 Robin Lindley, "The Origins of American Imperialism: An Interview with Stephen Kinzer," *History News Network*, October 1, 2017。

30 除了歐巴馬和川普，小布希二〇〇〇年參選時也承諾要採取更「謙遜」的外交政策，停止建構國族。Condoleezza Rice, "Promoting the National Interest," *Foreign Affairs* 79, no. 1 (January/February 2000): 45–62。只是九一一事件過後，他很快就揚棄現實主義政策，熱情投入自由霸權的懷抱。

31 Neta C. Crawford, "United States Budgetary Costs of Post 9/11 Wars through FY2018: A Summary of the $5.6 Trillion in Costs for the US Wars in Iraq, Syria, Afghanistan," Costs of War Project, Watson Institute, Brown University, November 2017。

八旗國際23

大幻象

自由主義之夢與國際政治現實

作　　者　約翰・米爾斯海默（John Mearsheimer）
譯　　者　盧　靜
編　　輯　王家軒
校　　對　陳佩伶
封面設計　蕭旭芳

企劃總監　蔡慧華
出　　版　八旗文化／遠足文化事業股份有限公司
發　　行　遠足文化事業股份有限公司（讀書共和國出版集團）
地　　址　新北市新店區民權路108-2號9樓
電　　話　02-22181417
傳　　真　02-22188057
客服專線　0800-221029
信　　箱　gusa0601@gmail.com
Facebook　facebook.com/gusapublishing
Blog　gusapublishing.blogspot.com
法律顧問　華洋法律事務所／蘇文生律師

印　　刷　前進彩藝有限公司
定　　價　540元
初版一刷　2022年12月
初版二刷　2023年12月
ISBN　978-626-7234-09-9（紙本）
978-626-7234-11-2（EPUB）
978-626-7234-10-5（PDF）

國家圖書館出版品預行編目（CIP）資料

大幻象：自由主義之夢與國際政治現實／約翰・米爾斯海默（John Mearsheimer）著；盧靜翻譯. -- 一版. -- 新北市：八旗文化出版：遠足文化事業股份有限公司發行, 民111.12
面；　公分. --（八旗國際；19）
譯自：The great delusion : liberal dreams and international realities.
ISBN 978-626-7234-09-9（平裝）
1.CST: 美國外交政策　2.CST: 國際關係　3.CST: 自由主義
578.52　　111018671